• 当代财经管理名著译库
• DSGE经典译丛

[美] 南希 · L. 斯托基（*Nancy L.Stokey*） 著

徐占东 译

不行动经济学

存在固定成本时的随机控制模型

The Economics of Inaction

Stochastic Control Models with Fixed Costs

东北财经大学出版社
Dongbei University of Finance & Economics Press
大连

辽宁省版权局著作权合同登记号：06-2017-305

图书在版编目（CIP）数据

不行动经济学：存在固定成本时的随机控制模型 /（美）南希·L.斯托基（Nancy L. Stokey）著；徐占东译.
—大连：北财经大学出版社，2018.9
（DSGE经典译丛）
ISBN 978-7-5654-3176-0

Ⅰ.不… Ⅱ.①南… ②徐… Ⅲ.随机控制-应用-固定成本-研究 Ⅳ.F275.3

中国版本图书馆CIP数据核字（2018）第114969号

东北财经大学出版社出版发行
大连市黑石礁尖山街217号　邮政编码　116025
网　　址：http：//www. dufep. cn
读者信箱：dufep @ dufe. edu. cn
大连图腾彩色印刷有限公司印刷

幅面尺寸：185mm×260mm　字数：294千字　印张：14.25
2018年9月第1版　2018年9月第1次印刷
责任编辑：李　季　吉　扬　责任校对：吉　扬
封面设计：张智波　版式设计：钟福建
定价：42.00元

教学支持　售后服务　联系电话：（0411）84710309
版权所有　侵权必究　举报电话：（0411）84710523
如有印装质量问题，请联系营销部：（0411）84710711

内容简介

在一些经济情形中，采取行动需要支付固定成本。此时，不行动现象司空见惯，经济主体不会很频繁地采取行动。但一旦采取行动，调整幅度就会较大。近年来，越来越多的经验证据表明，许多重要的经济决策，包括价格制定、投资、劳动力雇用、耐用品购买以及投资组合管理的决策，经常会展现出此类“块状”行为。这些经验证据激发了学术界对此类经济模型的探索和研究。

在著名经济学家南希·斯托基所著的《不行动经济学》一书中，讨论了存在固定成本时，如何利用随机控制工具求解不确定条件下的动态决策问题。在书中，斯托基详细介绍了脉冲控制和瞬时控制两类模型。本书写作结构完整，论述严密，自成体系。作者不仅给出了与布朗运动和其他扩散过程有关的重要结论，还提出了分析各种问题的方法，并且讨论了这些方法在价格制定、投资和耐用品购买等方面的应用。

这本权威著作是宏观经济专业研究生和研究人员的必备读物。

前言

本书旨在介绍经济学中的一类随机控制模型。在此类模型中，由于存在固定调整成本或其他因素，出现不行动区域。此类模型出现在许多领域：涉及定价决策的货币经济学，以投资决策为核心的经济周期理论，以及宏观经济学中非常重要的劳动力问题，例如劳动力雇用和解雇决策问题。

本书是在芝加哥大学高年级研究生课程讲义的基础上写成的。尽管书中介绍的建模方法在各个经济学领域都有用武之地，但在微观经济学和宏观经济学基础教科书中，却难觅踪迹。本书的初衷就是让更多的经济学家掌握这些方法。

基于上述原因，书中尽可能使用经济学家熟悉的数学知识。同时，论证过程尽可能严谨，以满足建模要求。阅读本书的读者需要一定概率论基础知识，当然最好是熟悉随机过程。不过，本书自成体系，读者毋须查阅其他教材。

本书的写作得到许多朋友、同事和学生的建议和支持。感谢芝加哥大学的学生们，他们对本书初稿的评论和反馈，无论是对丰富本书内容，还是对提高写作质量，都颇有助益。特别感谢 Rubens P. Cysne 和 Jose Plehn-Dujowich 先生，感谢他们对本书初稿提出了详细修改意见。特别感谢 Yong Wang 先生，感谢他在最后阶段通读本书终稿。感谢 Thomas Chaney, Willie Fuchs，Larry Jones，Patrick Kehoe，John Leahy，以及 Alessandro Pavan，他们在谈论中提出的建设性意见是完成本书的动力。感谢 Fernando Alvarez 和 Robert Shimer，他们在课程中发挥了探索学生需求、激励学生学习的作用。特别鸣谢明尼阿波利斯联邦储备银行的资助。无论是本书初稿写作，还是本书的修改校对，都是在明尼阿波利斯联邦储备银行做访学学者期间完成的。最后，向 Robert Lucas 先生致以诚挚的谢意，感谢他在本书经年的写作过程中源源不断的鼓励、建议和支持。

目录

第III部分 瞬时控制模型

第IV部分 总量模型

第1章

引言

某些情况下，采取行动要支付固定成本。绝大多数时候的最优策略是静观其变，偶尔可以采取控制行动。最近几年，越来越多的经验证据表明，许多重要经济环境的调整通常具有“块状”特征。受这些经验证据激发，学术界开发模型来刻画此类经济行为。

例如，货币政策的短期效果通常与价格黏性程度有关。美国劳工统计局公布的1988—2003年零售业价格变动数据表明，零售业价格调整比较缓慢，至少某些产品是如此。各种产品价格变动的平均持续期存在较大差别。汽油、机票以及工业品等商品价格变动比较频繁。出租车票价和各种私人服务价格变动的持续期较长。所有产品价格变动的平均持续期大约为5个月。持续期的取值区间很宽，10%分位点为1.5个月，90%分位点为15个月。与价格黏性程度相比，价格调整幅度分布所包含的信息量更大。即使剔除短期销售价格，许多产品的价格调整幅度仍然很大，价格平均调整幅度超过8%。此外，1988—2003年为低通货膨胀时期。在如此大的样本期内，45%的价格变化为负值。并且，价格下降幅度与价格上升幅度几乎相同。三个大都市（纽约、洛杉矶和芝加哥）的数据更为详尽，有30%的价格变化幅度超过10%，并且价格上升幅度和下降幅度基本一样。

许多价格的变化幅度较大，说明价格变化可能伴随较大的固定成本。否则，无法解释价格为什么不是频繁、小幅变化。

第二个例子是投资行为。美国人口普查局关于1972—1988年期间建立的13 700个制造工厂的调查数据，表现出两种块状特征。第一种特征，样本中超过一半的工厂出现较大幅度调整，调整幅度至少为37%。并且，增加资本存量超过30%的工厂，占总投资比例接近25%。与此相对，样本中，有超过一半的工厂增加的资本存量低于2.5%，占总投资比例在20%左右。因此，单个工厂的规模变化主要靠某年大幅度增加投资。从整体看，总投资的大部分来自于这些大幅度增加投资的工厂。和价格数据一样，投资行为的经验证据表明，固定成本在投资决策中起着举足轻重的作用。

就业创造和就业破坏的经验证据与投资结论类似。新企业成立，老企业扩张以及其他变化会集中创造就业岗位；而企业倒闭、合并重组会集中破坏就业岗位。美国人口普查局关于1972—1988年间300 000~400 000个制造业企业的调查数据表明，创造的就业岗位和破坏的就业岗位的2/3，出现在12个月内就业扩张或收缩超过25%的企业。破坏的就业岗位的1/4，出现在倒闭企业。这些调整模式再次表明，固定成本起着重要作用。

在消费者购买房屋、汽车等耐用消费品的过程中，显然不能忽视固定成本的作用。美国人口普查局1996年的调查数据表明，居住在自有房屋、年龄超过15岁的居民中，在现住宅居住年限的中位数是8年，在现住宅居住年限超过11年的居民占比超过40%。尽管有许多因素促成居民在现住宅居住，但如果房屋购买、销售和搬家过程中涉及交易成本——包括时间成本，显然会降低居民更换住宅的频率。

经验证据还表明，固定成本是解释居民投资组合行为的一个重要因素。如果没有固定成本，那么为什么很多家庭不参与股票市场投资？这显然解释不通。事实表明，居民参与股票市场交易存在滞后现象，这大大增加了参与当前股票市场交易的可能性——即使控制了年龄、教育、种族、收入以及其他因素，可能性还是增加了32个百分点。这有力地表明，固定的进入成本起到了重要作用。另外，富有的居民更可能不仅拥有股票，还会参与股票交易。这一事实再次表明，每期或每次交易的固定成本起到不可或缺的作用。在此类或其他情况中，信息收集和处理成本极有可能是固定成本的重要组成部分。

这些例子表明，利用代表性企业和代表性家庭的模型不足以研究此类问题。例如，总生产率冲击或总需求冲击的经济效果，取决于企业的投资行为和雇用/解雇行为。如果固定成本重要，描述经济总效果时，需要将企业分成无反应或者反应较小的企业和做出重大调整的企业，之后进行平均。使用代表性经济主体，尽管能够刻画总效应的变化，但如果不明确采取加总计算，就很难确认——或者很难确定代表性经济主体采取何种行为。此外，即使在经济稳定时期采用代表性经济主体能够很好刻画经济行为，但当经济环境变得动荡不安时，采用代表性经济主体得到的结论可能是错误的。从家庭看，明确考虑异质性，会对福利结论产生重大影响。

一旦固定成本的作用举足轻重时，随机冲击服从布朗运动或其他扩散过程的连续时间模型，就有了强大的理论诉求。在此类经济中，当状态变量达到或超过某个选择恰当的上阈值和/或下阈值时，最优策略是采取行动；当状态变量介于阈值定义的区间内时，最优策略是静观其变。利用连续时间模型，能详细描述触发调整的阈值的详细特征和调整幅度。实际上，通常通过求解三变量或四变量的多元方程组，来描述阈值和返回点特征。本书目的就是介绍分析此类连续时间模型的数学方法。在引言的余下部分中，将简要描述典型模型的结构，以及几个相应例子。

假设没有控制时，状态变量$X(t)$的增量是某种布朗运动。在任意时点，决策制定者的收益（流）$g(X(t))$取决于当前状态。其中函数g为连续函数，并只有一个最大值。假设函数g在$x=a$处取得最大值，则函数g在区间（$-\infty$，a）上为增函数，在区间（a，$+\infty$）上为减函数。决策制定者可以调整状态变量一个离散值，并且做任何调整都需要支付固定成本c。现在假设固定成本仅是调整成本，决策制定者的目标是使得扣除调整成本后，预期贴现净收益最大。预期收益和成本的贴现率为恒定利率r。标准菜单成本模型就具有此类结构，$X(t)$表示与随机波动的行业或经济价格指数比较的企业相对价格（对数形式）。

决策制定者的问题是平衡两个相互冲突的目标：一是将状态保持在a的附近，以维持较高收益率；二是避免频繁支付调整成本。此时最优策略为：决策制定者选择阈值b和B以及返回点$S\in(b,B)$，$b<a<B$。当状态达到阈值b和B时，决策制定者开始行动，将状态调整到返回点S。开区间（b，B）称为不行动区域。只要状态保持在开区间（b，B）内，决策制定者不执行控制：没必要调整。当状态下降到b，或者上升到B时，支付固定成本，将状态变量调整到返回点S。如果状态变量的初始值位于开区间（b，B）外，立即将状态变量调整到返回点S。如果与收益函数g的值域相比，固定成本非常大，则可能会出现$b=-\infty$，$B=+\infty$或者二者同时成立的情况。

通常来说，最优策略并不是返回到瞬时收益最大的点a。也就是说，通常$S\neq a$。例如，如果漂移项为正，即$\mu>0$，决策制定者预料到（平均来看）状态会上升，很可能选择$S<a$。或者，如果收益函数g关于a点不对称，决策制定者很可能将返回点选在较高收益一侧。

给定初始状态$X(0)=x$，令$v(x)$表示最优策略的预期贴现收益。求最优值的第一步是构建包含函数v的贝尔曼方程。之后，利用贝尔曼方程刻画最优策略的特征。实际上，使用贝尔曼方程有两种方式。

假设阈值b和B已经选定，初始状态$X(0)=x$位于两个阈值之间，即$b<x<B$。令E_x［.］和Pr_x［.］分别表示给定初始状态x的条件期望和条件概率。定义随机变量$T=T(b)\wedge T(B)$为随机过程$X(t)$首次达到阈值b或阈值B的时间。这里T就是一个停时。这样，$v(x)$就可以表示成三项和：

$$v(x)=\begin{matrix}\text{区间}[0,T)\\\text{上的预期收益}\end{matrix}+\begin{matrix}\text{先于阈值}b\text{到达阈值}B\text{时，}\\\text{区间}[T,+\infty)\text{上的预期收益}\end{matrix}+\begin{matrix}\text{先于阈值}b\text{到达阈值}B\text{时，}\\\text{区间}[T,+\infty)\text{上的预期收益}\end{matrix}$$

用$w(x,b,B)$表示第一项，表示从0时到停时T之间的预期收益。$w(x,b,B)$是从0到停时$T=T(b)\wedge T(B)$，对时间积分的预期值。它可以写成积分区间［b，B］上对状态的积分，这恰是解决此问题的关键诀窍。具体来说，就是

$$\begin{aligned}w(x,b,B)&\equiv E_x\left[\int_0^T e^{-rt}g\big(X(t)\big)dt\right]\\&=\int_b^B\hat{L}(\xi;z,b,B)g(\xi)d\xi\end{aligned}$$

其中$\hat{L}(\cdot;z,b,B)$为预期贴现局部时间（expected discounted local time）函数。与概率密度函数类似，它是给定初始状态x情况下，停时$T=T(b)\wedge T(\mathrm{B})$之前每个状态$\xi$的权重函数。对于$v(x)$的第二项和第三项，定义

$$\psi(x,b,B)\equiv E_x[e^{-rT}\mid X(T)=b]Pr_x[X(T)=b]$$

$$\Psi(x,b,B)\equiv E_x[e^{-rT}\mid X(T)=B]Pr_x[X(T)=B]$$

因此，$\psi(x,b,B)$为给定初始状态x，先于较高阈值B到达较低阈值b这个事件的预期贴现值。$\Psi(x,b,B)$的意义与此相同，只不过阈值互换一下而已。对于任意$r\geq0$，明显ψ和Ψ有界，取值区间为［0，1］。根据函数w，ψ和Ψ的定义，由最大值原理，函数v必然满足贝尔曼方程

$$v(x)=\sup_{b,B,S}\left\{w(x,b,B)+\psi(x,b,B)[v(S)-c]+\Psi(x,b,B)[v(S)-c]\right\} \tag{1.1}$$

最优值取决于所选择的阈值b、阈值B以及返回点S。

如果X是布朗运动或者几何布朗运动，可以推导出函数$\hat{L}$，ψ和Ψ的封闭表达式，并且直接使用式（1.1）可以刻画最优策略的特征。如果X是更一般的扩散过程，虽然无法得到函数$\hat{L}$，ψ和Ψ的封闭表达式，但依然可以得到最优策略的详细特征。无论哪种情况，解的一些性质都值得一叙。首先，根据式（1.1）可以直接得到使得$v(S)$最大的最优返回点S^*，它和x无关。其次，最大值原理表明，阈值b^*和阈值B^*也和x无关。也就是说，如果对于任意$x\in(b^*,B^*)$，式（1.1）在b^*和B^*达到最大，则对于所有$x\in(b^*,B^*)$，式（1.1）在b^*和B^*达到最大。即使状态变量发生变化，理性决策制定者也不会改变他选择的阈值。最后，根据式（1.1），如果状态变量位于不行动区域外，则价值函数是常数，即对于所有$x\notin(b^*,B^*)$，$v(x)=v(S^*)-c$。

刻画最优策略特征的另外一种方法是间接使用式（1.1）。如果状态x位于开区间(b^*,B^*)内部，只要Δt足够小，状态达到两个阈值的概率就可以要多小有多小。因此，根据式（1.1）和函数v的定义，有

$$v(x)\approx g(x)\Delta t+\frac{1}{1+r\Delta t}\mathrm{E}_x[v(x+\Delta X)]$$

其中ΔX为状态x在Δt上的（随机）增量。如果X为布朗运动，参数为（μ，σ^2），则采用二阶泰勒级数近似，有

$$\mathrm{E}_x[v(x+\Delta X)]\approx v(x)+v'(x)\mu\Delta t+\frac{1}{2}v''(x)\sigma^2\Delta t$$

第3章将对此作正式讨论。将二阶泰勒展开表达式带入$v(x)$表达式，合并同类项，取$\Delta t\to 0$的极限，得到

$$rv(x)=g(x)+\mu v'(x)+\frac{1}{2}\sigma^2 v''(x) \tag{1.2}$$

方程（1.2）为二阶常微分方程（ODE），称为汉密尔顿-雅可比-贝尔曼（HJB）方程。在不行动区域，区间(b^*,B^*)上，最优价值函数v满足HJB方程。求解这个二阶常微分方程，需要两个边界条件。除此之外，还必须首先确定阈值b^*和阈值B^*的值。之前讨论过，当状态位于不行动区域外，对于所有$x\notin(b^*,B^*)$，v已知为$v(x)=v(S^*)-c$。确定式（1.2）的两个边界条件，以及阈值b^*和阈值B^*的取值，要求v和v'在阈值b^*和阈值B^*连续。这两个条件分别称为价值匹配条件与平滑黏贴条件。利用这两个条件，可以复制出式（1.1）的最优解。

应用这个方法，能解决许多问题。在库存模型或投资模型中，比较自然的假设是不仅存在固定成本，还存在变动调整成本。对于向上调整和向下调整，这两种成本可以不同。不过，即使这样，最优解的总体结构仍然与菜单成本模型基本相同。主要差别是，库存模型和投资模型中存在两个返回点$s^*<S^*$。从阈值b^*向上调整的返回点为s^*，从阈值B^*向下调整的返回点为S^*。

如果模型包含两个状态变量，有时用状态变量的比率构建模型，也会得到类似的最优策略。投资模型就是个例子。假设需求X为几何布朗运动，进一步假设劳动力和原材料可以连续调整，并且没有调整成本，但假设资本投资需要支付固定成本。令劳动力和

原材料运营成本的净收益为$\Pi(X,K)$，且假设函数Π具有规模报酬不变特征。假设资本存量调整的固定成本λK与基础投资规模成比例，固定成本λK可以看作管理者的时间和当前生产的中断。假设变动成本$P(K'-K)$等于投资商品价格乘以投资规模，因此，比率$\lambda K/P$可以看作安置新资本时，现存资本存量必须报废的比例。

无论哪种情况，如果假设需求服从几何布朗运动，并且函数Π为一次齐次函数，仅用比率$x=X/K$作为状态变量，就可以将问题表示成集约型。一旦问题写成集约型，最优策略就具有上述形式。利用阈值b^*和阈值B^*定义不行动区域，并且不行动区域内存在一或两个返回点。当比率x达到不行动区域的端点时，或者初始条件位于不行动区域外时，企业立即投资或者撤资。如果向上调整和向下调整的变动成本相同，那么返回点相同。如果向上调整和向下调整的变动成本不同，那么返回点也不同。在这种条件下，隐含假设投资决策考虑了未来的投资选择。因此，经验法则“如果预期贴现收益超过投资成本，则进行投资”不成立。取而代之的是审慎选择法则，即不仅要选择投资时机和投资规模，还要考虑立即投资挤出未来投资机会的效果。

在状态变量存在固定成本的模型中，可以引入能连续无成本调整的控制变量。控制变量影响状态变量的演变，当然就可能影响当前收益。投资组合选择和住房采购模型就是个例子。此模型的目标是考察房屋所有权对消费者投资组合其他部分的影响。假设消费者总财富为Q，房屋价值为K。财富随机增长，均值和方差取决于消费者持有的投资组合。投资组合中包含无风险资产和风险资产。假设当房屋拥有者卖出房屋时，收益仅为房屋价值的$1-\lambda$部分。λ部分可以看作代表性经纪人的佣金、搜寻时间以及搬家成本等。因此，和之前的投资模型一样，固定成本λK与状态变量K成正比。假设消费者偏好为齐次函数，即$U(K)=K^\theta/\theta$，其中$\theta<1$。此时价值函数是θ次齐次函数，最优策略函数是一次齐次函数。也就是说，购买新房屋的最优策略仅涉及总财富对房屋价值的比率$q=Q/K$，最优策略形式和菜单成本模型相同。

投资组合是新生事物，可以连续无成本调整。也就是说，消费者可以根据总财富对房屋价值的比率q，持有包含无风险资产和风险资产的投资组合。这里的问题是，消费者风险忍受程度是否随比率q变化。例如，当比率q接近阈值，在不久的将来可能进行调整时，抑或刚刚进行过交易，在返回点附近时，消费者风险忍受程度是否存在差别？这里有一个关键问题，那就是消费者投资组合决策会影响财富演变。经过投资组合调整后，总财富不再是外生设定的随机过程。能够连续调整的非耐用消费品，可以作为另外一个状态变量纳入到模型中。此时必须假设消费者偏好具有某种形式，不需要其他约束条件，就能得到所需的齐次特征。

到目前为止所考虑的所有例子中，固定成本都为离散值。同时，当决策制定者支付固定成本时，对处于掌控中状态变量进行的调整也是离散值。也就是说，固定成本呈块状，决策制定者进行的调整亦呈块状。此类模型有时被称为脉冲控制模型。

本书最后一部分将考虑瞬时控制问题。与脉冲控制模型不同，瞬时控制问题的调整是连续值。决策制定者选择调整比率，向上或向下调整状态变量。按照调整比率，支付调整成本（流）。调整成本可以呈线性，也可以呈凸性。同时，向上调整的成本与向下调整的成本可以不同。这种条件下，瞬时控制问题的最优策略，具有一些与脉冲控制模型类似的重要性质。例如，通常有上阈值和下阈值，利用阈值定义不行动区域。当状态位于不行动区域内时，不做任何调整。一旦状态变量达到或超过某个阈值，就要采取控制措施。最优调整比率取决于状态变量超过阈值的程度。

在瞬时控制模型中，如果向上调整的变动成本与向下调整不同，就会存在不行动区域。例如，如果投资品的购买价格 P 超过销售价格 p，则投资后迅速撤资的单位成本 $P-p>0$。最优策略中要避免此类调整，由此就会产生不行动区域。

瞬时控制模型的调整不会呈现脉冲控制模型那种块状特征。如果在离散时间段上对控制加总，得到的经济意义大致相同。在瞬时控制变量模型中，一旦状态变量达到或超过阈值，状态就会在该区间停留一段时间。因此，实施的控制也会持续一段时间。同样，一旦状态变量位于不行动区域内，在一个较大时间段内，不需要采取控制措施。因此，如果在这些离散时间段内对控制加总，总控制看起来大致呈块状，某些时段采取实质性的控制，有些时段不控制或者少控制。

下面的库存问题就是个例子。状态变量 Z 为存量规模。没有干预时，Z 是布朗运动。管理者目标是使得总预期贴现成本最小。这些成本包含两部分。一部分是存储成本（流）$h(Z)$，它与存量规模有关。假设函数 h 连续，并且图像呈 U 型，在 0 点取最小值。存量为负值看作待发货订单。另外，增加一单位库存的价格 $P>0$，减少一单位库存的价格 p 可以是 $p>0$ 也可以是 $p\leqslant 0$。价格 $p>0$ 表示是卖出库存的单位收益，价格 $p\leqslant 0$ 是清理废品的单位成本。在本例中，假设没有其他控制成本。显然要求 $p\leqslant P$，否则系统就会变成钱泵，并且要求 $p\neq P$，避免解出现保持库存为零这种无价值情况。利率 $r>0$ 为常数。

假设管理者选择阈值 b 和阈值 B，采取将库存保持在闭区间［b，B］内的策略。为达到此目的，当状态 $Z=b$ 时，他购买少量商品，确保存货不低于阈值 b 即可。当状态 $Z=B$ 时，他卖出少量商品，确保存货不超过阈值 B 即可。

给定初始状态变量 z，采取最优策略的预期贴现总成本为 $v(z)$。与之前一样，$v(z)$ 可以分解为三项和：

$v(z)$=预期存储成本+阈值 b 处控制的预期成本+阈值 B 处控制的预期成本

这三项都是在整个时间 $t\in[0,+\infty)$ 上积分的预期值。和之前一样，解决此问题的诀窍是将它们写成容易处理的形式。具体来说就是将管理者问题写作

$$v(z)=\min_{b,B}\left[\int_b^B \pi(\zeta;z,b,B)h(\zeta)d\zeta+\alpha(z,b,B)P-\beta(z,b,B)p\right],\quad z\in[b,B] \tag{1.3}$$

其中 $\pi(\zeta;z,b,B)$ 为给定初始状态变量 z，每个 $\zeta\in(b,B)$ 值所对应的预期贴现局部时间。

$$\alpha(z,b,B)\equiv \mathrm{E}_z\left[\int_0^\infty e^{-rs}dL\right]$$

$$\beta(z,b,B)\equiv \mathrm{E}_z\left[\int_0^\infty e^{-rs}dU\right]$$

分别表示阈值处执行的预期贴现控制。如果状态的基础过程是布朗运动，就能得到 α，β 和 π 的显性表达式，利用式（1.3）就可以直接刻画最优阈值的特征。

和之前一样，可以利用间接方法刻画最优阈值的特征。实际上，讨论的第一部分和

之前相同：如果Z位于区间（b,B）内，只要Δt足够小，到达任何一个阈值的概率就可以忽略不计（概率要多小有多小）。利用之前采用的二阶泰勒级数近似，得到HJB方程，此时为

$$v(z)=h(z)+\mu v'(z)+\frac{1}{2}\sigma^2 v''(z)$$

和之前一样，求解HJB方程需要两个边界条件，此外必须确定最优阈值b^*和B^*的值。对于本问题来说，价值匹配条件必然成立。因此，要求函数v在阈值b^*和阈值B^*连续无法提供额外的限制，还需要v'和v''在阈值b^*和阈值B^*连续，才能求出模型求解所需的两个常数和两个阈值。利用这两个条件——平滑黏贴（smooth pasting）条件①和超接触（super contact）条件——才能复制出使得式（1.3）达到最大的解。

在投资问题中，如果需求$X(t)$服从几何布朗运动，并且投资不可逆，就构成此类模型的一个例子。具体来说，假设新投资的单位成本为常数，$P>0$；资本没有报废价值，$p=0$。进一步假设不存在固定成本和其他调整成本，并且单位资本的利润流取决于资本存量对需求的比率$k=K/X$。在这种情况下，最优策略涉及选择比率k的临界值κ。当比率k降到临界值κ以下时，企业进行少量投资，确保资本不至于降到阈值以下即可。当比率k超过临界值κ时，企业按兵不动。如果初始状态k_0小于临界值κ，企业需要立即购买资本，确保比率k超过临界值。我们感兴趣的是，这种条件下的最优策略与无摩擦条件下的最优策略有何区别。无摩擦条件下，资本买卖价格都是P。此时，最优策略包括将比率k保持在k^f固定不动。可以证明，投资不可逆会降低企业投资意愿，这意味着$\kappa<k^f$。由于投资者不能用变卖已安装资本的方式解决接下来的需求下降问题，因此，只有需求出现较大幅度增长时，才会触发企业投资。

到目前为止，所有的讨论都是研究个体决策制定者，即企业或家庭关注的决策问题。不过，在很多情况下，我们对总量问题感兴趣。例如，为了评价价格黏性对货币政策短期效果的影响，必须确定总价格水平的行为和企业相对价格的分布。同样，为了评价雇用和解雇规则的作用，就需要知道雇用和解雇规则对创造的总工作岗位和破坏的总工作岗位的影响。还有，为了评价周期性冲击扩散过程中投资所起的作用，就必须确定宏观经济扰动（例如国外需求变化）对总投资的影响。

如果单个经济主体面临固定调整成本，利用模型描述总量特征的困难程度，很大程度上取决于外生冲击性质。具体来说，它取决于外生冲击是异质性冲击还是总量型冲击。如果经济主体面对的冲击是异质性冲击，并且它可以用独立同分布的随机变量来描述。此时，描述总量特征比较容易，至少描述长期特征比较容易。这种情况下，根据大数定律，经济主体冲击和内生状态的联合分布长期收敛于平稳分布。平稳分布刻画了单个经济主体的长期平均，较为容易计算。在第7章、第8章和第10章，将介绍这些平稳分布。因此，如果冲击具有异质性，描述总量特征比较简单。

---

① 译者注：平滑黏贴（smooth pasting）条件指的是对于美式期权，期权行权时原有的价值曲线跟行权后的价值曲线相切。参见 Dixit A K. The Art of Smooth Pasting［M］，Fundamentals of Pure and Applied Economics 55，Harwood Academic Publishers，Switzerland，1993.

如果经济主体面对的是总量冲击，事情就变得复杂了。此时，要描述总量行为，大数定律没有用武之地，也找不到其他一般方法。关键症结是经济主体内生状态的分布随时间变化。在任意时点，内生状态的分布取决于冲击过程的历史实现。因此，内生状态的截面分布一般不会收敛。

对于此类模型，有两种可行办法可用于描述总量特征。第一种办法是寻找特定假设，得到平稳分布。例如，在菜单成本模型中，给定有关货币供给的特定假设，就可以用单个经济主体的调整行为，解释价格服从均匀分布这一现象。在这些特定假设下，用解析方法能够求解模型。第二种办法是采用计算方法描述整个分布的演变特征。计算方法的应用范围较广，许多情况都取得了成功。本书相应章节的注释中会介绍这些计算方法，相应参考文献对此进行了详细介绍。

本书目标是使用经济建模常用的数学预备知识。本书并不强求读者精通概率和随机过程，讨论中只用到了概率和随机过程的一些基础知识。递归方法贯穿本书始终。如果读者熟悉离散时间贝尔曼方程，将会大有裨益。如果不熟悉，当然也没关系。

本书余下部分安排如下。第2章至第5章介绍基础数学工具，目的是降低本书阅读门槛，介绍严密论证所研究优化问题必需的背景知识，这些内容都经过精挑细选，对后续讨论没有用处的定理证明，本书都略去不提。第2章介绍随机过程，重点是连续时间随机过程。本章给出了布朗运动、更一般扩散过程以及停时的定义。第3章介绍随机积分、伊藤引理、占用测度以及局部时间（local time）。这些知识在后续章节中将会反复使用。第4章讨论鞅理论，阐述选择停时定理。第5章将利用第2章到第4章介绍的数学知识，研究上文定义的函数ψ，Ψ和$\hat{L}$。当基础随机过程服从布朗运动或几何布朗运动时，给出函数ψ，Ψ和$\hat{L}$的显性表达式。当基础随机过程为更一般的扩散过程时，详细描述函数ψ，Ψ和$\hat{L}$的性质。后续的章节中会反复用到这些公式。

第6章到第9章讨论脉冲控制问题，介绍各种应用和建模方法，包括价格调整问题、投资问题以及耐用品问题。这四章会严谨论述如何利用价值匹配条件和平滑黏贴条件求出最优值，简要介绍具有价值匹配条件和平滑黏贴条件的优化问题。

第10章和第11章讨论瞬时控制模型。在第10章，首先介绍调节布朗运动，它是瞬时控制模型的基础。之后利用调节布朗运动，分析经典库存问题。在第11章，利用类似方法，研究各种投资模型。在这些模型中，最优控制会用到超接触条件。

在第12章，讨论两个总量菜单成本模型。其中一个模型，状态变量总量服从调节布朗运动。从理论层面上，利用总量菜单成本模型，介绍价格黏性会导致货币短期非中性的作用机理。从方法层面上，利用总量菜单成本模型，说明如何利用特定假设，利用解析方法解决存在固定成本的总量模型。

注释

Bils and Klenow（2004）详细考察了1995—1997年间的价格变化频率数据。Klenow and Kryvtsov （2008）描述了1988—2003年间的价格变化幅度。他们研究所用数据都来自于美国劳工统计局。Doms and Dunne（1998）考察了工厂层次的投资问题。Davis，

Haltiwanger and Schuh （1996）考察了工厂层次的工作岗位创造和工作岗位破坏问题。他们研究所用数据是美国人口普查局公布的1973—1988年间的制造业工厂数据。居住期限数据，参见Schachter and Kuenzi（2002）。Vissing-Jorgensen（2002）及其文中所含文献，实证研究了家庭投资组合行为。

本书提出的很多想法已经屡见不鲜，只不过数学严密程度不一，研究重点各有侧重而已。有些研究侧重于方法，有些研究侧重于经济问题。Dixit（1993）是介绍脉冲控制模型和瞬时控制模型的一本好教材，书中介绍了很多例子和数值说明。Dixit and Pindyck（1994）介绍了各种投资问题，详细讨论了这些模型的经济问题和实证预测问题。Harrison（1985）详细介绍了瞬时控制模型的数学方法以及一些例子。

本书所述方法，在金融中的应用不胜枚举。Duffie（1988，1996）等众多优秀著作对此问题进行了深入讨论。这里不再多此一举，略去金融应用相关内容。

Richard Bellman率先提出最大值原理。Bellman（1957）介绍了最大值原理的基本思想，并有大量应用和问题。关于离散时间递归方法的讨论，参见Stokey and Lucas（1989）。

第Ⅰ部分
数学预备知识

第2章

随机过程、布朗运动和扩散过程

本章概括介绍随机过程的背景知识，重点是布朗运动和其他扩散过程。附录A将对部分内容作详细介绍。

2.1 随机变量和随机过程

要定义随机变量，首先要定义概率空间（$\Omega,\mathfrak{F},P$）。其中Ω为集合，$\mathfrak{F}$为Ω子集的σ-代数，P为$\mathfrak{F}$上的概率测度。$\omega\in\Omega$为结果，集合$E\in\mathfrak{F}$为事件。给定概率空间（$\Omega,\mathfrak{F},P$），随机变量是一个测度函数x：$\Omega\to\mathbf{R}$。对于$\omega\in\Omega$，实数$x(\omega)$为随机变量的实现。函数x的概率测度为

$$\mu(A)=P\{x^{-1}(A)\}=P\{\omega\in\Omega:x(\omega)\in A\},\ A\in\mathfrak{B},$$

$\mathfrak{B}$表示Borel（波雷尔）集。因为函数x可测，因此每个集合x^{-1}（A）都在$\mathfrak{F}$内，概率$\mu(A)$有定义。函数x的分布函数为

$$G(a)=\mu((-\infty,a]),\ a\in\mathbf{R}$$

根据μ或G，能够构建出x（可测）函数的概率测度或分布函数。

定义随机过程的方式与此类似，只不过加上时间t而已。时间既可以离散，也可以连续；既可以有限，也可以无限。大多数情况下，采用连续时间，从时刻0开始，到达无限远处。需要着重强调一点，本书重点考虑$t\in[0,\infty)$情况。给定前述Ω，$\mathfrak{F}$和P定义，增加定义$\mathfrak{F}$内的单增σ-代数族$\mathrm{F}\equiv\{\mathfrak{F}_t,\ t\geqslant0\}$。也就是说，

对于所有$s\leqslant t$，$\mathfrak{F}_s\subseteq\mathfrak{F}_t$；并且对于所有$t$，$\mathfrak{F}_t\subseteq\mathfrak{F}$

$\mathfrak{F}=\mathfrak{F}_\infty$为包含所有$\mathfrak{F}_t$的最小$\sigma$-代数。族$\mathrm{F}\equiv\{\mathfrak{F}_t\}$为非降$\sigma$-代数（filtration），（$\Omega,\mathfrak{F},P$）为滤过的概率空间。$\mathfrak{F}_t$表示时刻$t$已知的事件集合。

随机过程为滤过的概率空间上的一个函数，具有一定的测度特征。具体来说，令（$\Omega,\mathfrak{F},P$）为滤过的概率空间，时间$t\in[0,\infty)=\mathbf{R}_+$。令$\mathfrak{B}_+$表示$\mathbf{R}_+$上的Borel子集。连续时间随机过程是一个映射$x:[0,\infty)\times\Omega\to\mathbf{R}$。映射$x$关于$\mathfrak{B}_+\times\mathfrak{F}$可测。也就是说，$x$在$(t,\omega)$上联合可测。给定概率空间（$\Omega,\mathfrak{F},P$）和非降$\sigma$-代数$F\equiv\{\mathfrak{F}_t\}$，如果对于所有$t$，$x(t,\omega)$为$\mathfrak{F}_t$可测，则随机过程$x$：[0，∞）$\times\Omega\to\mathbf{R}$与$F$相适应。

给定$t\in[0,\infty)$的值，映射$x(t,.)$：$\Omega\to\mathbf{R}$是概率空间（Ω，$\mathfrak{F}_t$，P_t）上的普通随机变量。P_t是受$\mathfrak{F}_t$约束的P。也就是说，$x(t,.)$是ω的$\mathfrak{F}_t$可测函数。给定$\omega\in\Omega$的值，映射$x(.,\omega):[0,\infty)\to\mathbf{R}$是时间$t$的Borel可测函数。映射$x(.,\omega)$称为一个实现、轨迹或样本路径。

出于某种需要，可以将样本路径$x(.,\omega)$：$[0,+\infty)\to\mathbf{R}$看作函数在合适空间上的一个点。这里重点考察具有连续样本路径的随机过程。令$C=C[0,\infty)$表示连续函数x：$[0,\infty)\to\mathbf{R}$的空间。当$x(.,\omega)\in C$时，对于每个$\omega\in\Omega$，随机过程几乎处处连续。换一种说法，连续随机过程是一个映射x：$\Omega\to C[0,\infty)$。

2.2 独立性

令$(\Omega,\mathfrak{F},P)$为概率空间。对于事件$D,E\in\mathfrak{F}$，如果

$$P(D\cap E)=P(D)P(E)$$

则事件D，E相互独立。对于集合族$\mathfrak{D}$，$\mathfrak{E}\subset\mathfrak{F}$，当来自两个集合族的每对事件都相互独立时，即对于所有$D\in\mathfrak{D}$，$E\in\mathfrak{E}$，如果

$$P(D\cap E)=P(D)P(E),$$

则集合族$\mathfrak{D}$，$\mathfrak{E}$相互独立。对于概率空间$(\Omega,\mathfrak{F},P)$上的随机变量x_1，x_2，…，x_n（有限集合），对于任意Borel集A_1，A_2，…，A_n，如果

$$P\left(x_i\in A_i,i=1,\dots,n\right)=\prod_{i=1}^{n}P\left(x_i\in A_i\right)$$

其中

$$P(x_i\in A_i)\equiv P(\omega\in\Omega:x_i(\omega)\in A_i)$$

则称随机变量x_1，x_2，…，x_n相互独立。对于随机变量x_1，x_2，x_3，…（无限集合），如果随机变量的任意有限集合都相互独立，则随机变量x_1，x_2，x_3，…相互独立。

习题2.1. 令$(\Omega,\mathfrak{F},P)$为概率空间；令$\mathfrak{D}$，$\mathfrak{E}\subset\mathfrak{F}$为$\sigma$-代数；令随机变量$x$，$y$分别在$\mathfrak{D}$上可测和$\mathfrak{E}$上可测。证明：如果$\mathfrak{D}$，$\mathfrak{E}$相互独立，则随机变量$x$，$y$相互独立。证明：如果随机变量$x$，$y$相互独立，则由$x$，$y$生成的$\sigma$-代数$\mathfrak{D}_x$和$\mathfrak{E}_y$相互独立。

2.3 维纳过程和布朗运动

如果随机过程W具有如下性质：

i.样本路径连续，

ii.增量相互独立，且为平稳序列，

iii.对于所有t，$W(t)\sim N(0,t)$。

则随机过程W为维纳过程（或标准布朗运动）。如果$W(t)$是维纳过程，则对任意时段Δt，相应的（随机）变化服从均值为零，方差为Δt的正态分布。即

$\Delta W=\varepsilon_t\sqrt{\Delta t}$，其中$\varepsilon_t\sim N(0,1)$

当Δt为无穷小时，写作$dW=\varepsilon_t\sqrt{dt}$。所以，

$$\mathrm{E}[dW]=\mathrm{E}\left[\varepsilon_t\sqrt{dt}\right]=0,\quad \mathrm{E}\left[(dW)^2\right]=\mathrm{E}\left[\varepsilon_t^2dt\right]=dt$$

对于所有t，如果随机过程X满足

$$X(t)=X(0)+\mu t+\sigma W(t) \tag{2.1}$$

则随机过程X为有漂移的布朗运动，漂移为μ，方差为σ^2。W为维纳过程。显然任何布朗运动（包括维纳过程）的状态空间为所有$\mathbf{R}$。由于$\mathrm{E}[W(t)]=0$和$\mathrm{Var}[W(t)]=t$，因此对于所有t，有

$$\mathrm{E}[X(t)-X(0)]=\mu t, \mathrm{Var}[X(t)-X(0)]=\sigma^2 t$$

布朗运动的漂移和方差是时间的线性函数，并且随着时间的增加而增加。

定理2.1表明，对于任意连续随机过程$\{X(t), t\geqslant 0\}$，如果增量相互独立且为平稳序列，则随机过程$X(t)$为布朗运动。

定理2.1. 如果随机过程$\{X(t), t\geqslant 0\}$具有连续样本路径，且增量是独立同分布的平稳序列，则随机过程$X(t)$是布朗运动。即对于每个$t\geqslant 0$，存在（μ，σ^2），使得随机变量$[X(t)-X(0)]$为正态分布，参数为（μt，$\sigma^2 t$）。

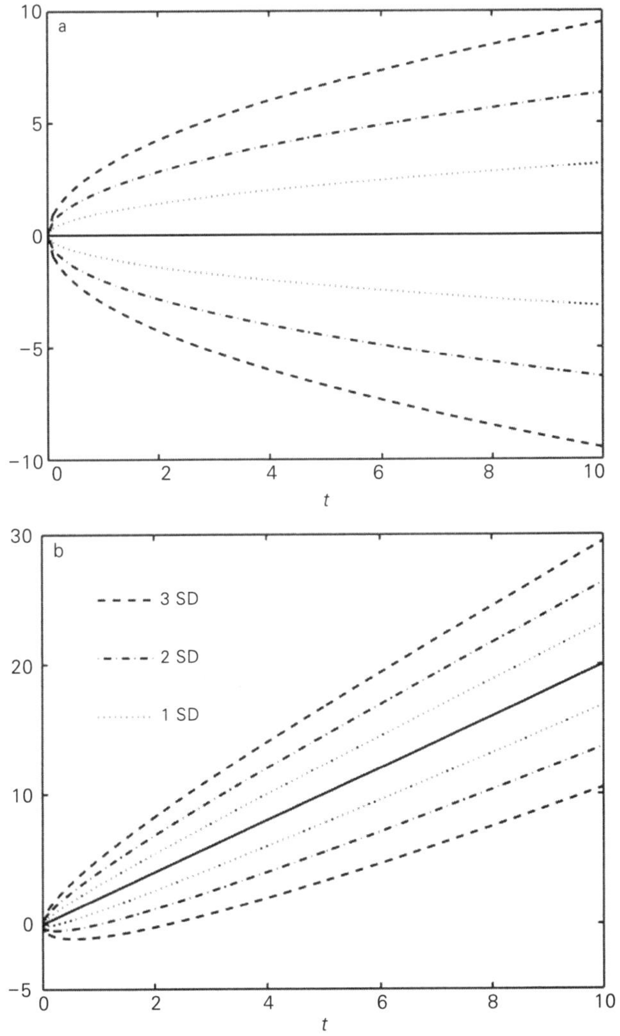

图2-1　布朗运动的置信带。(a) $\mu=0$，$\sigma=1$；(b) $\mu=2$，$\sigma=1$

定理证明参见Breiman（1968，概率论命题12.4）。思路是利用中心极限定理。

定理2.1说明，如果连续时间随机过程具有连续样本路径和独立同分布增量，则随机过程增量必然服从正态分布。对于式（2.1）的布朗运动，唯一能做的是选择参数(μ，σ^2)，其余都徒劳无功。(因此，维纳过程定义中的第（iii）项是多余的。）在2.7节，将去掉增量同分布这一条件，定义一类更宽泛的连续随机过程。

布朗运动的均值按照t的速度增加，标准误差按照$\sqrt{t}$的速度增加。因此标准误差支配样本路径的短期性质，漂移项支配样本路径的长期性质——除非漂移为零。图2-1为有漂移和无漂移布朗运动$X(t)$的预期值及其66%、95%和99%置信带的图像。

2.4 布朗运动的随机游走近似

布朗运动可以看作当时间间隔和步幅按某种方式收缩时离散时间随机游走的极限。假设在每个时段Δt，随机过程X增加h的概率为p，下降h的概率为（$1-p$）。令$\Delta X=X(t+\Delta t)-X(t)$表示$X$的增量，则

$$E[\Delta X]=ph-(1-p)=(2p-1)h,$$

$$\mathrm{Var}[\Delta X]=E[(\Delta X)^2]-[E(\Delta X)]^2=[1-(2p-1)^2]h^2$$

因此，要近似等于参数为（μ,σ^2）的布朗运动的漂移和方差，p和h必须满足

$$\mu\Delta t=(2p-1)h,$$

$$\sigma^2\Delta t=4p(1-p)h^2 \tag{2.2}$$

消去h，得到p的二次方程

$$p^2-p+\frac{\sigma^2}{4(\sigma^2+\mu^2\Delta t)}=0$$

因此

$$p=\frac{1}{2}\left(1+\sqrt{1-\frac{\sigma^2}{\sigma^2+\mu^2\Delta t}}\right)$$

$$=\frac{1}{2}\left(1+\frac{\mu\sqrt{\Delta t}}{\sqrt{\sigma^2+\mu^2\Delta t}}\right)$$

$$\approx\frac{1}{2}\left(1+\frac{\mu}{\sigma}\sqrt{\Delta t}\right) \tag{2.3}$$

选择满足当$\mu\geqslant0$时，$p\geqslant1/2$或当$\mu<0$时，$p<1/2$的解。只要Δt小于σ^2/μ^2，就可以近似等于最后一行。根据式（2.2），得到步幅h

$$h=\frac{\mu\Delta t}{2p-1}=\sigma\sqrt{\Delta t} \tag{2.4}$$

这里的思想是，由于漂移和方差都与Δt同阶，只要Δt小于σ^2/μ^2，则与$E[(\Delta X)^2]=\sigma^2\Delta t$相比，$[E(\Delta X)]^2=\mu^2(\Delta t)^2$可以忽略不计。因此$\mathrm{Var}[\Delta X]\approx E[(\Delta X)^2]$或$\sigma^2\Delta t\approx h^2$，恰为式（2.4）。

总之，要近似参数为（μ，σ^2）的布朗运动，必须选择小于σ^2/μ^2的Δt，并且选择h和p，满足式（2.3）和式（2.4）

（$2p-1$）$h=\mu\Delta t$，且 $h^2=\sigma^2\Delta t$

当时间增量Δt收缩到0时，步幅h也收缩到0。

在下面的近似序列中，采用递减时间增量Δ_n，说明定理2.1的基本思想。这个近似序列表明，采用数值方法近似布朗运动，可以要多精确就能多精确。给定时段$T>0$，定义

$$\Delta_n \equiv T/n,\ h_n \equiv \sigma\sqrt{T/n},\ p_n \equiv \frac{1}{2}\left(1+\frac{\mu}{\sigma}\sqrt{T/n}\right),$$

$$X_n \equiv \left\{-nh_n,\cdots,0,\cdots,+nh_n\right\}$$

$$\equiv \left\{-\sigma\sqrt{nT},\cdots,0,\cdots,+\sigma\sqrt{nT}\right\},\quad n=1,\ 2,\ \cdots$$

对于每个n，令$\left\{\xi_i^n\right\}_{i=1}^n$为独立同分布随机变量序列，取值为$\pm h_n$的概率分别为$p_n$和（$1-p_n$）。令序列和

$$X_n=\xi_1^n+\xi_2^n+\cdots+\xi_n^n,\quad n=1,\ 2,\ \cdots$$

每个随机变量ξ_i^n的均值均为$\mu T/n$，方差均为σ^2T/n，所以每个随机变量X_n的均值均为μT，方差均为σ^2T。此外，每个X_n的取值区间都为有限集$\mathbf{X}_n$。有限集$\mathbf{X}_n$以0为中心，均匀分布着$2n+1$个网格点。网格所在的时段长度为$2\sigma\sqrt{nT}$，步幅为$\sigma\sqrt{T/n}$。因此，网格点数量随着时段长度按n倍速度增长，任意子区间上的网格点数量按$\sqrt{n}$倍的速度增长。当$n\to\infty$时，任何子区间上的网格点的数量无限增加，因此状态空间扩张到覆盖整个实数$\mathbf{R}$。因此，根据中心极限定理，序列$\{X_n\}$按分布收敛到正态分布随机变量。

习题2.2. 考虑参数为（μ，σ^2）的布朗运动，初始状态$x(0)=0$。给定$T>0$和$a>0$的值。利用离散时间近似序列计算

$$\Pr\left\{\max_{0\leqslant t\leqslant T} x(t)\geqslant a\right\}$$

2.5 停时

停时是滤过的概率空间（Ω,F,P）上的可测函数T：$\Omega\to[0,+\infty)\cup+\infty$。对于所有$t\geqslant0$，有

$$\{\omega\in\Omega:\ T(\omega)\leqslant t\}\in\mathfrak{F}_t \tag{2.5}$$

思想是利用停时T（ω）表示事件发生的（随机）时间。T（ω）$=+\infty$表示事件永远不会发生。根据可测条件（2.5），给定可获得信息$\mathfrak{F}_t$，一定知道在时间t，事件是否已经发生。这里的非降σ-代数F至关重要，它决定了函数T是否为停时。如果T以概率1在$\mathbf{R}_+$上取值，则T为随机变量。这里将$P\{T<+\infty\}=1$缩写为$T<+\infty$。

下面一些例子是标准的停时：

i. 任意给定$T=\hat{T}$，T是停时。

ii. 假设$\{X(t)\}$是概率空间（Ω,F,P）上的随机过程。令A为任意Borel集。则$X(t)\in A$的第一天t为停时。$X(t)\in A$的第k天亦是停时，$k=2$，3，4，…。

iii. 如果S和T是停时，则$S+T$，$S\wedge T$以及$S\vee T$也是停时。其中$a\wedge b\equiv\min\{a,b\}$，$a\vee b\equiv\max\{a,b\}$。

习题 2.3. 令$\{X(t)\}$是概率空间（Ω,F,P）上的随机过程。下面哪个是停时，哪个不是停时？并简明解释原因。

（a）$T-S$，其中S和T为停时，并且$S\leq T$。

（b）令$\{a_j\}_{j=1}^{n}$为实数序列，考虑随机过程X在首次到达a_1之后，…，首次到达a_{n-2}之后，首次到达a_{n-1}之后，首次到达a_n的时间。

（c）令$\{A_j\}_{j=1}^{n}$为可测集合序列，考虑随机过程X在首次到达A_1之后，…，首次到达A_{n-2}之后，首次到达A_{n-1}之后，首次到达A_n的时间。

（d）$T-\Delta$，其中T为上述任何一个停时，$\Delta>0$为常数。

2.6 强马尔科夫性

令$\{X(t,\omega)\}$为滤过的概率空间（Ω,F,P）上的平稳随机过程。如果对任意停时序列$T_0<T_1<\cdots<T_n$，任意$s>0$，任意x_0，x_1，…，x_n，以及任意可测集A，都有

$$\Pr\{X(T_n+s)\subset A|X(T_0)=x_0,\ X(T_1)=x_1,\cdots,X(T_n)=x_n\}$$
$$=\Pr\{X(T_n+s)\subset A|X(T_n)=x_n\} \tag{2.6}$$

则X具有强马尔科夫性。也就是说，给定停时T_n的状态，早期停时的结果对预测之后时刻的结果没有任何帮助。换一种说法，根据式（2.6），给定$X(T_n)$，任意停时T_n之后的系统演变与早期结果条件独立。如果随机过程非平稳，强马尔科夫性条件要更复杂，但基本原理相同。

定理2.2说明，如果在停时T，布朗运动X重新初始化，得到的过程依然是布朗运动，均值和方差与原来相同。也就是说，布朗运动具有强马尔科夫性。

定理 2.2. 令X为布朗运动，参数为（μ,σ^2）。$T<\infty$为滤过的概率空间（Ω,F,P）上的停时。令

$$X^*(t,\omega)=X(T+t,\omega)-X(T,\omega)，所有\ t\geq0,所有\ \omega\in\Omega$$

则X^*为布朗运动，参数为（μ,σ^2），初始值为0。并且，对于任意$t>0$，随机变量$X^*(t)$和T相互独立。

证明参见Billingsley（1995，定理37.5）。基本思想是，由于X具有连续样本路径和独立同分布（且为正态分布）增量，则X^*也具有连续样本路径和独立同分布（且为正态分布）增量。因此，$\{X^*(t)\}$满足定理2.1的假设。

因为常数值$T(\omega)=\hat{T}$是一个有效停时，定理2.2表明，布朗运动在固定时刻重新初始化，依然是布朗运动本身，漂移和方差均相同。

对于过程X^*，再使用非降σ-代数F就不合适了。按照通常方式可以构建出合适的集合。对于每个$t\geq0$，令$\mathfrak{F}_t^*$为X^*（s，ω）可测的最小σ-代数，$0\leq s\leq t$。令$\mathfrak{F}_t^*=\mathfrak{F}_\infty^*$为包含所有$\mathfrak{F}_t^*$的最小$\sigma$-代数。定义非降$\sigma$-代数F$^*=\{\mathfrak{F}_t^*，t\geq0\}$。根据构建方法，（$\Omega$,F*,$P$）为一个滤过的概率空间，并且过程$X^*$与非降$\sigma$-代数F*相适应。

2.7 扩散过程

这里用扩散过程表示一类具有（i）连续时间样本路径和（ii）强马尔科夫性的连续时间随机过程。扩散过程的状态空间可以是所有实数**R**，或者任意开区间、闭区间或半开半闭区间。也就是说，状态空间可以是 $(l,r),[l,r),(l,r],[l,r]$ 形式。开区间端点可以是 $l=-\infty$ 或 $r=+\infty$。显然，布朗运动都是扩散过程，状态空间为所有实数**R**。

对于扩散过程，如果从状态空间的任意内点开始，在有限时间内到达任意其他内点的概率大于零，则称此扩散过程为正则扩散过程。也就是说，如果 T_y 表示扩散过程首次到达 y 的时间，则

$$\Pr\{T_y<\infty|X(0)=x\}>0，\text{所有 } l<x，y<r$$

这个假设消除了存在不连通子集的可能性，本书考虑的扩散过程都是正则扩散过程。

根据连续性，只要时间间隔足够小，状态出现较大变化的概率要多小就有多小。下面用数学语言来表示。令 $\Delta>0$ 表示时间增量，并令

$$h(t,\Delta)\equiv X(t+\Delta)-X(t)$$

表示时刻 t 之后，随机过程在长度为 Δ 的区间内发生的变化。扩散过程具有如下性质。对于任意 $\varepsilon>0$，

$$\lim_{\Delta\downarrow 0}\Pr\left\{\left|h(t,\Delta)\right|>\varepsilon\right|X(t)=x\Big\}=0，\text{对于所有 } x \text{ 和所有 } t$$

也就是说，给定 $\varepsilon>0$，当时间间隔 Δ 趋于 0 时，随机过程变化 ε 的概率趋于 0。

利用无穷小参数 μ（t，x）和 σ^2（t，x）可以描述任何扩散过程。对于所有 x，t，无穷小参数

$$\mu(t,x)=\lim_{\Delta\downarrow 0}\frac{1}{\Delta}\mathrm{E}\left[h(t,\Delta)\right|X(t)=x\Big]$$

$$\sigma^2(t,x)\equiv\lim_{\Delta\downarrow 0}\frac{1}{\Delta}\mathrm{E}\Big[\left[h(t,\Delta)\right]^2\Big|X(t)=x\Big] \tag{2.7}$$

其中 $h(t,\Delta)$ 为 t 和 $t+\Delta$ 之间的增量，上文给出了相应定义。函数 μ 称为漂移或无穷小均值，函数 σ^2 称为扩散参数或无穷小方差。假设式（2.7）中的函数 μ 和 σ^2 连续。且在状态空间的内点，函数 σ^2 严格为正。在大多数应用中，μ 和 σ 都不随时间变化（time-invariant），所以通常不会出现变量 t。

通常所有的高阶矩都等于 0，即

$$\lim_{\Delta\downarrow 0}\frac{1}{\Delta}\mathrm{E}\Big[\left[h(t,\Delta)\right]^r\Big|X(t)=x\Big]=0，\text{对于所有 } x，t，r=3，4，\cdots\cdots$$

尽管此条件不是必要条件，但对于本书用到的所有扩散过程，这个条件都成立。

经济学中广泛使用的扩散过程，主要是以下两个。

例 1. 在许多情况下，会采用相对增量 $\Delta X/X$ 独立同分布的随机过程。如果随机过程 $X(t)$ 满足

$$dX=\mu Xdt+\sigma XdW$$

则随机过程 $X(t)$ 为几何布朗运动。所以（此处符号稍有混淆）$\mu(t,x)=\mu x$，$\sigma^2(t,x)=\sigma^2 x$。几何布朗运动的状态空间为 $\mathbf{R}_+$。

例 2. 在其他情况下，会采用具有均值回返特征的随机过程。具有此类特性的随机过程称为 O-U（Ornstein-Uhlenbeck）过程，其无穷小参数$\mu(x)=-\alpha x$，其中$\alpha>0$，$\sigma^2>0$。O-U 过程的状态空间为所有实数**R**。O-U 过程具有向中心 0 趋近的倾向：如果状态超过 0，漂移为负。如果状态小于 0，漂移为正。漂移幅度大小随着与 0 点距离的增加而增加。

与布朗运动或几何布朗运动不同，O-U 过程是平稳分布。更难能可贵的是，这个平稳分布还是均值为 0，方差$\gamma=\sigma^2/2\alpha$的正态分布。因此，该平稳分布的密度函数$\psi(x)=ce^{-\gamma x^2}$，其中$c>0$为常数，取值取决于参数（α,σ^2）。

2.8 O-U 过程的离散近似

按照与布朗运动相同的方式，利用离散时间序列，离散状态过程，可以近似得到 O-U 过程。给定参数（α,σ^2）和时间间隔$T>0$。对于每个$n=1$，2，…，和之前一样，定义时间增量Δ_n：

$$\Delta_n\equiv T/n$$

依然和之前一样，假设在每个时间增量内，随机过程向上或向下移动一步。对于 O-U 过程，无论是移动步幅h_n，还是转移概率p_n和$1-p_n$，原则上都取决于当前状态x。不过，一旦步幅随状态x的不同而不同，就无法使用固定网格，这是无法想象的。原因是，从x开始向上移动一步到达$x+h_n(x)$，之后从$x+h_n(x)$开始向下移动一步后，$x+h_n(x)-h_n[x+h_n(x)]\neq x$。万幸的是，这种情况不会出现。

和之前一样，利用方差条件确定步幅h_n的大小，

$$h_n\equiv\sigma\sqrt{\Delta n}，对于所有 n$$

因此步幅大小与x无关，并且所用状态空间为

$$X_n\equiv\{\cdots,\ -2h_n,\ -h_n,\ 0,\ +h_n,\ +2h_n,\ \cdots\},\quad n=1,\ 2,\ \cdots$$

令

$$p_n(x)=\frac{1}{2}-\varepsilon_n(x),\quad x\in X_n$$

表示向上移动一步的概率。转移概率必须满足漂移条件

$$\begin{aligned}-\alpha x\Delta_n&=p_n(x)h_n-[1-p_n(x)]h_n\\&=\left[\frac{1}{2}-\varepsilon_n(x)\right]h_n-\left[\frac{1}{2}+\varepsilon_n(x)\right]h_n\\&=-2\varepsilon_n(x)h_n\end{aligned}$$

所以，有

$$\begin{aligned}\varepsilon_n(x)&=\frac{\alpha x}{2}\frac{\Delta_n}{h_n}\\&=\frac{\alpha x}{2\sigma}\sqrt{\Delta_n}，对于所有的 x\in X_n，所有的 n\end{aligned}$$

据此直接推得，当$n\to\infty$时，所有高阶矩收敛到 0。

注释

Ross（1989）是一本介绍基本概率理论的好教材。Feller（1968）是一本基础水平的经典教科书，Feller（1971）是继续介绍高级概率理论的教材。在这两本教科书中，都包含许多例子和有用讨论。在高级概率理论教材中，Breiman（1968），Chung（1974），Billingsley（1995）都非常出色。Breiman（1968）详细介绍了随机过程的一般理论，尤其对布朗运动和O-U过程进行了重点讲解。

要学习随机过程的入门知识，可以参阅Cinlar（1975）和Ross（1983）。Karlin and Taylor（1975，1981）是介绍高级随机过程理论的优秀教材，书中包括许多应用和例子，并对求解方法作了重点讲解。此书第1卷第7章，讨论了布朗运动的一些性质。此书第2卷第14章和第15章，对强马尔科夫性作了详细讨论，并系统介绍了扩散过程。这两章内容都包括许多例子和有用结论。

在强马尔科夫性定义中，如果停时换成给定时间，则称随机过程X具有马尔科夫性。对于离散时间随机过程，这两个概念等价。但对于连续时间随机过程，这两个概念则不能混淆。Chung（1974，9.2节）对此作了进一步讨论。本书定义仅适用于平稳过程。

第3章

随机积分和伊藤引理

考虑无限期界收益流的贴现值

$$v(x_0) \equiv \int_0^\infty e^{-\rho t}\pi(x(t))dt \tag{3.1}$$

其中

$$\dot{x}(t)=g(x(t)),\ t\geqslant 0$$

$$x(0)=x_0$$

$\rho>0$为贴现率，$\pi(x)$为收益函数。$x(t)$为状态变量，按照运动规则$g(x)$进行演化。x_0为初始状态。举例来说，$v(x_0)$可以是企业价值，ρ为利率，$x(t)$刻画了企业产品市场规模。$\pi(x)$为利润流，是市场占有规模的函数。$g(x)$刻画了市场规模的演化形式。因为是无限期界，ρ为常数，π和g为平稳函数，因此函数$v(x_0)$表示利润流的贴现值，仅与初始状态有关。

下文采用标准且又简单的论证方式，证明函数v满足连续时间贝尔曼方程

$$\rho v(x)=\pi(x)+v'(x)g(x) \tag{3.2}$$

如果函数v为资产价值，式（3.2）的经济意义简单明了：左侧表示资产收益，右侧表示股息与资本收益的和，二者相等。利用式（3.1）推导式（3.2），关键是使用一阶泰勒级数近似，将时段Δt上价值v的变化表示为

$$\begin{aligned}\Delta v&\equiv v(x(t+\Delta t))-v(x(t))\\&\approx v'(x(t))[x(t+\Delta t)-x(t)]\\&\approx v'(x(t))g(x(t))\Delta t\end{aligned}$$

在许多应用中，都会有类似v的函数出现，顺理成章可以把外生状态变量$x(t)$看作随机过程。这里不再假设$x(t)$由确定性微分方程式（3.1）控制。取而代之，假设状态变量$x(t)$包含一个服从布朗运动、几何布朗运动或某些其他扩散过程的组成部分，得到的模型会更准确。当状态变量$x(t)$是扩散过程时，需用到与泰勒级数类似的方法，才能得到与（3.2）类似的表达式。这种方法就是伊藤引理，它是解决此问题的关键。

本章讨论伊藤引理及其相关结论。在3.1节，利用启发式方法，推导出与式（3.2）

类似的随机微分方程。在3.2节，简要介绍随机积分的基础知识。在3.3节，着重讨论伊藤引理。并利用伊藤引理，经过严密的数学推导，得到与式（3.2）类似的随机微分方程。在3.4节，利用伊藤引理，推导出关于几何布朗运动的一些结论。在3.5节，定义占有测度（occupancy measure）和局部时间（local time）。在3.6节，利用占有测度和局部时间推导田中（Tanaka）公式。田中公式是伊藤引理的扩展，适用于存在不可微点的函数。在3.7节和3.8节，介绍柯尔莫哥洛夫（Kolmogorov）倒向微分方程和前向微分方程。

3.1 HJB（汉密尔顿-雅可比-贝尔曼）方程

给定滤过的概率空间 (Ω, F, P)。令 $X(t,\omega)$ 为布朗运动，初始值 $X(0)=x_0$，参数为 (μ, σ^2)。则随机过程 X 可以表示为

$$X(t)=X(0)+\mu t+\sigma W(t)\text{，对于所有 }t\text{，所有 }\omega \tag{3.3}$$

W 为维纳过程。为了简化，式中去掉了符号 ω。式（3.3）可以简写成微分方程

$$dX(t)=\mu dt+\sigma dW(t)\text{，对于所有 }t\text{，所有 }\omega \tag{3.4}$$

只要给定初始条件 $X(0)$，就可以将式（3.4）转换成式（3.3）。

对于更一般情况，假设 X 为扩散过程，初始值 $X(0)=x_0$，无穷小参数为 $(\mu(t,x), \sigma(t,x))$。则得到的微分方程仍然与式（3.4）类似，为

$$dX(t)=\mu\,(t,\ X(t))\ dt+\sigma\,(t,\ X(t))\ dW(t)\text{，对于所有 }t\text{，所有 }\omega \tag{3.5}$$

当然，这个微分方程也与式（3.3）相似。之后将推导此微分方程。

令函数 $F(t,x)$ 至少对 t 一次可微，对 x 二次可微。$F(t,X(t,\omega))$ 的全微分 dF，可以用泰勒级数展开来近似。用 $F_t\equiv\partial F/\partial t$，$F_x\equiv\partial F/\partial x$ 等表示 F 的导数，将式（3.5）代入 dF 的二阶泰勒展开式，得到

$$\begin{aligned}dF&=F_t dt+F_x dX+\frac{1}{2}F_{xx}(dX)^2+\cdots\\&=F_t dt+F_x\,[\mu dt+\sigma dW]+\frac{1}{2}F_{xx}\,[\mu^2(dt)^2+2\mu\sigma dtdW+\sigma^2(dW)^2]+\cdots\end{aligned}$$

其中…表示高阶项，μ 和 σ 为 $(t,X(t))$ 点的取值。合并同类项，去掉 dt 和 $(dW)^2$ 的高阶无穷小项，得到

$$dF=F_t dt+\mu F_x dt+\sigma F_x dW+\frac{1}{2}\sigma^2 F_{xx}\,(dW)^2 \tag{3.6}$$

dF 为四项和，两个 dt 项，一个 dW 项，一个 $(dW)^2$ 项。

因为 $\mathrm{E}[dW]=0$，并且 $\mathrm{E}[(dW)^2]=dt$，式（3.6）两侧取期望，得到

$$\mathrm{E}\,[dF]=[F_t+\mu F_x+\frac{1}{2}\sigma^2 F_{xx}]\,dt$$

$$\begin{aligned}\mathrm{Var}\,[dF]&=\mathrm{E}\,[dF-\mathrm{E}[dF]]^2\\&=\sigma^2 F_x^2 dt\end{aligned}$$

我们比较关注漂移项 $\mu(x)$ 和方差项 $\sigma(x)$ 平稳，F 为平稳函数[①]的贴现值等具体情况。例如，$F(t,x)=e^{-rt}f(x)$，其中 $r\geq0$ 为贴现率。此时，

① 译者注：变分法中，满足欧拉-拉格朗日方程的函数称为平稳函数。

$$\mathrm{E}[d(e^{-rt}f)]=[-rf+\mu f'+\frac{1}{2}\sigma^2 f'']e^{-rt}dt \tag{3.7}$$

其中μ，σ^2，f，f'和f''都是$X(t)$点处的取值。当$r=0$时，方程（3.7）简化为

$$\mathrm{E}[df]=[\mu f'+\frac{1}{2}\sigma^2 f'']dt \tag{3.8}$$

应用式（3.7），能够推导出与式（3.2）类似的贝尔曼方程。考虑式（3.1）的无限期界收益流，假设X为扩散过程，无穷小参数为$\mu(x)$和$\sigma(x)$。令π和ρ依然为前述定义的收益函数和利率，假设收益函数π为有界连续函数，利率$\rho>0$。给定初始状态$X(0)=x_0$，定义$v(x_0)$为收益流的预期贴现值。

$$v(x_0)\equiv \mathrm{E}\left[\int_0^{\infty} e^{-\rho t}\pi\left(X(t,\omega)\right)dt \mid X(0)=x_0\right]，对于所有 x_0 \tag{3.9}$$

右侧积分是给定样本路径在时间上的积分，是一个普通黎曼积分。为什么呢？首先$X(.,\omega)$是扩散过程的样本路径，因此是连续函数。根据假设条件，收益函数π是连续函数，因此给定有限时期T，收益函数π在［0，T］上的积分存在。此外，收益函数π是有界函数，并且$\rho>0$，因此$T\to\infty$时的极限存在。所以，无限期界上的积分有定义。进而得出，该积分是定义在Ω上的有界随机变量，所以期望值存在。

对于任意小的时间间隔Δt，式（3.9）具有贝尔曼方程特征

$$v(x_0)\approx \pi(x_0)\Delta t+\frac{1}{1+\rho\Delta t}\mathrm{E}\left[v\left(X(0+\Delta t)\right)\mid X(0)=x_0\right]$$

方程两侧同时乘以（$1+\rho\Delta t$），并同时减去$v(x_0)$，得到

$$\rho v(x_0)\Delta t\approx\pi(x_0)(1+\rho\Delta t)\Delta t+\mathrm{E}[\Delta v|X(0)=x_0]$$

其中

$$\Delta v\equiv v(X(\Delta t,\omega))-v(x_0) \tag{3.10}$$

为价值函数在时间间隔Δt上的变化。两侧同时除以Δt，并令$\Delta t\to 0$，有

$$\begin{aligned}\rho v(x_0)&=\lim_{\Delta t\to 0}\left\{\pi(x_0)(1+\rho\Delta t)+\frac{1}{\Delta t}\mathrm{E}\left[\Delta v\mid X(0)=x_0\right]\right\}\\&=\pi(x_0)+\frac{1}{dt}\mathrm{E}\left[dv\mid X(0)=x_0\right]\end{aligned}$$

函数v并不直接与时间有关，所以利用式（3.8）计算$\mathrm{E}[dv]$，去掉初始条件下标，进而得到汉密尔顿-雅可比-贝尔曼方程

$$\rho v(x)=\pi(x)+\mu(x)v'(x)+\frac{1}{2}\sigma^2(x)v''(x)，对于所有 x \tag{3.11}$$

这个方程就是随机贝尔曼方程式（3.2）。当$\mu(x)=g(x)$和$\sigma^2(x)=0$时，二者合二为一。

3.2节将详细介绍式（3.5）和式（3.6）的微分dX和dF。和式（3.4）的dX一样，微分dX和dF也采用缩写形式，以便简化表达式。

3.2 随机积分

本节首先考察随机积分定义。通过考察定义，说明随机积分的一些基本性质。之后，利用定理3.1和定理3.2描述一类可积函数，并阐述随机积分的一些性质。

所有的积分定义，都是首先考虑一类很容易通过加总计算积分的函数。之后将定义

扩展到更广泛的函数族。例如，黎曼积分定义首先考虑阶跃函数。之后利用阶跃函数序列逼近感兴趣的其他函数，进而将黎曼积分定义扩展到更广泛函数族。这里选择逼近序列，使得近似误差要多小有多小。序列中每个函数的积分都容易计算，并且我们将感兴趣函数的积分定义为近似序列积分的极限。同样，测度空间上的积分首先也考虑简单函数，之后利用简单函数序列近似表示其他可测函数，进而将积分定义扩展到广泛的函数族。

伊藤积分定义就是这种方式。和其他积分定义一样，关键是证明按这种方式定义的积分存在并唯一：一是至少存在一个近似序列，二是多个近似序列都具有相同极限。换句话说，定义伊藤积分的关键步骤是确定利用哪些函数进行近似能得到唯一确定值，即确定哪个函数族可积。

给定滤过的概率空间（Ω,F,P），令 W 为此空间上的维纳过程。令 Y 为与状态空间（Ω,F,P）相适应的随机过程。即 Y：［0，∞）$\times\Omega\to\mathbf{R}$ 对于（t，ω）联合可测。目标是定义 Y 对 W 的随机积分：

$$I_Y(t,\omega)=\int_0^t Y(s,\omega)\,dW(s,\omega)\text{，对于所有 }t>0\text{，所有 }\omega \tag{3.12}$$

$I_Y(t,\omega)$ 为随机过程 Y 沿着特定样本路径 ω，从时刻0到时刻 t 的积分。由于它是 (t,ω) 的函数，只要满足所需的联合可测条件，I_Y 本身就是与状态空间（Ω,F,P）相适应的随机过程。

由于 Y 联合可测，如果它还有合适的边界，则可以求出它在时间 t 上的积分，之后取期望。为此，假设

$$\mathrm{E}\left[\int_0^t Y^2(s,\omega)\,ds\right]<\infty\text{，对于所有 }t>0 \tag{3.13}$$

令 H^2 为满足式（3.13）的所有随机过程 Y 的集合。任何布朗运动都满足式（3.13）。

式（3.12）的随机积分，首先定义为简单（阶跃型）函数的和。之后通过近似序列，将其扩展到更广泛的函数族。如果存在可数序列 $\{t_k\}$，$0=t_0<t_1<\cdots<t_k\to\infty$，使得

$$Y(s,\omega)=Y(t_{k-1},\omega)\text{，对于所有 }s\in[t_{k-1},t_k)\text{，所有 }\omega$$

成立，则随机过程 Y 为简单随机过程。这里的 t_k 并不随着 ω 的变化而变化。令 $S^2\subset H^2$ 为满足式（3.13）的所有简单随机过程的集合。

在任意有限时间间隔上，很容易求出 S^2 空间上函数对 W 的积分。选择 $Y\in S^2$，在 $\{t_k\}_{k=0}^{\infty}$ 点发生阶跃。给定 $t>0$ 和 $\omega\in\Omega$，并且选择 $n\geqslant0$，使得 $t_n<t\leqslant t_{n+1}$。定义积分

$$\int_0^t Y(s,\omega)\,dW(s,\omega)\equiv\sum_{k=0}^{n-1}Y(t_k,\omega)\left[W(t_{k+1},\omega)-W(t_k,\omega)\right]+Y(t_n,\omega)\left[W(t,\omega)-W(t_n,\omega)\right] \tag{3.14}$$

式（3.14）的右侧具有一个重要性质：状态 Y 在时刻 t_k 的取值与该时刻后的 W 增量，即 t_k 和 t_{k+1} 之间的增量的乘积。

如上文所述，将其扩展到更广泛函数族，需要使用近似序列。这样，讨论分为两部分。第一部分证明，给定广泛函数族的任意函数，S^2 空间上至少存在一个近似等于这个函数的序列。第二部分证明，如果存在多个近似序列，所有序列都收敛到一个共同值。之后，定义积分为这个共同值。这两部分讨论都极为复杂，并且对本书的应用又没有多

大用处。因此，这里仅简单介绍几个主要结论。

利用定理3.1的第一部分，可以识别H^2空间中一族可积函数。如上文所述，积分$I_Y(t,\omega)$为随机过程。定理3.1的第二部分，涉及积分$I_Y(t,\omega)$的期望值。

定理3.1.（i）如果$Y\in H^2$，则Y可积。也就是说，存在随机过程$I_Y(t,\omega)$，满足式（3.12）。

（ii）如果Y可积，则在所有时点上，$I_Y(t,\omega)$的期望等于0。即

$$\mathrm{E}\left[\int_0^t Y(s,\omega)dW(s,\omega)\right]=0，对于所有t\geqslant 0$$

定理3.1的第（ii）部分指出了随机积分的显著特征：随机积分的期望值等于0。尽管这个结论乍看起来耸人听闻，但其背后的思想实际极为简单明了。再次考虑式（3.14），简单函数的随机积分定义。式（3.14）的每一项，都包含$Y(t_k)$和下一个区间上（从t_k到t_{k+1}）的$W(t)$增量的乘积。在时刻t_k，$W(t)$增量的期望值为0。积分的期望值等于每项期望值的和。因此，对于简单函数，期望值为0的性质成立。对于任何其他函数，其随机积分仅仅是简单函数积分序列的极限，所以对于所有可积函数，期望值为0的性质仍然成立。

定理3.2给出了随机积分的另外两个性质。

定理3.2. 如果X，$Y\in H^2$，并且$a,b\in\mathbf{R}$，则

（i）加权和（$aX+bY$）的随机积分等于X和Y随机积分的加权和：

$$\int_0^t(aX+bY)dW=a\int_0^t XdW+b\int_0^t YdW，对于所有\omega，所有t\geqslant 0$$

（ii）X和Y随机积分乘积的期望值等于XY（黎曼）积分的期望值：

$$\mathrm{E}\left[\int_0^t XdW\int_0^t YdW\right]=\mathrm{E}\left[\int_0^t XYds\right]，对于所有t\geqslant 0$$

定理3.2的第一部分说的是，和其他积分一样，随机积分是一个线性算子。第二部分说的是，两个随机积分乘积的期望值等于随机过程乘积积分的期望值。为什么呢？考虑用有限和近似表示左侧的每个积分。在每个子区间上，增量dW的均值都为0，并且增量之间相互独立。因此，除同一时间间隔的增量乘积外，其他乘积项的期望值均为0。又因为$\mathrm{E}[(dW)^2]=ds$，所以积分变成普通黎曼积分。同时，积分$\int_0^t XdW$和$\int_0^t YdW$都是均值为0的随机变量。因此，定理3.2的第（ii）部分就是它们的协方差。

3.3 伊藤引理

令W为滤过的概率空间（Ω,F,P）上的维纳过程，令$\mu(t,x)$和$\sigma(t,x)>0$为连续函数，并令$X(0,\omega)=x_0(\omega)$为可测函数。如果随机过程X满足

$$X(t,\omega)=X(0,\omega)+\int_0^t\mu(s,X(s,\omega))ds+\int_0^t\sigma(s,X(s,\omega))dW(s,\omega)，对于所有t,\omega \tag{3.15}$$

则随机过程X为扩散过程。式（3.15）的第一个积分为黎曼积分，第二个积分为上一节所定义的随机积分。这个方程是式（3.5）微分方程的积分形式。μ和σ为常数时，随机过程X变为布朗运动。

定理3.3为伊藤引理。如果函数$F(t,x)$的第二个变量为扩散过程，计算函数$F(t,x)$取值时就需要用到伊藤引理。

定理3.3（伊藤引理）.令F：$\mathbf{R}_+\times\mathbf{R}\to\mathbf{R}$对第一个变量一次连续可微，对第二个变量二次连续可微，令X为扩散过程式（3.15）。则

$$F\big(t,X(t,\omega)\big)=F\big(0,X(0,\omega)\big)+\int_0^t F_t(s,X)ds+\int_0^t F_x(s,X)\mu(s,X)ds+\int_0^t F_x(s,X)\sigma(s,X)dW(s,\omega)+\frac{1}{2}\int_0^t F_{xx}(s,X)\sigma^2(s,X)ds,\ \text{对于所有}\ t,\omega \tag{3.16}$$

式中变量$X(s,\omega)$采取了缩写形式。

式（3.16）右侧有四个积分。第三个积分为随机积分，其他为黎曼积分。这四项与式（3.6）四项相对应。

如果μ和σ平稳，且$F(t,x)=e^{-rt}f(x)$，其中贴现率$r\geqslant0$为常数，则式（3.16）变为

$$e^{-rt}f\big(X(t)\big)=f\big(X(0)\big)-r\int_0^t e^{-rs}f(X)ds+\int_0^t e^{-rs}f'(X)\mu(X)ds+\int_0^t e^{-rs}f'(X)\sigma(X)dW+\frac{1}{2}\int_0^t e^{-rs}f''(X)\sigma^2(X)ds \tag{3.17}$$

这个方程微分形式的预期值为式（3.7）。

利用这个结论，经过严密推导后，得到汉密尔顿-雅可比-贝尔曼方程式（3.11）。考虑式（3.10）的Δv，利用式（3.17），取$r=0$，$X(0)=x_0$，μ和σ取常数，由此得到

$$\begin{aligned}\Delta v&\equiv v\big(X(\Delta t)\big)-v(x_0)\\&=\mu\int_0^{\Delta t}v'\big(X(s)\big)ds+\sigma\int_0^{\Delta t}v'\big(X(s)\big)dW+\frac{1}{2}\sigma^2\int_0^{\Delta t}v''\big(X(s)\big)ds\end{aligned}$$

之后取期望，利用零期望的性质，两侧同时除以Δt，得

$$\frac{1}{\Delta t}\mathrm{E}[\Delta v]=\frac{1}{\Delta t}\left[\mu\int_0^{\Delta t}\mathrm{E}\big[v'\big(X(s)\big)\big]ds+\frac{1}{2}\sigma^2\int_0^{\Delta t}\mathrm{E}\big[v''\big(X(s)\big)\big]ds\right]$$

最后，两侧取极限，得

$$\lim_{\Delta t\to0}\frac{1}{\Delta t}\mathrm{E}[\Delta v]=\mu v'(x_0)+\frac{1}{2}\sigma^2 v''(x_0)$$

和之前的结论完全一致。

3.4节将证明，利用伊藤引理能够刻画几何布朗运动各阶矩的性质。

3.4 几何布朗运动

第1章曾经介绍过，几何布朗运动是扩散过程$X(t)$，无穷小参数$\mu(x)=\mu x$和$\sigma(x)=\sigma x$。因此，对于几何布朗运动，有

$$dX=\mu Xdt+\sigma XdW \tag{3.18}$$

相对增量dX/X独立同分布，并且均值和方差为固定值。利用伊藤引理可以证明，几何布朗运动一族具有如下一些基本性质。

令X为式（3.18）所示的几何布朗运动，取$X(0)\equiv1$。考虑随机过程$Y=\ln(X)$。取$r=0$时，根据式（3.16），有

$$\begin{aligned}Y(t,\omega)&=\ln(X(t,\omega))\\&=\ln\big(X(0)\big)+\int_0^t\left(\frac{1}{X}\mu X-\frac{1}{2}\frac{1}{X^2}\sigma^2X^2\right)ds+\int_0^t\frac{1}{X}\sigma XdW\end{aligned}$$

$$= 0 + \int_0^t \left(\mu - \frac{1}{2}\sigma^2\right) ds + \int_0^t \sigma dW$$

$$= \left(\mu - \frac{1}{2}\sigma^2\right) t + \sigma W_t,\ \text{对于所有}\ t,\ \omega$$

因此，$Y=\ln(X)$是一个普通布朗运动，漂移和方差分别为

$$\hat{\mu} = \mu - \frac{1}{2}\sigma^2 \text{和} \hat{\sigma}^2 = \sigma^2$$

那么，随机过程Y的漂移项为什么向下调整了呢？首先，由于对数是凹函数，根据詹森不等式（Jensen inequality），$E[\ln(X(t))]<\ln(E[X(t)])$。其次，由于$X(t)$的方差是时间t的线性增函数，ln（$E[X(t)]$）与$E[\ln(X(t))]$的差也会随着时间的增加而增加。因此，漂移项必须调整。

习题 3.1. (a) 令$Y(t)$表示参数为（μ，σ^2）的布朗运动。利用伊藤引理证明，对于任意$\rho\neq0$，$X(t)=\exp\{\rho Y(t)\}$是几何布朗运动，参数为（$\rho\mu+\frac{1}{2}(\rho\sigma)^2,(\rho\sigma)^2$）。

(b) 令$X(t)$为几何布朗运动，参数为（m, s^2）。证明，对于任意$\lambda\neq0$，$p(t)=X\lambda(t)$是几何布朗运动，参数为（$\lambda m+\frac{1}{2}s^2\lambda$（$\lambda-1$），$\lambda^2 s^2$）。

由于期望值$E[X^k(t)]$为时间的确定性函数，$k=1, 2, \cdots$，并且这个确定性函数满足简单常微分方程。据此可以计算出几何布朗运动的均值、方差以及其他高阶矩。

给定初始值$X(0)=x_0$，并假设$|\mu|$，$\sigma^2<\infty$。则对于所有t，$E[X^2(t)]$有界，因此涉及X的随机积分有定义。式（3.18）两侧同时求积分，有

$$X(t) = x_0 + \mu \int_0^t X(s) ds + \sigma \int_0^t X(s) dW,\ \text{对于所有}\ t$$

两侧取期望，利用定理3.1第（ii）部分的零期望性质，得

$$E[X(t)] = x_0 + \mu \int_0^t E[X(s)] ds,\ \text{对于所有}\ t \tag{3.19}$$

定义$h(t)\equiv E[X(t)]$，式（3.19）写为

$$h(t) = x_0 + \mu \int_0^t h(s) ds,\ \text{对于所有}\ t$$

h满足微分方程

$$h'(t)=\mu h(t),\ \text{对于所有}\ t$$

边界条件$h(0)=x_0$。因此

$$E[X(t)]\equiv h(t)=x_0 e^{\mu t},\ \text{对于所有}\ t$$

可以用伊藤引理作为关键方法，计算高阶矩。下面以二阶矩为例来说明计算方法。由于对所有t，$E[X^4(t)]$有界，因此涉及X^2的随机积分有定义。对函数$f(x)=x^2$应用伊藤引理，根据式（3.17），得

$$X^2(t) = x_0^2 + (2\mu + \sigma^2)\int_0^t X^2(s) ds + 2\sigma \int_0^t X^2 dW,\ \text{对于所有}\ t,\ \omega$$

两侧取期望，并利用零期望的性质，得

$$E[X^2(t)] = x_0^2 + (2\mu + \sigma^2)\int_0^t E[X^2(s)] ds$$

定义$h_2(t)\equiv E[X^2(t)]$。则

$$h_2(t) = x_0^2 + (2\mu + \sigma^2)\int_0^t h_2(s) ds$$

所以h_2满足常微分方程

$$h_2'(t)=(2\mu+\sigma^2)h_2(t),\text{ 对于所有 } t$$

初始条件$h_2(0)=x_0^2$。因此

$$\mathrm{E}\left[X^2(t)\right]=h_2(t)=x_0^2e^{(2\mu+\sigma^2)t},\text{ 对于所有 } t$$

利用上面两个结果，可以计算出$X(t)$的方差

$$\begin{aligned}\mathrm{Var}\,[X(t)]&=\mathrm{E}[X^2(t)]-\mathrm{E}[X(t)]^2\\&=x_0^2e^{2\mu t}\left(e^{\sigma^2 t}-1\right),\text{ 对于所有 } t\end{aligned}$$

如果漂移项为负，一旦漂移项与方差之比的绝对值大到一定程度，就会出现$2\mu+\sigma^2<0$的情况，则$\mathrm{E}[X^2(t)]$会随着时间的增加而下降。此时，$\lim_{t\to\infty}\mathrm{E}[X^2(t)]=0$且$\lim_{t\to\infty}\mathrm{Var}[X(t)]=0$。这意味着，当$t$值较大时，$X(t)$的（非负）值以较大概率接近0。

按照相同的方式，可以计算出$X(t)$的高阶矩。

习题 3.2. 计算偏度$\mathrm{E}[X(t)-\mathrm{E}[X(t)]]^3$。

3.5 占有测度和局部时间

令X（s）为滤过的概率空间（Ω, F, P）上的布朗运动。随机过程X的占有测度（occupancy measure）为函数m：$\mathfrak{B}\times[0,\infty)\times\Omega\to\mathbf{R}_+$，定义为

$$m(A,t,\omega)=\int_0^t 1_A\left(X(s,\omega)\right)ds,\text{ 对于所有 } A\in\mathfrak{B},\ t\geq0,\ \omega\in\Omega \tag{3.20}$$

其中1_A为集合A的示性函数，$\mathfrak{B}$表示Borel集。$m(A,t,\omega)$的值表示从时刻0到时刻t，样本路径落在集合A上的总时间。因此，

i. 对于任意给定的（t，ω），映射$m(.,t,\omega)$：$\mathfrak{B}\to[0,1]$为一个测度（由此得名），总质量为$m(\mathbf{R},t,\omega)=t$；

ii. 对于任意给定的(A,t)，函数$m(A,t,.)$：$\Omega\to\mathbf{R}_+$为随机变量；

iii. 对于任意给定的（A，ω），函数$m(A,.,\omega)$：$\mathbf{R}_+\to\mathbf{R}$为连续，单调非降函数。仅当$X(t,\omega)\in A$时，函数$m$才是严格增函数。

下面的结论说明，依据勒贝格（Lebesgue）测度，上面定义的函数m绝对连续，且密度函数也连续。也就是说，它可以写成连续函数的积分形式。

定理 3.4. 存在函数l：$\mathbf{R}\times[0,\infty)\times\Omega\to\mathbf{R}_+$。对于几乎每个$\omega$（a.e.），$l(x,t,\omega)$为$(x,t)$的联合连续函数，并且

$$m(A,t,\omega)=\int_A l(x,t,\omega)dx,\text{ 对于所有的 } A\in\mathfrak{B},\ t\geq0,\ \omega\in\Omega \tag{3.21}$$

证明过程参见Chung and Williams （1990，定理7.3）。

随机过程$l(x,\cdot,\cdot)$称为随机过程X在x处的局部时间（local time）。给定x，$l(x,\cdot,\cdot)$为连续随机过程。当且仅当$X(t,\omega)=x$时，$l(x,\cdot,\cdot)$的值为正。因此，局部时间$l(x,t,\omega)$测度了随机过程在状态x停留的时间，并且有

$$l(x,t,\omega)=\lim_{\varepsilon\to0}\frac{1}{2\varepsilon}m\left((x-\varepsilon,x+\varepsilon),t,\omega\right) \tag{3.22}$$

定理3.4表明，l扮演着密度函数的角色。定理3.5表明，如果这个论断确切无疑，那么就可以得到样本路径上积分的一些有用结论。

定理3.5. 令f：$\mathbf{R}\to\mathbf{R}$为有界可测函数，则

$$\int_0^t f\left(X(s,\omega)\right)ds=\int_{\mathbf{R}} f(x)\,l(x,t,\omega)\,dx,\ \text{对于所有}\ t\geqslant 0,\ \omega\in\Omega \tag{3.23}$$

根据定理3.5，对时间的积分可以替换为对状态的积分，利用局部时间l对结果进行加权。从这个意义上讲，局部时间l的确扮演了密度函数的功能。

在许多经济应用中，必须沿着两个方向拓展这些定义和结论：一是允许具有停时特征的最终时刻而不仅仅是固定时间。二是将贴现考虑进来。这两种扩展都比较简单。对于第一种扩展，由于式（3.20）~（3.23）对于所有t和所有ω都成立，因此即使用停时$\tau(\omega)$替换时间t，结论依然成立。现在考虑贴现问题。令$r>0$表示利率。尽管有些冗长乏味，但还得将相关定义和结论重新阐述一遍。

定义随机过程X的贴现占有测度$\hat{m}(.;r)$：$\mathfrak{B}\times\mathbf{R}_+\times\Omega\to\mathbf{R}_+$为

$$\hat{m}(A,t,\omega;r)\equiv\int_0^t e^{-rs}1_A\left(X(s,\omega)\right)ds,\ \text{对于所有}\ A\in\mathfrak{B},\ t\geqslant 0,\ \omega\in\Omega \tag{3.24}$$

$\hat{m}(A,t,\omega;r)$的值表示贴现率为r，时刻0至时刻t，样本路径$X(.,\omega)$停留在集合A上的总贴现时间。除$\hat{m}$的测度总质量$\hat{m}(A,t,\omega;r)=(1-e^{-rt})/r$外，其他性质和$m$相同。并且当$r=0$时，$\hat{m}(.;r)$连续：$\lim_{r\to 0}\hat{m}(A,t,\omega;r)=m(A,t,\omega)$。

和m一样，函数$\hat{m}$依然可以表示成连续函数的积分。

定理3.6. 存在函数$\hat{l}(.;r)$：$\mathbf{R}\times[0,\infty)\times\Omega\to\mathbf{R}_+$。对于几乎每个$\omega$，$\hat{l}(x,t,\omega;r)$是$(x,t)$的联合连续函数，并且

$$\hat{m}(A,t,\omega;r)=\int_A \hat{l}(x,t,\omega;r)\,dx,\ \text{对于所有}\ A\in\mathfrak{B},\ t\geqslant 0,\ \omega\in\Omega \tag{3.25}$$

随机过程$\hat{l}(x,.,.;r)$称作随机过程X在x处的贴现局部时间。与上文一样，根据式（3.24）和式（3.25），有

$$\hat{l}(x,t,\omega;r)=\lim_{\varepsilon\to 0}\frac{1}{2\varepsilon}\hat{m}\left((x-\varepsilon,x+\varepsilon),t,\omega;r\right) \tag{3.26}$$

和l一样，$\hat{l}$也扮演着密度函数的角色。与定理3.5类似，有定理3.7。

定理3.7. 令f：$\mathbf{R}\to\mathbf{R}$为有界可测函数。则

$$\int_0^t e^{-rs}f\left(X(s,\omega)\right)ds=\int_{\mathbf{R}} f(x)\,\hat{l}(x,t,\omega;r)\,dx,\ \text{对于所有}\ t\geqslant 0,\ \omega\in\Omega \tag{3.27}$$

因此，贴现值对时间的积分可以写为对状态的积分，利用贴现局部时间$\hat{l}$对结果进行加权。有贴现的方程（3.24）~（3.27）与方程（3.20）~（3.23）类似。在第5章，当随机过程X为布朗运动时，推导出式（3.22）和式（3.26）中l和$\hat{l}$的显性表达式。

3.6 田中（Tanaka）公式

本节将推导出田中（Tanaka）公式，它是伊藤引理的扩展。当函数存在不可微点，即函数的一阶导函数存在不连续点时，需要使用田中公式。

令$X(t)$为布朗运动，参数为（μ,σ^2）。前文曾经说过，对于任意二次连续可微函数f，根据伊藤引理，有

$$f\left(X(t)\right)=f\left(X(0)\right)+\mu\int_0^t f'(X)\,ds+\sigma\int_0^t f'(X)\,dW(s)+\frac{1}{2}\sigma^2\int_0^t f''(X)\,ds \tag{3.28}$$

考虑函数

$$f(x)=\max\{0,\ cx\},\ c>0 \tag{3.29}$$

这个函数连续，但在x=0处，一阶导数不存在，即

$$f'(x)=\begin{cases}0, & x<0\\ \text{无定义}, & x=0\\ c, & x>0\end{cases}$$

并且

$$f''(x)=\begin{cases}0, & x<0\\ \text{无定义}, & x=0\\ 0, & x>0\end{cases}$$

式（3.28）右侧的第一个和第二个积分都不难计算：尽管f'在x=0处不连续，由于函数存在有限个跳跃点，可以按照通常方法求积分。最后一个积分难处理些：f''在x=0处是个脉冲。这表明，可以把f'看作符号测度的累积概率密度函数（c.d.f.）。田中公式不过是这个结论的严格数学阐述而已。

首先，式（3.29）中的函数可以用一阶导数连续的函数来近似，近似误差可以要多小有多小。例如，给定任意ε>0，定义函数

$$f_\varepsilon(x)=\begin{cases}0, & x<-\varepsilon\\ c(x+\varepsilon)^2/4\varepsilon, & -\varepsilon\leqslant x\leqslant+\varepsilon\\ cx, & x>+\varepsilon\end{cases}$$

这个函数连续可微，即使在$x=\pm\varepsilon$处亦如此，即：

$$f_\varepsilon{}'(x)=\begin{cases}0, & x<-\varepsilon\\ c(x+\varepsilon)/2\varepsilon, & -\varepsilon\leqslant x\leqslant+\varepsilon\\ c, & x>+\varepsilon\end{cases}$$

因此除点$x=\pm\varepsilon$外，$f_\varepsilon{}''(x)$在其余点都有定义，并且连续：

$$f_\varepsilon{}''(x)=\begin{cases}0, & x<-\varepsilon\\ c/2\varepsilon, & -\varepsilon<x<+\varepsilon\\ 0, & x>+\varepsilon\end{cases}$$

因此即使$f_\varepsilon{}'$在$x=\pm\varepsilon$不连续，也不会影响到式（3.28）最后一个积分的计算。图3-1给出了函数f和函数f_ε，以及对应一阶和二阶导数关于两个ε值的图像。

基本思路是利用f_ε''近似表示式（3.28）最后一个积分，之后取$\varepsilon\to0$的极限。近似函数f_ε''仅取两个值0和$c/2\varepsilon$。根据占有测度定义式（3.20），得

$$\int_0^t f''_\varepsilon(X(s))ds=\frac{c}{2\varepsilon}m((-\varepsilon,+\varepsilon),t,\omega)$$

因此

$$\begin{aligned}\lim_{\varepsilon\to0}\int_0^t f''_\varepsilon(X(s,\omega))ds&=\lim_{\varepsilon\to0}\frac{c}{2\varepsilon}m((-\varepsilon,+\varepsilon),t,\omega)\\&=cl(0,t,w)\end{aligned}$$

第二行利用了局部时间定义式（3.22）。对于式（3.29）的函数，得到与式（3.28）类似的结果

$$f(X(t))=f(X(0))+\mu\int_0^t f'(X)ds+\sigma\int_0^t f'(X)dW(s)+\frac{\sigma^2}{2}c\ell(0,t),\ \text{对于所有}\ \omega$$

对于更一般情况，有定理3.8成立。

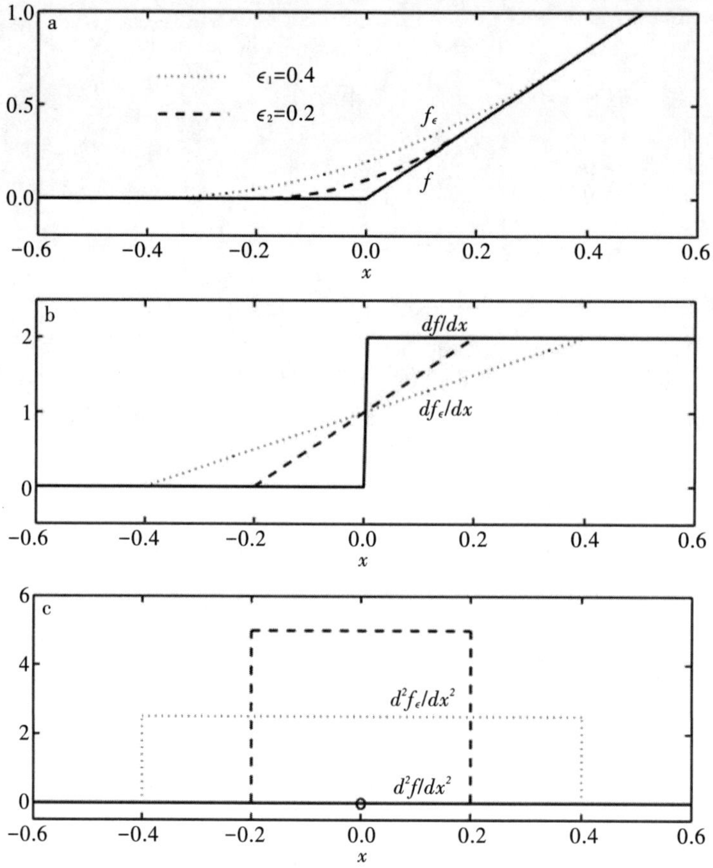

图3-1　函数f和f_ε的图像。(a)函数本身，(b)一阶导数，(c)二阶导数

定理3.8（田中公式）. 令X为布朗运动，参数为(μ,σ^2)。令f为连续函数，导数f'有定义。除了有限个点外，导数f'在其他点连续。给定$-\infty<a<b<\infty$，定义（$\mathbf{R}$，$\mathfrak{B}$）上的符号测度ν为$\nu((a,b])\equiv f'(b)-f'(a)$。则

$$f(X(t))=f(X(0))+\mu\int_0^t f'(X)ds+\sigma\int_0^t f'(X)dW(s)+\frac{\sigma^2}{2}\int_{\mathrm{R}}\ell(x,t)v(dx)$$

这个结论的更一般形式，见Harrison（1985）或Chung and Williams（1990）。在上面的例子中，符号测度较为简单，为

$$v(A)=\begin{cases}c & 当0\in A时\\ 0 & 当0\notin A时\end{cases}$$

如果f二次连续可微，田中公式就变为伊藤引理。具体来说，最后一项变为

$$\begin{aligned}\frac{\sigma^2}{2}\int_{\mathrm{R}}\ell(x,t)v(dx)&=\frac{\sigma^2}{2}\int_{\mathrm{R}}\ell(x,t)f''(x)dx\\&=\frac{\sigma^2}{2}\int_0^t f''(X(s))ds\end{aligned}$$

第一行使用了ν的定义，第二行利用了定理3.5。这个表达式与式（3.28）的最后一项一致。

3.7 柯尔莫哥洛夫（Kolmogorov）倒向方程

柯尔莫哥洛夫倒向方程（KBE）是一个二阶偏微分方程（PDE），在时刻$t>0$的密度函数由时刻0不同初始值x的扩散过程生成。这些密度函数对应的分布函数也满足柯尔莫哥洛夫倒向方程（KBE）。下面讨论柯尔莫哥洛夫倒向方程的性质。

令$\{X(t),\ t\geqslant 0\}$为开区间(l,r)上的规则扩散过程，无穷小参数为（$\mu(x)$，$\sigma^2(x)$）。给定开区间（l,r）上的有界分段连续函数g，定义

$$u(t,x)\equiv \mathrm{E}[g(X(t))|X(0)=x]$$

它表示给定时刻0的初始值x，$g(X)$在时刻t的期望。首先要证明函数u满足一定的偏微分方程（PDE）。

给定任意$t>0$。根据迭代期望法则，对于任意$h>0$，

$$\begin{aligned}u(t+h,\ x)&=\mathrm{E}\left[g(X(t+h))|X(0)=x\right]\\&=\mathrm{E}\{\mathrm{E}\left[g(X(t+h))|X(h)\right]|X(0)=x\}\\&=\mathrm{E}\left[u(t,\ X(h))|X(0)=x\right]\end{aligned}$$

第二行内部插入了一个给定时刻$h>0$信息时的条件期望；利用u改写第二行，就得到第三行。给定任意$h>0$，有

$$\frac{1}{h}\left[u(t+h,x)-u(t,x)\right]=\frac{1}{h}\mathrm{E}\left[u(t,X(h))-u(t,x)\middle|X(0)=x\right] \tag{3.30}$$

对式（3.30）取$h\to 0$的极限，对右侧应用伊藤引理，得

$$\frac{\partial u(t,x)}{\partial t}=\mu(x)\frac{\partial u(t,x)}{\partial x}+\frac{1}{2}\sigma^2(x)\frac{\partial^2 u(t,x)}{\partial x^2} \tag{3.31}$$

对于所有x，该偏微分方程的初始条件为$u(0,x)=g(x)$。

对于示性函数$g=1_{(l,y]}$，有$u(t,x)=P(t,\mathrm{x},\mathrm{y})$。其中

$$P(t,x,y)\equiv \Pr\left[X(t)\leqslant y|X(0)=x\right]$$

表示给定时刻0的初始值x，在时刻t随机过程$X(t)$小于等于y的概率。此时，根据式（3.31），

$$\frac{\partial P(t,x,y)}{\partial t}=\mu(x)\frac{\partial P(t,x,y)}{\partial x}+\frac{1}{2}\sigma^2(x)\frac{\partial^2 P(t,x,y)}{\partial x^2},\ \text{对于}\ t>0,\ x\in(l,\ r) \tag{3.32}$$

方程（3.32）称为柯尔莫哥洛夫倒向方程。P的边界条件为

$$P(0,x,y)=\begin{cases}1 & \text{当}\ x\leqslant y\ \text{时}\\ 0 & \text{当}\ x>y\ \text{时}\end{cases}$$

对于每个$t>0$和$x\in(l,r)$，随机过程X为一个规则扩散过程，因此P的密度函数为：$\partial P(t,x,y)/\partial y=p(t,x,y)$。因此，求式（3.32）对$y$的微分，有

$$\frac{\partial p(t,x,y)}{\partial t}=\mu(x)\frac{\partial p(t,x,y)}{\partial x}+\frac{1}{2}\sigma^2(x)\frac{\partial^2 p(t,x,y)}{\partial x^2},\ \text{对于}\ t>0,\ x\in(l,r) \tag{3.33}$$

也就是说，转移密度函数也满足柯尔莫哥洛夫倒向方程。不过，边界条件不同：当$t\downarrow 0$时，密度函数$p(t,x,y)$在$x=y$处退化为一个聚点。

式（3.32）和式（3.33）并不包含y。仅边界条件与y有关。柯尔莫哥洛夫倒向方程（KBE）本身仅包含时间t和初始条件x。给定y，柯尔莫哥洛夫倒向方程描述了y点处的

密度函数$p(t,x,y)$如何随(t,x)的变化而变化。

式（3.32）和式（3.33）的偏微分方程有许多解。实际上，有许多解可以作为累积分布函数（c.d.f）和密度函数。因此，在特定背景下，需要边界条件来识别哪个解是我们想要的。

为了严格说明式（3.32）和式（3.33）的具体意义，需要考察一些具体例子：布朗运动，几何布朗运动和O-U（Ornstein-Uhlenbeck）过程。

前面曾经讲过，对于均值和方差为(m,v)的正态分布，其密度函数为

$$\phi(v,m,y)=\frac{1}{\sqrt{2\pi v}}\exp\left\{\frac{-(y-m)^2}{2v}\right\},\ y\in(-\infty,+\infty) \tag{3.34}$$

例 1. 对于布朗运动，状态空间为**R**，无穷小参数$\mu(x)=\mu$，$\sigma(x)=\sigma$。因此式（3.33）为

$$\frac{\partial p}{\partial t}=\mu\frac{\partial p}{\partial x}+\frac{1}{2}\sigma^2\frac{\partial^2 p}{\partial x^2},\ t>0,\ x\in\mathbf{R} \tag{3.35}$$

对于参数为$(m,v)=(x+\mu t,\sigma^2 t)$的正态分布，密度函数为$\phi(\sigma^2 t,x+\mu t;y)$，其中函数$\phi$为式（3.34）。因此，可以断定函数

$$p(t,x,y)=\phi(\sigma^2 t,x+\mu t,y)$$

满足式（3.35）。令$\phi_v=\partial\phi/\partial v$，$\phi_m=\partial\phi/\partial m$等表示$\phi$的偏导数。根据导数的链式法则，当

$$\sigma^2\phi_v+\mu\phi_m=\mu\phi_m+\frac{1}{2}\sigma^2\phi_{mm}$$

或

$$\phi_v=\frac{1}{2}\phi_{mm}，对于所有v,m,y$$

时，p满足式（3.35）。利用式（3.34），直接证明条件成立。

例 2. 对于几何布朗运动，状态空间为$\mathbf{R}_+$，无穷小参数$\mu(x)=\mu x$，$\sigma(x)=\sigma x$。因此，式（3.33）为

$$\frac{\partial p}{\partial t}=\mu x\frac{\partial p}{\partial x}+\frac{1}{2}\sigma^2x^2\frac{\partial^2 p}{\partial x^2},\ t>0,\ x\in\mathbf{R}_+ \tag{3.36}$$

直接证实

$$p(t,x,y)=\phi(\sigma^2 t,\ln x+(\mu-\frac{1}{2}\sigma^2)t,\ln y)$$

满足式（3.36）。

例 3. 对于O-U过程，状态空间为**R**，无穷小参数$\mu(x)=-\alpha x$，$\sigma(x)=\sigma$。因此，式（3.33）为

$$\frac{\partial p}{\partial t}=-\alpha x\frac{\partial p}{\partial x}+\frac{1}{2}\sigma^2\frac{\partial^2 p}{\partial x^2},\ t>0,\ x\in\mathbf{R}_+ \tag{3.37}$$

由于O-U过程的增量为高斯分布，但不相互独立。因此可以直接证实，转移密度函数

$$p(t,x,y)=\phi\left(\frac{\sigma^2}{2\alpha}(1-e^{-2\alpha t}),xe^{-\alpha t},y\right)$$

满足式（3.37）。

3.8 柯尔莫哥洛夫（Kolmogorov）前向方程

倒向方程仅包含时间t和初始条件x，当前状态y给定。与之相似，柯尔莫哥洛夫前向方程仅包含时间t和当前状态y，初始状态x给定。如果极限分布存在，利用前向方程能够刻画极限分布的特征。有必要强调一点，对于所有规则扩散方程，倒向方程都成立，但前向方程则不然。例如，如果状态空间有界，并且概率集聚在边界，前向方程就不成立。但对于布朗运动（无论是普通布朗运动还是几何布朗运动）和O-U过程，前向方程都成立。

为了推导前向方程，首先考虑平滑函数η，满足

$$\eta(t+s,y)=\int\eta(t,\xi)\,p(s,\xi,y)\,d\xi\text{，对于所有}t,\ s,\ y \tag{3.38}$$

例如对于任意初始值x，密度函数$p(t,x,\xi)$满足式（3.38）。如果平稳密度函数$\psi(\xi)$存在，则函数$\psi(\xi)$也满足式（3.38）。

由于扩散过程满足上述条件，可以证明，对于满足式（3.38）的任意函数η，都有

$$\frac{\partial\eta(t,y)}{\partial t}=-\frac{\partial}{\partial y}\left[\mu(y)\eta(t,y)\right]+\frac{1}{2}\frac{\partial^2}{\partial y^2}\left[\sigma^2(y)\eta(t,y)\right] \tag{3.39}$$

对于密度函数$p(t,x,\xi)$，式（3.39）为

$$\frac{\partial p(t,x,y)}{\partial t}=-\frac{\partial}{\partial y}\left[\mu(y)p(t,x,y)\right]+\frac{1}{2}\frac{\partial^2}{\partial y^2}\left[\sigma^2(y)p(t,x,y)\right] \tag{3.40}$$

其中x给定。方程式（3.40）称为柯尔莫哥洛夫前向方程。

如果平稳密度函数$\psi(y)$存在，式（3.39）的一个最重要应用可能是用来刻画密度函数$\psi(y)$的特征。如果密度函数$\psi(y)$存在，根据式（3.39），它满足

$$0=-\frac{d}{dy}\left[\mu(y)\psi(y)\right]+\frac{1}{2}\frac{d^2}{dy^2}\left[\sigma^2(y)\psi(y)\right] \tag{3.41}$$

习题3.3. 利用式（3.41）证明，布朗运动没有平稳密度函数。

如果平稳密度函数存在，按照如下步骤就能计算得到。对式（3.41）进行一次积分，得

$$c_1=\frac{d}{dy}\left[\sigma^2(y)\psi(y)\right]-2\mu(y)\psi(y)$$

其中c_1是待定常数。之后，利用积分因子

$$s(y)=\exp\left\{-\int^y\frac{2\mu(\xi)}{\sigma^2(\xi)}d\xi\right\}$$

将方程写为

$$\frac{d}{dy}\left[s(y)\sigma^2(y)\psi(y)\right]=c_1s(y)$$

再次积分，得

$$\psi(x)=\frac{1}{s(x)\sigma^2(x)}\left[c_1\int^x s(y)dy+c_2\right]$$

对于所有x，选择常数c_1，c_2，使得$\psi(x)\geqslant0$且

$$\int\psi(x)dx=1$$

例 4. 对于O-U过程，$\sigma(x)=\sigma$和$\mu(x)=-\alpha x$，所以积分因子为

$$s(y)=\exp\left\{\frac{\alpha}{\sigma^2}\int^y 2\xi d\xi\right\}$$
$$=\exp\{\gamma y^2\}$$

其中$\gamma\equiv\alpha/\sigma^2$。因此

$$\psi(x)=\hat{c}_1\int_0^x e^{\gamma(y^2-x^2)}dy+\hat{c}_2e^{-\gamma x^2}$$

方差包含在常数中。如果$\hat{c}_1\neq0$，当$|x|$增大时，第一项发散，因此$\psi(x)$不可能是密度函数。必然有$\hat{c}_1=0$，由此平稳密度函数为$\psi(x)=\hat{c}_2e^{-\gamma x^2}$。选择$\hat{c}_2$，使得$\int\psi(x)dx=1$。因此，根据式（3.34），$\psi(x)=\phi(\frac{1}{2}\gamma,0,x)$。极限分布为正态分布，均值$m=0$，方差$v=\frac{1}{2}\gamma$。

注释

Fleming and Rishel （1975），Harrison（1985），Fleming and Soner （1993）以及Krylov（1995）等教科书都是讲授随机积分的优秀教材。Karatzas and Shreve（1991）对随机积分进行了完整介绍，可以作为参考书。3.4节中讨论的几何布朗运动，取材于Karlin and Taylor （1975，7.4节）。Chung and Williams （1990，第7章）对占有测度和局部时间作了严谨论述。3.6节讨论的田中公式，取材于Harrison（1985，4.6节）。讨论柯尔莫哥洛夫倒向方程和前向方程的优秀教科书较多。3.7节和3.8节内容主要取材于Karlin and Taylor （1981，15.5节）。

第4章

鞅

作为最能展现数学之美的例子之一，鞅集优雅和有用于一身。鞅理论提出之初，主要用来研究赌博中出现的一些问题。渐渐地，人们开始用鞅理论研究各种各样问题。

本章仅对鞅理论作简要介绍，内容包括鞅理论的一些核心概念和主要结论。在4.1节，给出鞅的数学定义，并用一些例子说明鞅的基本思想。在4.2节，介绍如何利用离散马尔科夫过程的（平稳）转移函数构建鞅。如果状态空间是离散的，需要用到转移矩阵的特征向量。如果状态空间是连续的，需要使用特征函数。在4.3节，介绍当马尔科夫过程是独立同分布随机变量之和时，如何利用系统方法构建鞅。之后将这个方法扩展到布朗运动和更一般的扩散过程等连续时间过程。在4.4节，定义下鞅和上鞅，并证明两个结论。第一个结论阐述生成下鞅的两个重要方式，第二个结论是柯尔莫哥洛夫不等式的拓展。在4.5节，介绍选择停时定理，是鞅过程中应用停时的基础结论。在4.6节，对选择停时定理进行扩展。在4.7节，阐述并证明鞅收敛定理。

4.1 定义和例子

令（Ω，$\mathfrak{F}$，P）为概率空间，F={$\mathfrak{F}_t$，$t\geq 0$}为空间$\mathfrak{F}$中的非降σ-代数，{$Z(t)$，$t\geq 0$}为与F相适应的随机过程。如果对于所有$t\geq 0$，

$$E[|Z(t)|]<\infty \tag{4.1}$$

并且以概率1有

$$E[Z(t)|\mathfrak{F}_s]=Z(s)，\text{对于所有}0\leq s<t \tag{4.2}$$

则称［Z，$\mathfrak{F}$］为鞅（或者说，称Z是$\mathfrak{F}$上的鞅）。

这里的时间t既可以是离散的，也可以是连续的；既可以是有限期界也可以是无限期界。鞅定义涉及最基本的非降σ-代数F。如果理解了非降σ-代数，就可以称随机过程Z是鞅。

需要用几个例子来说明产生鞅的几种方式。无论哪一个例子，要确定随机过程是鞅，都需要证明随机过程与合适的滤过的概率空间相适应，并且满足式（4.1）和式（4.2）。

构建鞅的第一个例子，也是最明显的例子，是均值为0的独立随机变量的和。实际上，这个例子的基本思想来源于赌徒参与公平赔率的机会性游戏时财富变化的随机过程。

例1（赌徒财富）. 令 X_1，…，X_i，…为概率空间（Ω，$\mathcal{F}$，P）上独立随机变量（有限或者无限）序列。每个随机变量的均值都为0，绝对偏差为有限值，即对于所有i，$E[X_i]=0$和$E[|X_i|]<\infty$。令 $Z_0=0$，并对每个 $k=1$，2，…，定义随机变量 $Z_k=\sum_{i=1}^{k}X_i$ 为序列中前k个元素的部分和。对于每个k，令 $\mathcal{F}_k\subset\mathcal{F}$ 为使得 $\{Z_j\}_{j=1}^{k}$ 可测的最小σ-代数，并令 $F=\{\mathcal{F}_k\}$ 为包含这个（递增）序列的非降σ-代数。则随机过程Z为滤过的概率空间（Ω，F，P）上的鞅。

为什么？首先根据构建方式，Z与F相适应。其次，对于任意k，

$$E\left[|Z_k|\right]=E\left[\left|\sum_{i=1}^{k}X_i\right|\right]\leqslant E\left[\sum_{i=1}^{k}|X_i|\right]$$

$$=\sum_{i=1}^{k}E\left[|X_i|\right]<\infty$$

所以式（4.1）成立。最后，对任意$j<k$，

$$E\left[Z_k|F_i\right]=E\left[\sum_{i=1}^{k}X_i|F_i\right]$$

$$=\sum_{i=1}^{j}X_i+\sum_{i=j+1}^{k}E\left[X_i|F_i\right]$$

$$=Z_j$$

所以式（4.2）成立。对于$i\leqslant j$，X_i是$\mathcal{F}_j$可测的，由此得到第二行。由于随机变量X_i相互独立，且均值为0，由此得到第三行。

采用类似的讨论方法，可以证明无漂移布朗运动也是鞅。在习题4.1中，可以确定一些有用的关于布朗运动的鞅过程。

习题4.1.(a) 证明，如果X是参数为（0，σ^2）的布朗运动，则$X^2-\sigma^2t$和（X/σ）^2-t是鞅。

(b) 证明，如果X是参数为（μ，σ^2）的布朗运动，则$X-\mu t$，$(X-\mu t)^2-\sigma^2t$和$[(X-\mu t)/\sigma]^2-t$是鞅。

鞅具有一个重要特性，那就是在样本路径的每个点上，增量的（条件）均值为0。因此，利用其他随机过程，按照习题4.1（b）的做法，反复（离散时间）或连续调整每个样本路径的（条件）预期增量，可以生成鞅。例2说明了生成鞅的其他条件。

例2（家庭结构）. 考虑一个社会中每个家庭恰有N个孩子。孩子相继出生（假设没有双胞胎或多胞胎），并且新生儿是女孩的概率 $\pi=1/2$。

要分析这个社会中家庭结构的各种问题，就需要建立合适的概率空间。首先构建这个概率空间。在这种条件下，描述新生儿出生顺序的结果为 $\omega=$（b，g，…，g，b，…，b），序列长度为N。令Ω为包含所有这种向量的集合。注意到，Ω是包含2^N个元素的离散空间。令$\mathcal{F}$为Ω的完备σ-代数，也就是说，σ-代数包含所有子集。每一种结果出现的可能性都一样，所以令P表示$\mathcal{F}$上的概率测度，每个点的概率都为$1/2^N$。因此，（Ω，

$\mathfrak{F}$，P）就是一个概率空间。

根据出生顺序，定义概率空间（Ω，$\mathfrak{F}$，P）上的非降 σ–代数。尤其是，令 ω_i，$i=1$，…，N表示向量 ω 的第 i 个组成成分；对于每个 k，令 $\mathfrak{F}_k \subset \mathfrak{F}$ 为使得 ω_1，…，ω_k 可测的最小 σ–代数，并令 F={$\mathfrak{F}_k$}表示根据这个（递增）序列定义的非降 σ–代数。

在滤过的概率空间（Ω，$\mathfrak{F}$，P）上，可以定义各类随机过程。例如，令 $g_0=0$，并且对于 $k=1$，…，N，令 g_k 表示前 k 个新生儿中女孩的数量。每个 g_k 都是概率空间（Ω，$\mathfrak{F}$，P）上的随机变量。利用{g_k}可以构建其他随机过程。

令 $X_0=0$，且

$X_k=g_k-(k-g_k)$，$k=1$，2，…，N

为前 k 个出生的孩子中，女孩超过男孩的数量。令 $Y_0=0$，且

$Y_k=g_k-k/2$，$k=1$，2，…，N

为前 k 个出生的孩子中，女孩数量超过 $k/2$ 的数量。令 $Z_0=0$，且

$Z_k=g_k/k-1/2$，$k=1$，2，…，N

为前 k 个出生的孩子中，女孩占比超过1/2的数量。

习题4.2.（a）验证，例2中的{g_k}，{X_k}，{Y_k}和{Z_k}均为概率空间（Ω，$\mathfrak{F}$，P）上的随机过程。

（b）证明，{X_k}和{Y_k}是鞅。但{Z_k}不是鞅。

例3说明，作为学习情境中的最一般原则，贝叶斯后验概率序列亦是鞅。直观上，这个结论显而易见：如果不是这种情况，观察者将根据下一期的预期变化，修正他的当前信念。

例3（贝叶斯学习）. 考虑试验者要确定瓮是A型还是B型。这两种类型（外观一样）瓮中都装有大量的白球和黑球，但黑球和白球所占比例不同。A型瓮中黑球占比为 a，B型瓮中黑球占比为 b，其中 $0 \le a$，$b \le 1$，并且 $a \ne b$。试验者从所有瓮中随机抽取一个瓮，抽到的瓮为A型的比率为 $p_0 \in (0,1)$。为了确定抽取的瓮是A型还是B型，试验者对瓮中的球进行（有放回的）随机抽样，每次抽样后都利用贝叶斯规则更新信念。令 p_k，$k=1$，2，…，表示抽取 k 球后的后验概率。其中，每个 p_k 都是随机变量，结果有 $k+1$ 种可能性。（为什么？）

习题4.3.（a）根据例3描述的条件，定义一个合适的概率空间。

（b）定义一个非降 σ–代数，使得后验概率序列 $\{p_k\}_{k=0}^{\infty}$ 是随机过程。

（c）证明 $\{p_k\}_{k=0}^{\infty}$ 是鞅。

4.2 基于特征值的鞅

下面两个例子说明的是如何根据离散时间马尔科夫过程的（平稳）转移函数构建鞅。如果状态空间是离散的，要用到转移矩阵的特征向量。如果状态空间是连续的，相应要用到转移函数的特征函数。

例4（利用特征向量构建鞅）. 考虑一个马尔科夫链，状态空间 $i \in \{1, 2, \ldots, I\}$，并且 $I \times I$ 阶转移矩阵 $\Pi=[\pi_{ij}]$，其中 π_{ij} 为从状态 i 转移到状态 j 的概率。

状态函数可以用向量 $f^T=(f_1, \ldots, f_I)$ 表示，包含函数在状态1，2，…，I的取值。向量Π_f包含给定本期的可能状态1，2，…，I，下一期函数的条件期望。前面曾经讨论过，如果数组（λ，v）满足 $\Pi v=\lambda v$，则 $\lambda\neq 0$ 为转移矩阵Π的特征值，$v\in R_k$为相应Π的右乘特征向量。

令（λ，v）为包含特征值和特征向量的数组，q_0为描述初始状态分布的概率向量，$\{i_k\}_{k=0}^{\infty}$为标识结果的整数值随机过程，$i_k\in\{1, 2, \ldots, I\}$。对所有$k$，定义随机过程$\{V_k\}_{k=0}^{\infty}$为 $V_k=v_{i_k}$。则

$$\begin{aligned}\mathrm{E}\left[V_{k+1} \mid i_k\right] &= \mathrm{E}\left[v_{i_{k+1}} \mid i_k\right] \\ &= e_{i_k}\Pi v \\ &= \lambda v_{i_k} \\ &= \lambda V_k, k=0,1,\ldots\end{aligned}$$

其中 $e_i=(0, \ldots, 0, 1, 0, \ldots, 0)$ 为第i个元素为1，其余元素为0的向量。根据特征向量性质，得到第三行。如果 $\lambda=1$，则V是鞅。此外，如果

$$Z_k=\lambda^{-k}V_k=\lambda^{-k}v_{i_k}, \quad k=0, 1, \cdots,$$

则随机过程Z是鞅。无论哪种情况，非降σ–代数都由$\{i_k\}$生成。当v有两个相同元素时，即 $v_i=v_j$，$i\neq j$，则由$\{i_k\}$生成的非降σ–代数绝对好于由$\{v_{i_k}\}$生成的σ–代数。

如果状态空间无限，即$I=\infty$时，例4的讨论依然成立。

例5说明，如果马尔科夫链的取值区间为所有实数，则依然可以采取类似的方法构建鞅。

例5（根据特征函数构建鞅）. 对于连续状态空间上的马尔科夫链 $Y=\{Y_k\}$，令F表示（平稳）转移函数。也就是说

$$\Pr\{Y_{k+1}\leqslant b \mid Y_k=a\}=F(b \mid a), \quad k=1, 2, \ldots$$

令 $\lambda\neq 0$ 为实数，函数 $\nu(.)$ 满足

$$\mathrm{E}[|\nu(Y_k)|]<\infty，对于所有\ k$$

并且

$$\int \nu(y)\, dF(y \mid a)=\lambda\nu(a)，对于所有\ a$$

则函数ν为F的特征函数，对应的特征值为λ。与上面讨论类似，可以证明随机过程

$$Z_k=\lambda^{-k}\nu(Y_k), \quad k=0, 1, 2, \ldots$$

为鞅。

4.3 Wald鞅

利用独立同分布随机变量的部分和序列构建出来的一族马尔科夫过程，具有重要作用。对于这类马尔科夫过程，可以用系统方法构建特征函数，得到的鞅称为Wald鞅。下面三个例子分别针对离散时间过程，布朗运动和一般扩散过程，说明如何构建鞅。

例6（离散时间）. 令$\{X_k\}_{k=1}^{\infty}$为独立同分布随机变量序列，具有相同的累积分布函数（cdf）G。则部分和 $Y_0=0$ 和 $Y_k=Y_{k-1}+X_k$ 构成平稳增量的马尔科夫过程，$k=1$，

2，…。转移函数为 $F(b|a) = G(b-a)$，对于所有的 a，b。

假设 $\eta \neq 0$，期望值

$$\lambda(\eta) = \int e^{\eta x} dG(x)$$

存在。函数 $\nu(y;\eta) = e^{\eta y}$ 为 F 的特征函数，对应特征值为 $\lambda(\eta)$。为什么呢？由于

$$\begin{aligned}\int \nu(y;\eta)\, dF(y|a) &= \int e^{\eta y} dG(y-a)\\ &= \int e^{\eta(a+x)} dG(x)\\ &= \nu(a;\eta)\,\lambda(\eta)\end{aligned}$$

因此，根据例5的结论，随机过程

$$Z_k = \lambda^{-k}(\eta)\,\nu(Y_k;\eta)，对于所有 k$$

为鞅。

通过改变例6中参数 η 的值，可以构建出一族鞅。具体来说，如果 η 取值满足方程 $\lambda(\eta) = 1+r$，其中 r 为贴现率，则 $\lambda(\eta)^{-k} = 1/(1+r)^k$ 扮演着贴现因子的角色。

例7表明，对于布朗运动和其他扩散过程，可以用相似的方法构建鞅。后面的各章中，会用到这些鞅。

例7（布朗运动）. 令 X 为布朗运动，参数为 (μ, σ^2)。根据习题3的结论，对于任何 $\rho \neq 0$，随机过程 $Y(t) = \exp\{\rho X(t)\}$ 为几何布朗运动，参数为 $(q(\rho), (\rho\sigma)^2)$。其中

$$q(\rho) \equiv \rho\mu + \tfrac{1}{2}(\rho\sigma)^2 \tag{4.3}$$

因此，

$$\begin{aligned}E[\exp\{\rho X(t)\}] &= E[Y(t)]\\ &= Y(0)\, e^{q(\rho)t}\\ &= \exp\{\rho X(0) + q(\rho)t\}，对于所有 t\end{aligned}$$

因此，随机过程

$$M(t;\rho) \equiv \exp\{\rho X(t) - q(\rho)t\}，对于所有 t \tag{4.4}$$

为鞅。

同样，如果 Y 是几何布朗运动，参数为 $(\hat{\mu}, \sigma^2)$。则对任意 $\rho \neq 0$，随机过程

$$M(t;\rho) \equiv Y^{\rho}(t)\, e^{-\hat{q}(\rho)t}，对于所有 t$$

亦为鞅，其中

$$\hat{q}(\rho) \equiv \rho\left(\hat{\mu} - \tfrac{1}{2}\sigma^2\right) + \tfrac{1}{2}(\rho\sigma)^2$$

例8（扩散过程）. 现在看更一般情况。假设 X 为扩散过程，具有平稳无穷小参数 $\mu(.)$ 和 $\sigma(.)$。假设函数 $F(t, x)$ 满足

$$F_t(t, x) + \mu(x) F_x(t, x) + \tfrac{1}{2}\sigma^2(x) F_{xx}(t, x) = 0，对于所有 t，x \tag{4.5}$$

则随机过程

$$M(t) = F(t, X(t))，对于所有 t，\omega$$

为鞅。下面证明这个结论。由于

$$\begin{aligned}E[dM] &= E[F_t dt + F_x\mu(X)\, dt + F_x\sigma(X)\, dW + \tfrac{1}{2}F_{xx}\sigma^2(X)\, dt]\\ &= 0\end{aligned}$$

根据伊藤引理，得到第一行。利用式（4.5）和随机积分的期望为零的性质（定理3.1），得到第二行。

具体来说，如果数组（r，f）满足

$$-rf(x)+\mu(x)f'(x)+\frac{1}{2}\sigma^2(x)f''(x)=0\text{，对于所有 }x \tag{4.6}$$

则随机过程

$$M(t)=e^{-rt}f(X(t))\text{，对于所有 }t\text{，}\omega$$

是鞅。

对于布朗运动，μ和σ^2是常数。定义

$$r=q(\rho)\text{，}f(x)=e^{\rho x}\text{，对于所有 }x$$

其中$\rho\neq0$，函数$q(.)$为式（4.3）。此时，对于任意数组（r，f），式（4.6）成立。

4.4 下鞅和上鞅

利用不等式替换式（4.2）的条件，就得到上鞅和下鞅。对于滤过的概率空间（Ω，F，P）上的随机过程Z，如果对于所有$t\geqslant0$，式（4.1）成立，并且以概率1，有

$$E[Z(t)\mid\mathfrak{F}_s]\geqslant Z(s)\text{，对于所有 }0\leqslant s<t \tag{4.7}$$

则随机过程Z为下鞅。如果将式（4.7）的不等号变成小于等于号，则随机过程Z为上鞅。因此，平均来看，下鞅随时间不断增加，上鞅随时间不断下降。并且有

当且仅当$-Z$为上鞅时，Z为下鞅；

当且仅当Z既为上鞅又为下鞅时，Z为鞅；

当且仅当Z和$-Z$为下鞅时，Z为鞅。

习题4.4. 对例1的赌徒问题进行些许调整。假设赌徒参与的赌博机会不公平。也就是说，每个X_i的均值都不是正数，即对于所有i，$E[X_i]\leqslant0$。令$Y_k=-Z_k$表示赌徒k个回合后的净损失，$k=1$，2，…。证明Z_k为下鞅。

习题4.5. 对例2的社会问题进行些许调整。假设每个新生儿是女孩的概率$\pi<1/2$。序列g_k，X_k和Y_k的定义与例2相同。证明X_k和Y_k为上鞅。

习题4.6. 对例3的贝叶斯学习问题进行些许调整。假设试验者对待抽样总体中A型瓮所占比例所知有误。试验者相信A型瓮所占比例为$\hat{p}_0$，$0<\hat{p}_0<p_0$。和之前一样，试验者从瓮中序贯地、有放回地抽取小球，并且每次抽样后，利用贝叶斯准则更新信念。令$\{\hat{p}_k\}$表示后验概率序列。证明$\{\hat{p}_k\}$为下鞅。

习题4.7. 证明，如果布朗运动X存在正（负）的漂移，则X是下鞅（上鞅）。

定理4.1和定理4.2分别阐述了生成下鞅的两种办法。

定理4.1. （i）如果Z是滤过的概率空间（Ω，F，P）上的鞅，ϕ为可测凸函数，并且对于所有t，$\phi(Z(t))$可积，则随机过程$\phi(Z)$为下鞅。

（ii）如果Z为滤过的概率空间（Ω，F，P）上的下鞅，ϕ为可测递增的凸函数，并且对于所有t，$\phi(Z(t))$可积，则随机过程$\phi(Z)$为下鞅。

证明. 无论哪种情况，都需证明$\phi(Z)$与概率空间（Ω，F，P）相适应，并且对于所有t，$\phi(Z)$满足式（4.1）和式（4.7）。

（i）对于每个t，由于$Z(t)$ $\mathfrak{F}_t$可测，且ϕ为可测函数，直接可得，$\phi(Z(t))$也$\mathfrak{F}_t$可测。因此，$\phi(Z)$与概率空间（Ω，F，P）相适应。根据假设，$\phi(Z(t))$可积，

所以对于所有 t，$\phi(Z(t))$ 满足式（4.1）。又因为 Z 是鞅，因此对于所有 t，Z 满足式（4.2）。再因为 ϕ 为凸函数，根据詹森不等式，以概率1有

$$\begin{aligned}\phi(Z(s)) &= \phi(\mathrm{E}[Z(t) \mid \mathfrak{F}_s]) \\ &\leqslant \mathrm{E}[\phi(Z(t) \mid \mathfrak{F}_s)], \text{对于所有 } 0 \leqslant s < t\end{aligned} \tag{4.8}$$

所以对于所有 t，$\phi(Z)$ 满足式（4.7）。

（ii）这里用到（i）中的大部分讨论。根据（i）中的最后一步，由于 Z 是下鞅，对于所有 t，Z 满足式（4.7）。再由于 ϕ 为增函数，因此，

$$\phi(Z(s)) \leqslant \phi(\mathrm{E}[Z(t) \mid \mathfrak{F}_s]), \text{对于所有 } 0 \leqslant s < t$$

和之前一样，根据函数凸性，得到不等式（4.8）。

证明完毕。

根据定理4.1的第（i）部分结论，如果 Z 为鞅，则 $|Z|$ 和 Z^2 为下鞅。具体来说，如果 X 为参数为（μ，σ^2）的布朗运动，则 $X-\mu t$ 为鞅，$|X-\mu t|$ 和 $[X-\mu t]^2$ 为下鞅。

定理4.2是柯尔莫哥洛夫不等式的拓展，结论表明下鞅有界。

定理4.2. 如果 $\{Z_k\}_{k=1}^n$ 为下鞅，则对任意 $\alpha>0$，

$$P\left[\max_{1\leqslant k\leqslant n}|Z_k| \geqslant \alpha\right] \leqslant \frac{1}{\alpha}\mathrm{E}\left[|Z_n|\right]$$

证明. 给定 $\alpha>0$，定义（非连通）集合 A_k 为

$$A_k = \{\omega\in\Omega:\ Z_k \geqslant \alpha \text{ 且 } Z_j < \alpha,\ j=1,\ 2,\ \ldots,\ k-1\}.$$

则

$$\begin{aligned}\mathrm{E}\left[|Z_n|\right] &\geqslant \sum_{k=1}^n \int_{A_k} |Z_n| dP \\ &\geqslant \sum_{k=1}^n \int_{A_k} Z_k dP \\ &\geqslant \sum_{k=1}^n \alpha P(A_k) \\ &= \alpha P\left(\bigcup_{k=1}^n A_k\right) \\ &= \alpha P\left[\max_{1\leqslant k\leqslant n}|Z_k| \geqslant \alpha\right]\end{aligned}$$

由于集合 A_k 非连通，且 $\bigcup_{k=1}^n A_k \subseteq \Omega$，由此得到第一行。由 $\{Z_k\}$ 为下鞅，得到第二行。利用了 A_k 定义，得到最后三行。

证明完毕。

现在考察定理4.2的应用。令 $\{X_i\}_{i=1}^n$ 为随机变量序列，每个随机变量的均值都为零，方差为有限值。令 $S_k=\sum_{i=1}^k X_i$ 为随机变量序列 $\{X_i\}_{i=1}^n$ 的部分和，其中 $k=1$，…，n。显而易见，$\{S_k\}$ 为鞅，进而根据定理4.1，$Z_k=|S_k|$ 为下鞅。此时，根据定理4.2，可以断定

$$P\left[\max_{1\leqslant k\leqslant n}|S_k| > \alpha\right] = P\left[\max_{1\leqslant k\leqslant n}|S_k^2| > \alpha^2\right] \leqslant \frac{1}{\alpha}\mathrm{E}\left[|S_n|\right]$$

这正是柯尔莫哥洛夫不等式。

4.5 选择停时定理

选择停时定理是关于鞅和下鞅的停时问题的强有力结论。(为避免过于啰唆，这里不再单独讲述关于上鞅的结论。) 选择停时定理广泛适用于各类随机过程，包括离散时间随机过程和扩散过程。毫无例外，选择停时定理适用于本书所有随机过程。这个定理有许多版本。下面介绍的版本相对简单，在许多例子中都会用到。4.6节介绍另外一个适用性更强的版本。

对于任意两个时点s和t，令$s\wedge t\equiv\min\{s,\ t\}$表示二者之间较早的那个时点。如果$Z$为随机过程，$T$为停时，令$Z(T\wedge t)$表示"停止"过程，定义为

$$Z(T\wedge t,\omega)=\begin{cases}Z(t,\omega) & \text{当}t<T(\omega)\text{时}\\ Z(T(\omega),\omega) & \text{当}t\geqslant T(\omega)\text{时}\end{cases}$$

沿着样本路径，时间T之后停止过程取代波动路径，取值为常数$Z(T)$。

根据选择停时定理，如果Z是（下）鞅，且T为停时，则停止过程$Z(T\wedge t)$也是（下）鞅。此外，在任一时点t，停止过程的期望值等于初始值$Z(0)$的期望值（上界）。在（大于边界的）时点t，停止过程的期望值等于非停止过程在时刻t的期望值（下界）。最后，如果停时有界，则停止过程的期望终点值（大于）等于初始时间的期望值。

定理4.3（选择停时定理）. 令Z为滤过的概率空间$(\Omega,\ F,\ P)$上的（下）鞅，并且T为停时。则

（i）$Z(T\wedge t)$也是（下）鞅，并且满足

$$E[Z(0)](\leqslant)=E[Z(T\wedge t)](\leqslant)=E[Z(t)],\ \text{对于所有}t \tag{4.9}$$

（ii）如果存在$N<\infty$，使得$0\leqslant T(\omega)\leqslant N$对于所有$\omega$成立，则

$$E[Z(0)](\leqslant)=E[Z(T)](\leqslant)=E[Z(N)] \tag{4.10}$$

证明见附录B。

直观上，结论（i）显而易见。对于鞅，时点$T(\omega)$之后，停止过程的样本路径为常数，等于随后所有时点原始过程的预期值，即对于所有$t\geqslant T(\omega)$，$E[Z(t)\mid Z(T)]=Z(T)$。因此，利用（常数）停止值代替原来的（波动）路径，不会改变较早时点的期望值。对于下鞅，基于相同原因，得到所述不等式。如果停时T单调有界，直接得到式（4.10）：设式（4.9）中的$t=N$，有$T\wedge N=T$。

要想确切说明定理4.3的意义，需要再次考察4.1节中的例子。

例1′（赌徒财富问题）. 再次考察赌徒行为。在例1中我们知道，如果游戏的机会公平，且赌徒无休止地参与游戏，则刻画赌徒净收益的随机过程$\{Z_k\}$是鞅。因此，任意给定k的取值，k个回合游戏后，赌徒的期望净收益为0：$E[Z_k]=0$，$k=1,\ 2,\ \ldots$。定理4.3的结论更强。

假设赌徒有自己的游戏规则。例如一旦赢钱，赌徒就停止游戏。任意这样的游戏规则定义了一个停时T。现在，我们必须区分潜在游戏回合数和实际游戏回合数。定理4.3结论（i）说的是，如果赌徒采用自己的游戏规则，赌徒的净收益序列$\{Z_{T\wedge k}\}_{k=1}^{\infty}$依然是鞅。因此，$k$个潜在游戏回合后，赌徒的预期净收益依然为0，结果和他实际进行了k

个回合游戏相同。也就是说，

$$0 = Z_0 = \mathrm{E}[Z_{T\wedge k}] = \mathrm{E}[Z_k],\ k = 1,\ 2,\ \ldots$$

定理4.3结论（ii）说的是，如果根据赌徒的游戏停止规则，实际游戏回合数存在有限上界，则结束游戏后的期望净收益依然为0。也就是说，没有任何游戏停止规则能改变净收益的鞅特性，并且没有任何游戏停止规则能使得赌徒获得预期净收益（或损失）。

和习题4.4的结果一样，如果游戏机会不公平，则刻画赌徒净损失的随机过程$\{Y_k\} = \{-Z_k\}$为下鞅：赌徒的预期净损失随着游戏回合数的增加而增加。根据定理4.3的结论（i），即使赌徒使用了停止规则，结局依然如此：赌徒的净损失序列$\{Y_{T\wedge k}\}$依然是下鞅。k个潜在回合后的预期净损失的下限为0，上限为赌博实际完成k个回合后的预期净损失。至此，利用停止规则能够降低预期净损失，但不能获得预期收益。定理4.3的结论（ii）说的是，如果停时的边界为有限值，则游戏终止时，赌徒的预期净损失的下限为0，上限为赌徒实际完成所有N个回合导致的预期损失。

例2′（家庭结构）. 重新考察家庭构成问题。假设父母重男轻女，更希望家庭中男孩数量多些。假设每个家庭至少有一个孩子，家庭中孩子数量存在上限N。假设父母能够控制的唯一事情是决定何时停止生育。例如，他们可以制定如下规则：当有男孩出生时，或者已经有N个女儿时，停止生育。

在例2中，如果每个新生儿是女孩的概率$\pi = 1/2$，并且家庭中有N个孩子。则随机过程X_k刻画第k个婴儿出生后女孩超过男孩的数量。随机过程Y_k刻画了第k个婴儿出生后女孩数量超过$k/2$的数量。X_k和Y_k都是鞅。根据定理4.3结论（i），如果家庭使用停止规则T，$T \leqslant N$，则相应的停止过程也是鞅。根据定理4.3结论（ii），对于完整家庭，即便采用停止规则，随机变量X_k和Y_k的期望值为0。结果与每个家庭有N个孩子情况毫无二致。

与习题4.5的结论相同，如果每个新生儿是女孩的概率$\pi < 1/2$，并且家庭有N个孩子，则随机过程X_k和Y_k是上鞅。根据定理4.3结论（i），如果家庭使用停止规则T，相应的停止序列依然是上鞅。将定理4.3结论（i）和结论（ii）结合起来，得

$$\mathrm{E}[X_N] \leqslant \mathrm{E}[X_T] \leqslant \mathrm{E}[X_0] = 0$$

随机变量Y_k亦有类似结论。也就是说，无论使用哪个测度指标，家庭结构都倾向于男孩占有较大比重（由于出生比率本身就不平衡）。对于非停止过程，男孩占比较大的倾向更为严重。

习题4.8. 再次考虑家庭构成的例子，其中$\pi = 1/2$。

（a）假设所有家庭都恰好有N个孩子，令G表示完整家庭中女孩所占比例。随机变量G的可能取值有哪些？这些结果服从哪种概率分布？

（b）假设家庭使用停止规则：直到有男孩出生或者有N个女儿时，停止生育。令H表示完整家庭中女孩所占比例。随机变量H的可能取值有哪些？这些结果服从哪种概率分布？社会的平均家庭规模是多少？

例3′（贝叶斯学习问题）. 重新考察贝叶斯学习问题。假设有个旁观者观看这个试验，试验者试图控制旁观者的信念。具体点说，假设试验者想让旁观者确信，抽取到的瓮更可能是A型。试验者控制旁观者唯一可利用的办法是停止规则。如果试验者抽取一

个小球，旁观者可以观测到抽取的结果。但试验者随时可以停止抽样，也就是说，试验者可以选择停止规则 T。

首先考察这种情况。旁观者的先验概率，即瓮是A型的（正确的）事前概率为 p_0。随着抽样的进行，旁观者的后验概率序列为例3中的随机过程 $\{p_k\}$。根据例3的结论，随机过程 $\{p_k\}$ 为鞅。根据定理4.3结论（i），如果试验者采用停止规则 T，刻画旁观者后验概率的随机过程 $\{p_{k\wedge T}\}$ 依然是鞅。因此，无论试验者多狡猾，他也不可能设计出某个抽样规则，破坏掉后验概率的鞅特性。（当然笨人更不可能。）

根据定理4.3的结论（ii），即便采用停止规则，如果样本容量的上限为 N，则不管试验者选择什么样的停止规则，抽样停止后，旁观者后验概率的期望等于抽样开始时的先验概率。也就是说，对于任何停止规则，都有 $\mathrm{E}[p_T] = p_0$。

如果旁观者的先验信念不正确，有 $0 < \hat{p}_0 < p_0$，则随着抽样的进行，旁观者后验概率序列为习题4.6中的随机过程 $\{\hat{p}_k\}$。根据习题4.6的结论，随机过程 $\{\hat{p}_k\}$ 为下鞅。根据定理4.3的结论（i），如果此时试验者使用停止规则 T，刻画旁观者后验概率的随机过程 $\{\hat{p}_{k\wedge T}\}$ 依然为下鞅，并且满足不等式（4.9）。如果样本容量单调有上界 N，根据定理4.3的结论（ii），旁观者最终信念 $\hat{p}_T$ 亦存在上界。

现在假设试验者可以选择停止规则，并且想让旁观者相信，抽取的瓮更可能是A型。也就是说，试验者选择一个停止规则 T，使得旁观者最终后验概率的期望 $\mathrm{E}[\hat{p}_T]$ 最大。因为 $\{\hat{p}_k\}$ 为下鞅，根据定理4.3结论（ii），试验者只有设定 $T = N$，采用最大允许抽样，此外别无他法。这个结论背后的思想非常明显：因为旁观者的初始信念下偏，只要给他多一点信息，后验概率平均就会上升一点（离真实值更近一些）。

如果旁观者初始先验概率上偏，即 $p_0 < \hat{p}_0 < 1$，则刻画旁观者后验概率的随机过程 $\{\hat{p}_k\}$ 为上鞅。此时，类似的讨论表明，如果想要旁观者后验概率期望 $\mathrm{E}[\hat{p}_T]$ 最大，试验者应该选择停止规则 $T = 0$，不给旁观者任何信息。

4.6 选择停时定理的扩展

定理4.3的结论（ii）要求停时 T 单调有界。结论可以推广到停时 $T < \infty$，但停时可以是不单调有上界的。下面用一个例子说明，如果关键假设不成立，结论会大相径庭。

主要思想如下。令 $S_t \subseteq \Omega$ 表示随机过程在时刻 t 停止的集合

$$S_t = \{\omega \in \Omega : T(\omega) \leqslant t\}$$

停止过程的预期值可以写为两部分和：

$$\begin{aligned}\mathrm{E}[Z_0] &= \mathrm{E}[Z_{T\wedge t}] \\ &= \int_{\Omega} Z_{T\wedge t}(\omega)\,dP(\omega) \\ &= \int_{S_t} Z_T(\omega)\,dP(\omega) + \int_{S_t^c} Z_t(\omega)\,dP(\omega),\text{对于所有}t\end{aligned}$$

根据定理4.3结论（i），得到第一行。为了确保 $t\to\infty$ 时，最后一行的表达式收敛到 $\mathrm{E}[Z_T]$，需要施加一些约束条件。第一个条件是第一项的概率必须收敛到1：$\lim_{t\to\infty} P(S_t) = 1$。当（且仅当）$\Pr\{T < \infty\} = 1$ 时，这个条件成立。此外，要确保第一项的极限存在，

Z_T取正和取负的积分必须有界，也就是说Z_T必须可积。最后，$t\to\infty$时，第二项必须收敛到0。定理4.4给出这些条件的数学描述。

定理4.4（选择停时定理的扩展）. 令Z为滤过的概率空间（Ω，F，P）上的（下）鞅，T为停时。当

i. $\Pr[T<\infty]=1$

ii. $E[|Z(T)|]<\infty$

iii. $\lim_{t\to\infty} E\left[\left|Z(t)I_{\{T>t\}}\right|\right]=0$

则有

$$E[Z(0)]\ (\leqslant)=E[Z(T)]$$

定理证明见附录B。

下面的例子说明，为什么需要条件（iii）。考虑赌徒参与一个机会公平的游戏。第一回合赌注为1元，接下来每个回合赌注都翻倍。也就是说，每个回合$k=1$，2，...，赌徒赢或输的金额为$X_k=\pm 2^{k-1}$，赢的概率为1/2。令$Z_0=0$，并且$Z_k=\sum_{i=1}^{k}X_i$，$k=1$，2，...，所以$\{Z_k\}$为赌徒净收益序列。显然，$\{Z_k\}$是鞅，且$E[Z_k]=0$，$k=1$，2，...。

假设赌徒为了赢钱，设定如下停时规则：一旦净收益为正，马上停止投注。其他情况下，继续投注。在此停止规则T下，赌徒净财富$\{Z_{T\wedge k}\}$的演化方式为

	0	1	2	3	4	5	6
1		1/2	3/4	7/8	15/16	31/32	63/64
0	1						
−1		1/2					
−3			1/4				
−7				1/8			
−15					1/16		
−31						1/32	…

每列表示时期$k=0$，1，2，...，每行表示$\{Z_{T\wedge k}\}\in\{1$，0，−1，−3，−7，...，$1-2^k$，...}的可能性。第k列的元素构成结果$Z_{T\wedge k}$的概率向量。根据定理4.3的结论（i），停止过程$\{Z_{T\wedge k}\}$满足

$$E[Z_{T\wedge k}]=0=Z_0,\ k=0,1,2,\ldots$$

显然，对于任意$\varepsilon>0$，存在$n>1$，使得$\Pr\{T>n\}<\varepsilon$成立。因此$\Pr\{T<\infty\}=1$。此外，毋庸置疑，常数函数Z_T的积分存在。但明显

$$E[Z_T]=1\neq 0=Z_0$$

为什么定理4.4不能用呢？注意在连续下注条件下，赌徒的总损失乘上赌徒依然下注的概率为：

$$\begin{aligned}E\left[Z_kI_{\{T>k\}}\right]&=\frac{1}{2^k}\sum_{i=1}^{k}X_i\\&=2^{-k}\left[-2^0-2^1-\cdots-2^{k-1}\right]\\&=-\sum_{i=1}^{k}2^{-i}\to -1,\text{当}k\to\infty\text{时}\end{aligned}$$

（从上面表中，可以直接得到这个结论。）因此，不满足定理4.4条件（iii）：赌徒损失增加得太快，足以抵消掉赌徒持续下注的可能性。

习题4.9. 令$\{X_i\}_{i=1}^{\infty}$为随机变量序列，每个随机变量的取值为±1，且取值为1的概率与取值为–1的概率相等。令$Z_k=\sum_{i=1}^{k}X_i$表示随机变量X_i的部分和序列。给定整数$M\geqslant 1$，并令T表示随机过程首次到达M的停时。根据定理4.3，停止过程$Z_{T\wedge k}$满足

$$0=Z_0=\mathrm{E}[Z_{T\wedge k}]=\mathrm{E}[Z_k]，对于所有 k\geqslant 0$$

另外，$\Pr\{T<\infty\}=1$。但显然有

$$\mathrm{E}[Z_T]=M\neq 0=\mathrm{E}[Z_0]$$

据此，定理4.4不能用。

上述分析表明，随机过程$\{Z_k\}$不满足条件

$$\lim_{k\to\infty}\mathrm{E}\left[\left|Z_k I_{\{T>k\}}\right|\right]=0$$

定理4.5是选择停时定理4.3和定理4.4的进一步拓展。与众不同的是，定理4.5的条件期望使用停时点而不是给定时点的信息。

定理4.5. 如果$\{Z_k\}_{k=1}^{n}$为（下）鞅，且τ_1，τ_2为停时，有$1\leqslant\tau_1\leqslant\tau_2\leqslant n$，则

$$\mathrm{E}\left[Z_{\tau_2}\middle|F_{\tau_1}\right](\geqslant)=Z_{\tau_1}$$

证明见Billingsley（1995，定理35.2）。利用定理4.5可以证明一些基本结论，进而证明鞅收敛定理。

4.7 鞅收敛定理

在随机过程理论中，鞅收敛定理声名显赫。鞅收敛定理的使用范围极广，因此说声名显赫也名副其实。本节阐述鞅收敛定理的一般形式，之后证明离散时间过程的鞅收敛定理。最后讨论鞅收敛定理的一些应用。

证明鞅收敛定理，首先要了解穿越性质。如果$\{Z_k\}_{k=1}^{n}$为下鞅，则期望值呈非降状态。给定任意两个数值$\alpha<\beta$。当样本路径从α上升到β时，发生向上穿越（upcrossing）。为了核算向上穿越的总次数，需定义停时序列$\{\tau_i\}$。当$i=1$时，

$$\tau_1=\begin{cases}\min\{k\geqslant 1:Z_k\leqslant\alpha\} & 如果对于某些k\geqslant 1, Z_k\leqslant\alpha\\ n & 其他情况\end{cases}$$

之后，如果i为偶数

$$\tau_i=\begin{cases}\min\{k>i-1:Z_k\geqslant\beta\} & 如果对于某些k>i-1, Z_k\geqslant\beta\\ n & 其他情况\end{cases}$$

如果i为奇数

$$\tau_i=\begin{cases}\min\{k>i-1:Z_k\leqslant\alpha\} & 如果对于某些k>i-1, Z_k\leqslant\alpha\\ n & 其他情况\end{cases}$$

利用$\tau_M=n$定义M。令U表示向上穿越次数。图4–1的虚线为Z_k（ω）样本路径，共出现两次向上穿越。圆圈表示停时τ_i，$i=1$，…，6。

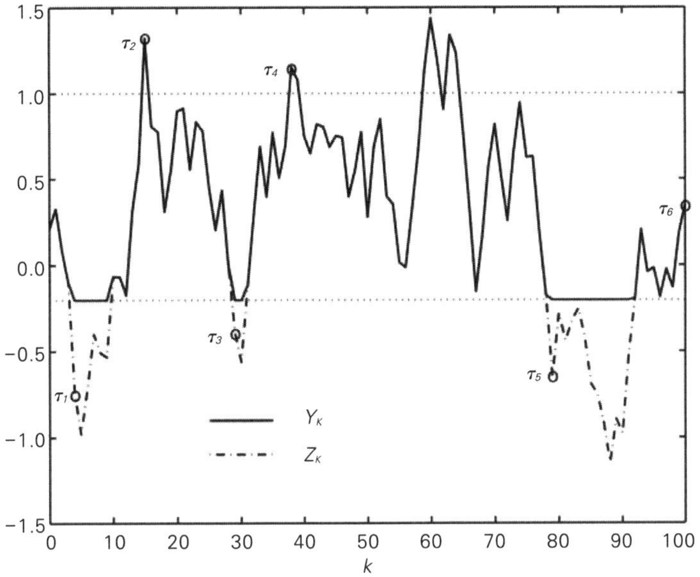

图4-1 向上穿越。$\alpha=-0.2$ 和 $\beta=1.0$

引理4.6给出了向上穿越预期次数的上界。

引理4.6. 如果 $\{Z_k\}_{k=1}^{n}$ 为下鞅，则

$$\mathrm{E}[U] \leqslant \frac{\mathrm{E}\left[|Z_n|\right]+|\alpha|}{\beta-\alpha} \tag{4.11}$$

证明. 定义 $Y_k=\max\{\alpha, Z_k\}$。图4-1说明，实线 Y_k 改变了 Z_k 的样本路径。因为 Y_k 是 Z_k 的递增凸函数。根据定理4.1，随机过程 $\{Y_k\}$ 也是下鞅。此外，$\{Y_k\}$ 和 $\{Z_k\}$ 具有相同的停时 $\{\tau_{i_k}\}$，并且在 α 和 β 之间的穿越次数 U 也相同。

注意到

$$Y_n=Y_{\tau_1}+\sum_{i=2}^{M}\left[Y_{\tau_i}-Y_{\tau_{1-1}}\right]$$

令 $\sum_e$ 为 i 为偶数时的和，$\sum_o$ 为 i 为奇数时的和。两侧同时取期望，由于 $Y_{\tau_1}=\alpha$，得

$$\mathrm{E}\left[Y_n-\alpha\right]=\mathrm{E}\left[\textstyle\sum_e\right]+\mathrm{E}\left[\textstyle\sum_o\right]$$

因为 Y_k 为下鞅，τ_j 为停时，根据定理4.5，有

$$\mathrm{E}\left[\Sigma_o\right]=\mathrm{E}\left[\sum_{j=3,5,\ldots}^{M\text{或}M-1}\left(Y_{\tau_j}-Y_{\tau_{j-1}}\right)\right]\geqslant 0$$

$\sum_e$ 有同样结果。但这远远不够，需进一步研究 $\sum_e$ 的性质。$\sum_e$ 包括所有向上穿越项加上（可能存在的）余项。也就是

$$\Sigma_e \geqslant \begin{cases}(\beta-\alpha)U+\left[Y_{\tau_M}-Y_{\tau_{M-1}}\right], & \text{如果}M\text{为偶数,并且}Y_{\tau_M}<\beta \\ (\beta-\alpha)U, & \text{其他情况}\end{cases}$$

因为 Y 为下鞅，$\mathrm{E}\left[Y_{\tau_M}-Y_{\tau_{M-1}}\middle|\,Y_{\tau_{M-1}}\right]\geqslant 0$。因此

$$\mathrm{E}\left[\textstyle\sum_e\right]\geqslant(\beta-\alpha)\,\mathrm{E}\left[U\right]$$

将E $[\sum_e]$ 和E $[\sum_o]$ 加起来，得到

$$\begin{aligned} E[|Y_n|]+|\alpha| &\geq E[Y_n-\alpha] \\ &= E[\sum_e]+E[\sum_o] \\ &\geq (\beta-\alpha)E[U] \end{aligned}$$

证明完毕。

因为$\sum_o$表示向下穿越的和，那么结论E $[\sum_o] \geq 0$似乎有点不可思议。基本思想是，如果i为奇数，当过程到达$Z_{\tau_{i-1}} \geq \beta$时，停时$\tau_i$有两种可能性：一种可能是回落至$\alpha$，另一种可能是停留在$\alpha$之上，此时$\tau_i=\tau_M=n$。因为$\{Z_k\}$为下鞅，给定任意状态，预期增量非负。因此给定$Z_{\tau_{i-1}}$，从预期看，两种可能性得到一个正的增量。在求和项$\sum_o$中，正的增量表现在余项$\left[Z_{\tau_M}-Z_{\tau_{M-1}}\right]$上，并且其期望值大于其余各项。

定理4.7就是著名的鞅收敛定理。定理4.7说的是，如果Z为下鞅，并且在一定条件下有界，则Z以概率1收敛到随机变量Z^*。因此，结论有两个部分：第一部分是，对于任意的$\omega\in\Omega$，样本路径$Z(t,\omega)$逐点收敛，即存在随机变量$Z^*(\omega)=\lim_{t\to\infty}Z(t,\omega)$；另一部分是，由于$Z^*$可积，则

$$\lim_{t\to\infty}E\left[|Z_t-Z^*|\right]=0$$

定理4.7（鞅收敛定理）．令Z为下鞅，并且有

$$\sup_{t\geq 0}E\left[|Z_t|\right]=D<+\infty$$

则以概率1，有$Z(t)\to Z^*$，其中Z^*为满足E $[|Z^*|]\leq D$的随机变量。

证明.（离散时间情况）令$\{Z_k\}$为下鞅，给定任意$\alpha<\beta$。根据引理4.6，$Z_1,\ldots,Z_n$向上穿越的预期数量U_n满足式（4.11）：

$$E[U_n]\leq\frac{E\left[|Z_n|\right]+|\alpha|}{\beta-\alpha}$$

随机变量U_n单调非降，存在上界$(D+|\alpha|)/(\beta-\alpha)$。根据单调收敛定理，$\lim_{n\to\infty}U_n$可积，因此几乎处处为有限值。

对于每个ω，定义

$$Z^{\sup}(\omega)=\lim\sup_{k\to\infty}Z_k(\omega)$$

$$Z_{\inf}(\omega)=\lim\inf_{k\to\infty}Z_k(\omega)$$

如果$Z_{\inf}(\omega)<\alpha<\beta<Z^{\sup}(\omega)$，则当$n\to\infty$时，$U_n(\omega)$发散。因此

$$P[Z_{\inf}<\alpha<\beta<Z^{\sup}]=0$$

不过，满足$Z_{\inf}<Z^{\sup}$的集合可以记为

$$[Z_{\inf}<Z^{\sup}]=\cup[Z_{\inf}<\alpha<\beta<Z^{\sup}]$$

这里对所有有理数组$\alpha<\beta$取并集。因为右侧每个集合的概率都为0，所以和也为0。因此，$P[Z_{\inf}<Z^{\sup}]=0$。也就是说，$P[Z_{\inf}=Z^{\sup}]=1$。这个共同值称为Z^*。根据法图引理（Fatou's lemma）

$$E\left[|Z^*|\right]\leq\lim\inf_{k\to\infty}E\left[|Z_k|\right]\leq D$$

所以Z^*可积。因此Z^*以概率1为有限值。

证明完毕。

这个结论的本质在于，E［$|Z_k|$］的上界为某个有限值D。为什么？考虑下面这个例子。令$\{X_i\}$为独立同分布随机变量序列，取值为±1，并且取1和取−1的概率相等。令$Z_k=\sum_{i=1}^{k}X_i$为部分和序列。显然$\{Z_k\}$为鞅。当k较大时，Z_k的分布近似为正态分布，均值为0，标准误差为$\sqrt{k}$的线性函数。因此，对于任意Z^*，Z_k不会收敛到Z^*。定理4.7无法使用：给定任意有限值D，只要选择足够大的k，总有E［$|Z_k|$］>D。

习题4.10. 对于下面的例子，请证明定理4.7是否可用。如果可用，计算出Z^*。如果不可用，请说明理由。

（a）令$\{Z_k\}=\{p_k\}$为例3贝叶斯学习问题的后验概率序列，假设先验概率p_0正确。

（b）令$\{Z_k\}=\{\hat{p}_k\}$为习题4.6贝叶斯学习问题的后验概率序列，其中先验概率$\hat{p}_0<p_0$过低。

（c）令$\{Z_k\}$为4.6节定义的净收益序列。赌徒赢钱时停止下注，输钱时双倍下注。

（d）令$Z=M(t;\ \rho)$为式（4.4）定义的Wald鞅。

注释

Karlin and Taylor（1975，第6章和第7章）是讨论停时和鞅的优秀入门教材，包括许多有用例子。Breiman（1968）和Billingsley（1995）也是优秀教材，书中讨论了鞅收敛定理以及各类选择停时定理。

第5章

布朗运动的有用公式

当行动涉及固定成本时，最优策略具有如下性质：仅偶尔才执行控制。具体来说，当状态变量达到一个选择恰当的阈值，最优策略中才包含采取行动。本章将讨论分析此类模型的方法。

要了解此模型的基本思想，需要考虑下面这个例子。假设企业利润流 g（X）取决于相对价格 $X=p-\bar{p}$。p为企业自身产品价格，$\bar{p}$为总价格指数，二者都取对数。假设$\bar{p}$按布朗运动进行演化。如果企业不采取任何行动，X也会按照布朗运动演化，只不过漂移符号恰好相反。但在任意时点，企业有权做出选择，改变产品的名义价格p，这样X也会变化一个离散值。假设一旦相对价格达到某个阈值，无论是较低阈值b还是较高阈值B，企业都会采取行动。假设初始条件X（0）$=x$介于两个阈值之间，令v（x）表示给定初始状态，贴现率为r时，企业采取下列策略时的预期贴现收益。

定义停时$T=T$（b）$\wedge T$（B）为随机过程X首次达到阈值b或阈值B的时间。企业策略是在停时T之前不采取任何行动；在时刻T，根据是到达了阈值b还是阈值B来确定相应行动方案。因此，v（x）可以写为三项和：

v（x）=［0，T）上的预期收益+

在达到B之前到达b时［T，+∞）上的预期收益+

在达到b之前到达B时［T，+∞）上的预期收益

根据定理3.7，当函数f（.）中的自变量包含布朗运动X时，$e^{-rt}f$（X）沿着任意样本路径到达停时T的积分，可以写为对状态的积分。对状态的积分使用贴现局部时间$\hat{l}$作为权重函数。上面v（x）的第一项，需要计算$\hat{l}$的期望。这里需标明随机过程X的初始条件。令$\hat{l}$（ξ；x，T；r）表示给定初始状态x，状态为ξ时的贴现局部时间。除此之外，这里的停时总为$T=T$（b）$\wedge T$（B）形式。这样很容易把关于T的表达式$E\left[\hat{l}\right]$写为关于b或B的表达式。对于任意$b<B$，令

$$\hat{L}(\xi;\ x,\ b,\ B;\ r)\equiv E\left[\hat{l}(\xi;\ x,\ T(b)\wedge T(B);\ r)\right],\ \xi,\ x\in(b,\ B) \tag{5.1}$$

表示给定初始状态x，到达任意阈值b或阈值B之前，状态为ξ时的预期局部时间。

令E_x［.］和Pr_x［.］分别表示初始状态为x的条件期望和条件概率。令w（x，b，

B）表示 $v(x)$ 的第一项，停时 T 之前的预期收益，则 w 可以用 $\hat{L}$ 表示为

$$w(x,b,B) \equiv \mathrm{E}_x\left[\int_0^T e^{-rt} g(X(t))dt\right]$$
$$= \mathrm{E}\left[\int_R \hat{\ell}(\xi;x,T;r)g(\xi)d\xi\right] \tag{5.2}$$
$$= \int_b^B \hat{L}(\xi;x,b,B;r)g(\xi)d\xi$$

第二项和第三项分别定义为

$$\psi(x,b,B) \equiv \mathrm{E}_x\left[e^{-rT} \mid X(T)=b\right]\mathrm{Pr}_x\left[X(T)=b\right]$$
$$\Psi(x,b,B) \equiv \mathrm{E}_x\left[e^{-rT} \mid X(T)=B\right]\mathrm{Pr}_x\left[X(T)=B\right] \tag{5.3}$$

因此，$\psi(x,b,B)$ 为给定初始状态 x，先于阈值 B 到达阈值 b 事件发生时的预期贴现值。$\Psi(x,b,B)$ 具有相似的意义，只不过是阈值 b 和阈值 B 调换一下位置而已。

任意给定阈值 b 和阈值 B，利用式（5.1）和式（5.3）中的函数 $\hat{L}$，ψ 和 Ψ，能够刻画企业的预期贴现利润。因此，利用函数 $\hat{L}$，ψ 和 Ψ 也可以刻画最优策略——阈值和相对价格调整的目标值——以及相应的价值函数 $v(x)$。

在上述表达式中，设利率为0，利用函数 $\hat{L}$，ψ 和 Ψ 就可以刻画概率和长期平均。例如，设式（5.3）中的 $r=0$，得

$$\theta(x,b,B) \equiv \mathrm{Pr}_x\left[X(T)=b\right]$$
$$\Theta(x,b,B) \equiv \mathrm{Pr}_x\left[X(T)=B\right] \tag{5.4}$$

其经济意义如下。考虑一个长期运营的企业，采取固定不变的价格调整策略。也就是说，对于某些 S，b，B，其中 $b<S<B$，当相对价格达到阈值 b 或阈值 B 时，企业做出调整，将相对价格调整为 $x=S$。从长期看，$\theta(x,b,B)$ 为在阈值 b 处进行调整所占百分比，$\Theta(x,b,B)$ 为在阈值 B 处调整所占百分比。

用函数 $\hat{L}$，ψ 和 Ψ 还可以刻画其他长期特征。例如，计算两次调整之间的平均时间长度。令函数

$$\tau(x,b,B) \equiv \mathrm{E}_x\left[T(b) \wedge T(B)\right] \tag{5.5}$$

表示给定当前状态 x，执行下次调整的预期时间。如果企业采用上述价格调整策略，$\tau(x,b,B)$ 为两次调整之间的平均时间长度。此时，设式（5.1）中的 $r=0$，得到状态为 ξ 时的（无贴现）预期局部时间

$$L(\xi;x,b,B) \equiv \mathrm{E}\left[l(\xi;x,T(b) \wedge T(B))\right],\ \xi,\ x \in (b,B)$$

利用两次调整之间的预期时间对这个函数进行标准化，得到 $L(.;S,b,B)/\tau(S,b,B)$。从长期看，$L(.;S,b,B)/\tau(S,b,B)$ 表示企业价格水平为 ξ 时的密度函数，$\xi \in (b,B)$。

如果经济中存在很多这样的经济主体和异质性冲击，利用无贴现函数还可以刻画截面平均。具体来说，假设经济主体为总质量为1的连续统，每个经济主体所受冲击独立同分布。（在菜单成本模型中，这个假设毫无价值。在其他模型中，这个假设则具有一定的合理性。）在这种情况下，状态变量的截面分布是平稳分布。从长期看，系统会收敛到这个分布。随着自身状态的起伏不定，每个经济主体都经历波动。但总量——状态的截面分布和两个阈值的到达率——保持恒定。也就是说，$\theta(x,b,B)$ 和 $\Theta(x,b,$

B）刻画了在阈值b和阈值B处进行调整所占百分比。L（.；S，b，B）/τ（S，b，B）表示价格的截面密度函数，$1/\tau$（S，b，B）为总调整率，以此类推。

本章在X服从布朗运动和几何布朗运动的情况下，推导函数$\hat{L}$，ψ和Ψ的封闭解。当X服从更一般的扩散过程时，只能详细介绍函数$\hat{L}$，ψ和Ψ的性质。在5.1节，给出确保停时T以概率1为有限值所需条件。在5.2节，利用5.1节提出的条件，应用选择停时定理，求随机过程X为Wald鞅的期望。在5.3节，利用前两节的相关结论，求解函数$\hat{L}$，ψ和Ψ，分析这些函数的性质。

在5.4节，当X服从布朗运动时，提出另外一种分析方法。这种方法涉及分析特定形式的常微分方程。在5.5节，求解$r=0$时的常微分方程，得到函数L，θ，Θ和τ的表达式。在5.6节，求解$r>0$时的常微分方程，得到函数ψ，Ψ和$\hat{L}$的表达式。在5.7~5.9节，讨论一般扩散过程，包括几何布朗运动和O-U过程。当X服从几何布朗运动，推导函数L，θ，Θ和τ的封闭解。

5.1 利用阈值定义停时

令X为几何布朗运动，参数为（μ，σ^2），初始值X（0）$=x$为有限值。令b，B为阈值，其中$-\infty \leqslant b \leqslant x \leqslant B \leqslant +\infty$。如上所述，令$E_x$和$Pr_x$表示给定初始值$x$的条件期望和条件概率。本节讨论使得停时$T=T(b) \wedge T(B)$以概率1为有限值的条件。

为了得到想要的结论，需要对不同的μ做一些假设，给参数b，B和σ^2施加约束条件。

假设5.1.

i. 当$\mu>0$时，$B<\infty$

ii. 当$\mu<0$时，$b>-\infty$

iii. 当$\mu=0$时，$\sigma^2>0$并且$B<\infty$，或者$b>-\infty$，或二者皆成立

这些约束条件背后的逻辑如下。假设漂移为正，$\mu>0$。给定B，当$b \to -\infty$时，首先到达较低阈值的概率趋于0，到达较高阈值的概率趋近于1。因此T以概率1为有限值。此外，即使$\sigma^2=0$，也不影响讨论。不过，如果$B=+\infty$，且b为有限值时，则存在永远达不到阈值b的结果路径，所以$T=\infty$的概率大于0。对于$\mu<0$，存在类似的讨论，只不过阈值b和阈值B调换一下位置而已。

当$\mu=0$时，显然方差必须大于0。此时，当且仅当$\mu \neq 0$时，$\sigma^2 \downarrow 0$时的极限才存在。当$\mu=0$时，只要证明一个阈值为有限值就够了。

定理5.1. 令X为布朗运动，参数为（μ，σ^2）；μ，σ^2，b和B满足假设5.1。初始条件x满足$b \leqslant x \leqslant B$；$T$为停时$T=T(b) \wedge T(B)$。则$Pr_x[T<\infty]=1$。

证明. 如果$\mu>0$，则$B<\infty$，所以

$$Pr_x[T>t] \leqslant Pr_x[X(t)<B], \text{对于所有} t \geqslant 0$$

当$\sigma=0$时，对于所有$t>(B-x)/\mu$，右侧为0。当$\sigma>0$时，

$$Pr_x[X(t)<B]=F_N(B; x+\mu t, \sigma^2 t)$$

其中F_N（.；m，s^2）表示参数为（m，s^2）的正态分布的累积概率密度函数（c.d.f）。因

为 $\mu>0$，当 $t\to\infty$ 时，右侧趋于0。

如果 $\mu<0$，则 $b>-\infty$，讨论与 $\mu>0$ 对称。

如果 $\mu=0$，则 $\sigma^2>0$，并且 $|b|<\infty$，$|B|<\infty$，或二者皆成立。假设两个阈值皆为有限值。则

$$\Pr_x[T>t]\leqslant\Pr_x[b<X(t)<B]$$
$$=F_N(B;\ x,\ \sigma^2t)-F_N(b;\ x,\ \sigma^2t)$$

由于 $\sigma^2>0$，$t\to\infty$ 时，右侧趋于0。

假设 $|B|<\infty$ 且 $b=-\infty$。如5.3节结果所示，对于任意有限值 b 和 $T=T(b)\wedge T(B)$，

$$\Pr_x[X(T)=B]=(x-b)/(B-b)$$

当 $b\to-\infty$ 时，概率趋于1。因此当 $b=-\infty$ 时，概率 $\Pr_x[T<\infty]=1$。

$|b|<\infty$ 时，讨论与此类似。

证明完毕。

5.2 Wald鞅的预期值

在第4章曾讨论过，对于任意 $\rho\neq0$，以及

$$q(\rho)\equiv\rho\mu+\tfrac{1}{2}(\rho\sigma)^2 \tag{5.6}$$

随机过程

$$M(t;\ \rho)\equiv\exp\{\rho X(t)-q(\rho)t\}，对于所有\ t \tag{5.7}$$

为参数为 ρ 的Wald鞅。当 $\rho=0$ 时，令

$$M(t;0)\equiv\lim_{\rho\downarrow0}\frac{1}{\rho}\left[M(t;\rho)-1\right]$$
$$=X(t)-\mu t，对于所有\ t \tag{5.8}$$

在经济学应用中，通常给定贴现率 $r\geq0$，进而计算出满足 $q(\rho)=r$ 的 ρ 值。根据式(5.6)，这些值是二次方程

$$\tfrac{1}{2}\sigma^2R^2+\mu R-r=0 \tag{5.9}$$

的根。$\sigma^2>0$ 时，这两个根为

$$R_1=(-\mu-J)/\sigma^2\leqslant0,\qquad R_2=(-\mu+J)/\sigma^2\geqslant0 \tag{5.10}$$

其中

$$J\equiv(\mu^2+2r\sigma^2)^{1/2}\geqslant|\mu| \tag{5.11}$$

当 $R_i\neq0$ 或者 $R_i=0$ 时，相应的Wald鞅分别为式（5.7）和式（5.8）。这里要考虑三种情况：

i. 当 $r>0$ 时，存在符号相反的两个根，$R_1<0<R_2$；

ii. 如果 $r=0$ 且 $\mu\neq0$，这两个根为 $R_i=-2\mu/\sigma^2$ 和 $R_j=0$，根如何配置取决于 μ 的符号；

iii. 如果 $r=0$ 且 $\mu=0$，则存在重根 $R_1=R_2=0$。

如果 $\sigma^2=0$，则式（5.9）仅有一根 $R=r/\mu$。相应地，当 $\sigma\downarrow0$ 时，式（5.10）的一个根收敛，另一个根发散。因此，如果 $\sigma^2=0$，

$$当\ \mu<0\ 时，\ R_1=r/\mu\leqslant0,\quad R_2无定义$$
$$当\ \mu>0\ 时，\ R_2=r/\mu\geqslant0,\quad R_1无定义 \tag{5.12}$$

（对于假设5.1不包含的情况，即$\sigma^2=\mu=0$时，式（5.9）无解。相应地，如果$\mu=0$，$\sigma\downarrow 0$时，式（5.10）的两个根都发散。）

这两个根仅取决于r，μ和σ^2的比率。当时间单位发生变化——例如，度量时间从年变为月——（μ，σ^2，r）也会成比例变化。因此，即使时间单位发生变化，根也不变。

习题5.1. 描述r，μ和σ^2变化对$|R_1|$，$|R_2|$以及R_2-R_1的影响。

定理5.2将表明，如果阈值b和阈值B都是有限值，则可对M使用选择停时定理。假设两个阈值都为有限值，虽然条件过于严格，但好处是证明过程大大简化。在5.4~5.7节，将采用另外一种方法，讨论$b=-\infty$或$B=+\infty$时的情况。

定理5.2. 令定理5.1的假设条件成立，此外假设$|b|$，$|B|<\infty$。则

a. 当$\sigma^2>0$，$r>0$，R_i为式（5.10）的根时，$i=1$，2

b. 当$\sigma^2>0$，$r=0$，$R_i=-2\mu/\sigma^2$时

c. 当$\sigma^2=0$，$r\geqslant 0$，$R_i=r/\mu$时

有

$$E_x\left[M(T;R_i)\right]=M(0;R_i) \tag{5.13}$$

证明. 前面已经证明，M是鞅，T为停时，这足以表明定理4.4的假设成立：

i. $\Pr\{T<\infty\}=1$

ii. $E_x\left[|M(T;R_i)|\right]<\infty$

iii. $\lim_{t\to\infty}E_x\left[|M(t;R_i)|I_{\{T>t\}}\right]=0$

根据定理5.1，假设（i）成立。对于其他假设，有以下几种情况。

当$\sigma^2=0$时，根据假设5.1，要求$\mu\neq 0$。此时$X(t)$为确定性函数，$M(T;R_i)=x$为常数，假设（ii）~（iii）必然成立。

当$\sigma^2>0$并且$R_i\neq 0$时，令

$$A_i=\max\left\{e^{R_ib},e^{R_iB}\right\}$$

则有

$$|M(T;R_i)|\leqslant A_i e^{-rT}\leqslant A_i,\ 对于所有\ \omega$$

所以，假设（ii）成立。此外，对于所有$t<T$，$|M(t;R_i)|<A_i$，所以

$$\begin{aligned}\lim_{t\to\infty}E_x\left[\left|M(t;R_i)\right|I_{\{T>t\}}\right]&\leqslant A_i\lim_{t\to\infty}\Pr_x\left[T>t\right]\\&=0\end{aligned}$$

根据定理5.1，得到第二行。因此假设（iii）成立。

如果$\sigma^2>0$且$R_i=0$，则$\mu=0$。因此$M(t;0)=X(t)$，并且

$$|M(T;0)|=|X(T)|\leqslant A_i=\max\{|b|,|B|\},\ 对于所有\ \omega$$

所以假设（ii）成立。此外，对于所有$t<T$，$|M(t;0)|<A_i$，根据之前的讨论，假设（iii）成立。

证明完毕。

5.3 函数ψ和函数Ψ

回顾一下式（5.3）定义的函数ψ（x，b，B；r）和Ψ（x，b，B；r）。函数ψ（x，b，B；r）表示先于上阈值B到达下阈值b这一事件发生时的预期贴现值。函数Ψ（x，b，B；r）为先于下阈值b到达上阈值B这一事件发生时的预期贴现值。函数θ（x，b，B）和函数Θ（x，b，B）分别表示这两个事件发生的概率。本节推导这些函数的显性表达式，并讨论这些函数的一些性质。证明要用到定理5.2，所以要求$|b|$，$|B|<\infty$。不过，之后将会证明，即使没有这个条件，结论依然成立。

命题5.3刻画了$r>0$时，函数ψ和函数Ψ的特征。

命题5.3. 令X是参数为（μ，σ^2）的布朗运动，初始条件$x\in$［b，B］。T为停时$T=T(b)\wedge T(B)$，$r>0$。如果$\sigma^2>0$，则

$$\psi(x,b,B;r)=\frac{e^{R_1x}e^{R_2B}-e^{R_2x}e^{R_1B}}{e^{R_1b}e^{R_2B}-e^{R_2b}e^{R_1B}}$$

$$\Psi(x,b,B;r)=\frac{e^{R_1b}e^{R_2x}-e^{R_2b}e^{R_1x}}{e^{R_1b}e^{R_2B}-e^{R_2b}e^{R_1B}} \tag{5.14}$$

其中R_1和R_2由式（5.10）给出。

如果$\sigma^2=0$并且$\mu\neq 0$，则

当$\mu>0$时，ψ（x，b，B；r）$=0$，Ψ（x，b，B；r）$=e^{R_2(x-B)}$

当$\mu<0$时，ψ（x，b，B；r）$=e^{R_1(x-b)}$，Ψ（x，b，B；r）$=0$

其中R_1和R_2由（5.12）给出。

证明. 假设$\sigma^2>0$。因为$r>0$，式（5.10）的根为$R_1<0<R_2$。令M（t；R_i）为式（5.7），$i=1$，2。根据定理5.2，对于$i=1$，2，式（5.13）成立。将式（5.13）的左侧表达式拆成两部分，分别对应于在下阈值b停止和在上阈值B停止。之后，代入式（5.7），得到

$$\begin{aligned}
e^{R_ix} &= \mathrm{E}_x\left[M(T;R_i)\mid X(T)=b\right]\mathrm{Pr}_x\left[X(T)=b\right]+\\
&\quad \mathrm{E}_x\left[M(T;R_i)\mid X(T)=B\right]\mathrm{Pr}_x\left[X(T)=B\right]\\
&=\mathrm{E}_x\left[\exp\{R_iX(T)-q(R_i)T\}\mid X(T)=b\right]\mathrm{Pr}_x\left[X(T)=b\right]+\\
&\quad \mathrm{E}_x\left[\exp\{R_iX(T)-q(R_i)T\}\mid X(T)=B\right]\mathrm{Pr}_x\left[X(T)=B\right]\\
&=e^{R_ib}\mathrm{E}_x\left[e^{-rT}\mid X(T)=b\right]\mathrm{Pr}_x\left[X(T)=b\right]+\\
&\quad e^{R_iB}\mathrm{E}_x\left[e^{-rT}\mid X(T)=B\right]\mathrm{Pr}_x\left[X(T)=B\right]\\
&=e^{R_ib}\psi(x,b,B)+e^{R_iB}\Psi(x,b,B),\quad i=1,2,\quad x\in[b,B]
\end{aligned} \tag{5.15}$$

求解此线性方程组，得到ψ（x）和Ψ（x）解的表达式——式（5.14）。

当$\sigma^2=0$时，令R_1或R_2为式（5.12）的一个根。对于一个（相关）阈值，应用上述讨论，依然得到解的表达式——式（5.14）。

证明完毕。

图5-1为函数ψ（x，b，B）的图像，参数$b=0$，$B=2$，$r=0.05$，$\mu=0.2$和$\sigma=1$。图5-1还刻画了参数r，μ和σ变化对预期贴现值的影响。无论哪种情况，函数ψ（x，b，

B）的图像都单调递减，并且 $\psi(b)=1$ 和 $\psi(B)=0$。参数变化通过三种渠道影响 $\psi(x)$。第一个渠道，改变了先于阈值 B 到达阈值 b 的概率。第二个渠道，改变到达阈值 b 所耗费的时间。第三个渠道，改变到达阈值 b 之前的贴现。利率 r 上升时，贴现增加，进而曲线向下弯曲。μ 上升，首先到达下阈值 b 的概率下降。之后，花在首先到达下阈值 b 的路径上的时间增加。σ 下降的效果与此类似。

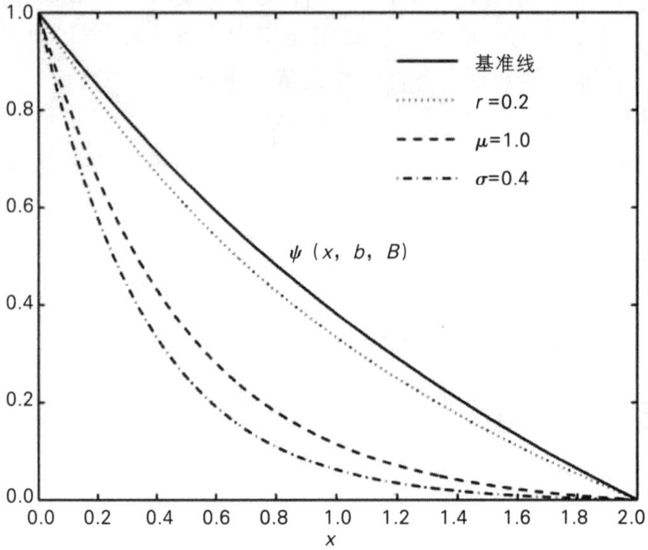

图5-1　$b=0$ 和 $B=2$ 时，$T=T(b)$ 的预期贴现指标。基准线参数 $r=0.05$，$\mu=0.2$ 和 $\sigma=1$

当 $r=0$ 时，函数 ψ 和 Ψ 仅仅表示首先到达下阈值 b 和上阈值 B 的概率。函数 $\theta(x, b, B)$ 和函数 $\Theta(x, b, B)$ 由式（5.4）定义。采用类似的讨论方法，可以得到这些函数的封闭表达式。

命题5.4. 令 X 为参数为 (μ, σ^2) 的布朗运动，初始条件 $x\in[b, B]$。T 为停时 $T=T(b)\wedge T(B)$。如果 $\sigma^2>0$，则 $\mu\neq 0$ 时，

$$\theta(x,b,B)=\frac{e^{-\delta B}-e^{-\delta x}}{e^{-\delta B}-e^{-\delta b}}$$

$$\Theta(x,b,B)=\frac{e^{-\delta x}-e^{-\delta b}}{e^{-\delta B}-e^{-\delta b}} \tag{5.16}$$

其中 $\delta\equiv 2\mu/\sigma^2$。当 $\mu=0$ 时，

$$\theta(x, b, B)=(B-x)/(B-b)$$

$$\Theta(x, b, B)=(x-b)/(B-b)$$

如果 $\sigma^2=0$ 并且 $\mu\neq 0$，则

当 $\mu>0$ 时，$\theta(x, b, B)=0$，$\Theta(x, b, B)=1$

当 $\mu<0$ 时，$\theta(x, b, B)=1$，$\Theta(x, b, B)=0$

证明. 无论哪种情况，根据定理5.1，都有

$$1=\theta(x, b, B)+\Theta(x, b, B) \tag{5.17}$$

当 $\sigma^2=0$，直接得到结论。当 $\sigma^2>0$ 时，如果 $r=0$，式（5.10）的根为 $R_i=-\delta$ 和 $R_j=0$。对根 $R_i=-\delta$ 应用定理5.2，有

当 $\mu\neq0$ 时，$e^{-\delta x}=e^{-\delta b}\theta(x,b,B)+e^{-\delta B}\Theta(x,b,B)$

当 $\mu=0$ 时，$x=b\theta(x,b,B)+B\Theta(x,b,B)$

这个方程与式（5.17）一起构成方程组，解如式（5.16）所示。

证明完毕。

图5-2为 $b=-3$，$B=3$ 时函数 $\theta(x,b,B)$ 的图像，参数 δ 取不同值。函数 $\theta(x,b,B)$ 是减函数，且 $\theta(b)=1$ 和 $\theta(B)=0$。当 $\delta=0$ 时，函数 $\theta(x,b,B)$ 呈线性。δ 值为正时，函数向下弯曲。δ 值越大，弯曲程度越大。δ 值为负，函数向上弯曲（图中没有给出）。函数 $\Theta(x,b,B)=1-\theta(x,b,B)$ 的图像与图5-2的图像互补。

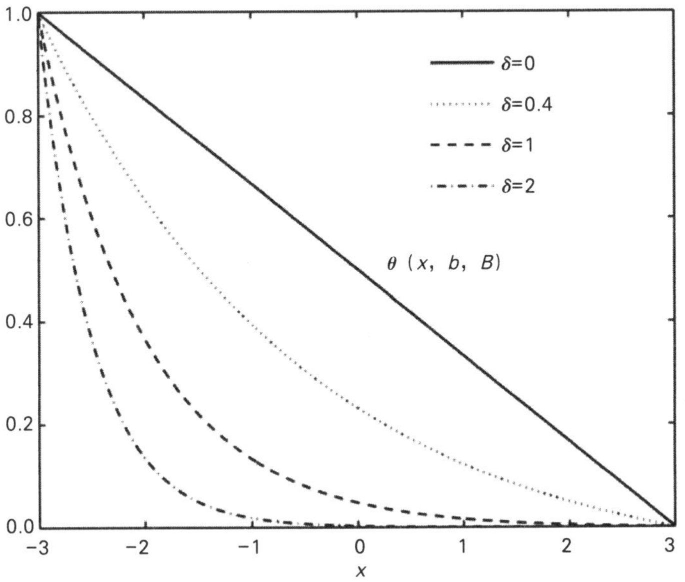

图5-2　$b=-3$，$B=3$ 时 $T=T(b)$ 的概率，$\delta=2\mu/\sigma$ 取不同值

函数 ψ 和 Ψ 具有一些重要性质。$r=0$ 时，这些性质都成立，函数 θ 和 Θ 具有同样的性质。首先，函数 ψ 和 Ψ 可仅为差 $(x-b)$ 和 $(x-B)$（以及二者之差 $(B-b)$）的表达式：

$$\psi(x,b,B)=\frac{e^{R_1(x-B)}-e^{R_2(x-B)}}{e^{R_1(b-B)}-e^{R_2(b-B)}}$$

$$\Psi(x,b,B)=\frac{e^{R_1(x-b)}-e^{R_2(x-b)}}{e^{R_1(B-b)}-e^{R_2(B-b)}},\ x\in[b,B] \tag{5.18}$$

因为 X 是布朗运动，增量与 X 取值无关。即使写成 x，b 和 B 的表达式，函数 ψ 和 Ψ 本身不会改变。因此，根据式（5.18），显然有

$$\psi_b+\psi_x+\psi_B=0,\ \Psi_b+\Psi_x+\Psi_B=0 \tag{5.19}$$

其次，$\psi_b(x)$ 表示给定初始状态 x，阈值 b 增加对先于阈值 B 之前到达阈值 b 这一

事件发生时的预期贴现值的影响。命题5.5表明，ψ_b（x）等于状态b处阈值b变化的影响ψ_b（b），乘以条件因子ψ（x）。这里需利用事件发生的概率和合适的贴现进行调整。命题5.5还表明，给定$x=b$，同时增加x和b对函数ψ没有任何影响。同样，在阈值B处，同时减小x和B对函数Ψ也没有任何影响。

命题5.5. 对于任意$r\geqslant 0$，以及$x\in$（b，B），函数ψ和Ψ满足

$$\psi_b(x)=\psi(x)\psi_b(b),\qquad \Psi_b(x)=\psi(x)\Psi_b(b)$$

$$\psi_B(x)=\Psi(x)\psi_B(B),\qquad \Psi_B(x)=\Psi(x)\Psi_B(B)$$

$$\psi_b(b)+\psi_x(b)=0,\qquad \Psi_b(b)+\Psi_x(b)=0$$

$$\psi_B(B)+\psi_x(B)=0,\qquad \Psi_B(B)+\Psi_x(B)=0.$$

证明. 假设$r>0$，考虑第一列中与函数ψ有关的结果。根据式（5.14）或式（5.18），直接得到第一个结论。对于第二个结论，由于

$$\psi(x,b,B)=\frac{e^{R_1x}e^{(R_2-R_1)B}-e^{R_2x}}{e^{R_1b}e^{(R_2-R_1)B}-e^{R_2b}}$$

所以有

$$\psi_B(x)=\frac{(R_2-R_1)e^{(R_2-R_1)B}}{e^{R_1b}e^{(R_2-R_1)B}-e^{R_2b}}\left[e^{R_1x}-\psi(x)e^{R_1b}\right]$$

因为ψ（B）=0，由此得到

$$\psi_B(B)=\frac{(R_2-R_1)e^{R_2B}}{e^{R_1b}e^{(R_2-R_1)B}-e^{R_2b}}$$

利用这个表达式和式（5.15），对ψ_B（x）进行代数变换，得到第二个条件。因为ψ（b）=1，根据上面表达式，直接有ψ_B（b）=0。因此，由式（5.19）直接得到第三个结论。采用相似的讨论方法，得到第四个结论。采用类似的讨论，可以得到关于函数Ψ的各种结论，以及$r=0$时的各种结论。

证明完毕。

当基础过程为布朗运动时，直接采用本节的讨论。当基础过程为几何布朗运动时，也可以采用类似的讨论。但当基础过程为更一般的扩散过程时，需要采用其他方法。利用这种新方法，解决单阈值问题也更容易些。在5.4~5.6节，以布朗运动为研究对象，提出这种新方法，进而利用这种方法推导函数τ，L和$\hat{L}$的封闭表达式。在5.7~5.9节，推广此方法，研究更一般的扩散过程。

5.4 布朗运动常微分方程

令X为5.3节定义的随机过程。考虑函数ψ（x）。假定初始状态位于关注的区间内，即$x\in$（b，B）。考虑一个非常小的时间增量$h>0$，小到到达阈值b或阈值B的概率可以忽略不计。则

$$\psi(x)\approx e^{-rh}E_x[\psi(X(h))],\quad x\in(b,B)$$

其中X（h）为状态变量在时间h的值。利用伊藤引理和近似表示$e^{rh}\approx(1+rh)$，计算得到

$$(1+rh)\,\psi(x)\approx \mathrm{E}_x\left[\psi(x)+\psi'(x)\,\Delta X+\tfrac{1}{2}\psi''(x)\,(\Delta X)^2\right]$$
$$\approx \psi(x)+\psi'(x)\,\mu h+\tfrac{1}{2}\psi''(x)\,\sigma^2 h$$
其中$\Delta X=X(h)-x$表示时间增量h上的状态（随机）增量。当$h\to 0$时，近似效果要多好有多好，所以

$$r\psi(x)=\mu\psi'(x)+\tfrac{1}{2}\sigma^2\psi''(x),\quad x\in(b,\ B)$$

显然，边界条件为$\psi(b)=1$和$\psi(B)=0$。取$r=0$时，能得到$\theta(x)$的表达式。采用相似方法，可以构建出函数$\Psi(x)$和$\Theta(x)$的方程，只不过边界条件恰好相反而已。

对于式（5.2）定义的函数$w(x)$，类似的讨论可得

$$w(x)\approx g(x)\,h+\left[w(x)+w'(x)\,\mu h+\tfrac{1}{2}w''(x)\,\sigma^2 h\right]/(1+rh)$$

相关常微分方程为

$$rw(x)=g(x)+\mu w'(x)+\tfrac{1}{2}\sigma^2 w''(x),\quad x\in(b,\ B)$$

显然，边界条件为$w(b)=w(B)=0$。当$r=0$并且$g(x)=1$时，$w(x)$为停时的预期值，即式（5.5）定义的函数

$$\tau(x,\ b,\ B)\equiv \mathrm{E}_x\left[T(b)\wedge T(B)\right]$$

综上所述，每个例子得到的微分方程形式为

$$\tfrac{1}{2}\sigma^2 f''(x)+\mu f'(x)-rf(x)=-g(x),\quad x\in(b,\ B) \tag{5.20}$$

其中函数$g(x)$给定。这个系数固定的二阶线性常微分方程，称为汉密尔顿-雅克比-贝尔曼（Hamilton-Jacobi-Bellman）方程。许多应用中都会用到此类微分方程，微分方程的解取决于函数g和边界条件。

当$\sigma^2=0$且$\mu\neq 0$时，此方程变成一阶微分方程，解为

$$f(x)e^{-(r/\mu)x}=c_0-\frac{1}{\mu}\int^x g(\xi)\,d\xi$$

当$\sigma^2=\mu=0$时，方程的解为$f(x)=g(x)/r$。本章余下部分都假设$\sigma^2>0$。贯穿本章始终，假设函数g是分段连续函数，所以函数g可积。

5.5　$r=0$时布朗运动常微分方程的解

当$r=0$时，式（5.20）可以写为关于函数$\phi\equiv f'$的一阶微分方程，

$$\phi'(x)+\delta\phi(x)=-2g(x)/\sigma^2,\quad x\in(b,\ B)$$

和之前一样，$\delta\equiv 2\mu/\sigma^2$。显然，这个微分方程的解为

$$\phi(x)e^{\delta x}=c_1-\frac{2}{\sigma^2}\int^x g(\xi)\,e^{\delta\xi}d\xi$$

再次求积分，得到函数f的表达式。当$r=0$时，式（5.20）的通解为

$$f(x)=c_0+\int^x\left[e^{-\delta z}c_1-\frac{2}{\sigma^2}\int^z g(\xi)\,e^{\delta(\xi-z)}d\xi\right]dz,\quad x\in(b,\ B) \tag{5.21}$$

为方便起见，式（5.21）的积分通常选择较低下限，并且利用边界条件计算出常数c_0和c_1。

两个积分下限都取b，转换积分次序，并利用点b处的边界条件消去常数c_0，得到

当$\mu\neq 0$时，

$$f(x)=f(b)-\frac{1}{\delta}\left(e^{-\delta x}-e^{-\delta b}\right)c_1-\frac{1}{\mu}\int_b^x\left[1-e^{\delta(\xi-x)}\right]g(\xi)d\xi$$

当 $\mu=0$ 时，

$$f(x)=f(b)+(x-b)c_1-\frac{2}{\delta^2}\int_b^x(x-\xi)g(\xi)d\xi \tag{5.22}$$

其中 c_1 由 B 点处的边界条件来确定。将阈值 b 换成阈值 B，依然得到类似的表达式。

利用 $g(.)\equiv 0$ 以及边界条件 $\theta(b)=1$ 和 $\theta(B)=0$，求出函数 θ 的表达式。计算函数 Θ 表达式时，边界条件恰好与之相反。

习题 5.2. 验证根据式（5.22）得到的函数 θ 和 Θ 的解与命题 5.4 的结果一致。

讨论过程中仅需要条件 $\sigma^2>0$，不需要假设 5.1。不过，如果不满足假设 5.1 的条件，解释结论含义时要小心谨慎一些。例如，假设 $\mu>0$。那么，$\delta>0$，根据假设 5.1，允许 $b=-\infty$，但不允许 $B=+\infty$。下面考察这两种情况。因为 $\lim_{b\to-\infty}e^{-\delta b}=+\infty$，根据式（5.16），当 $\mu>0$ 时，有

$$\lim_{b\to-\infty}\theta(x,b,B)=0$$

$$\lim_{b\to-\infty}\Theta(x,b,B)=1$$

这与定理 5.1 的结论一致。另外，因为 $\lim_{B\to+\infty}e^{-\delta B}=0$，根据式（5.16），当 $\mu>0$ 时，

$$\lim_{B\to+\infty}\theta(x,b,B)=e^{-\delta(x-b)}>0$$

$$\lim_{B\to+\infty}\Theta(x,b,B)=1-e^{-\delta(x-b)}>0$$

$\Theta(x, b, +\infty)>0$ 表示永远达不到下阈值 b 的概率。当 $\mu<0$，条件与 $\mu>0$ 对称。当 $\mu=0$ 时，概率趋于 0 和 1。

利用 $g(.)\equiv 1$ 和边界条件 $\tau(b)=\tau(B)=0$，可以求出式（5.5）定义的函数 τ。

当 $\mu\neq 0$ 时，

$$\tau(x,b,B)=\frac{1}{\mu}\frac{e^{-\delta x}(B-b)-e^{-\delta b}(B-x)-e^{-\delta B}(x-b)}{e^{-\delta B}-e^{-\delta b}}$$

当 $\mu=0$ 时，

$$\tau(x,b,B)=\frac{1}{\sigma^2}(B-x)(x-b) \tag{5.23}$$

习题 5.3. 利用式（5.21）或（5.22），计算得到式（5.23）。

再者，即使某个阈值发散，这个表达式也成立。例如，假设漂移为正。如果下阈值 b 发散，有

$$\lim_{b\to-\infty}\tau(x)=\frac{1}{\mu}(B-x),\ 当\ \mu>0\ 时$$

所以首次到达阈值 B 的预期时间有限。如果上阈值 B 发散，有

$$\lim_{B\to+\infty}\tau(x)=\lim_{B\to+\infty}\frac{1}{\mu}\left[1-e^{-\delta(x-b)}\right]B=+\infty,\ 当\ \mu>0\ 时$$

永远到达不了阈值 b 的概率为正，因此预期时间为无穷大。当 $\mu=0$ 时，任一阈值发散时，$\tau(x)\to+\infty$。

图 5-3 为 $\tau(x, b, B)$ 的图像。参数 $b=-3$，$B=3$，δ 取不同值。无论哪种情况，τ 都具有驼峰形状。δ 值越高，驼峰越平坦。

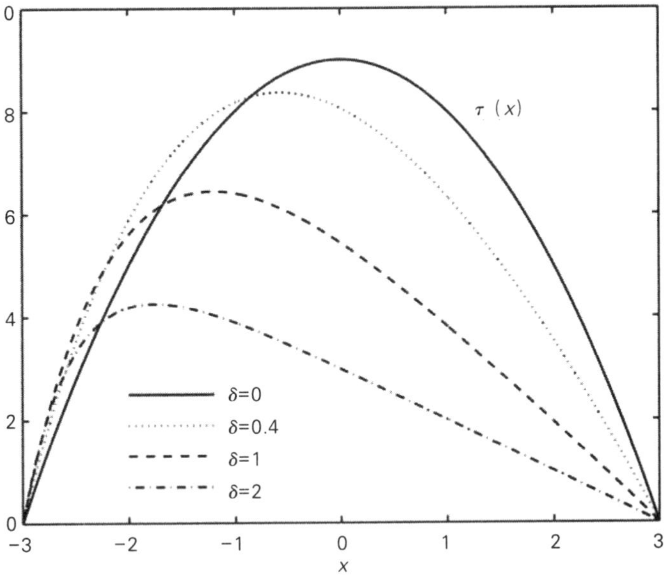

图5-3　预期持续期E$_x$［T］，b=−3，B =3和$\delta = 2\mu/\sigma$取不同值

最后，记得在3.5节曾经讨论过，函数

$$m(A,T,\omega) = \int_0^T 1_A(X(s,\omega))ds,\ 对于所有 A \in \mathfrak{B},\ t \geq 0,\ \omega \in \Omega$$

表示从0到停时T，集合A上的无贴现占有测度。这里我们感兴趣的是，给定初始状态X（0）=x和停时$T=T$（b）∧T（B），集合［b，z］上占有测度的期望值。这个函数为

$$M(z;x,b,B) \equiv \mathrm{E}_x\left[\int_0^{T(b)\wedge T(B)} 1_{[b,z]}(X(t))dt\right]$$

$$= \mathrm{E}_x\ [m\ (\ [b,\ z],\ T\ (b)\ \wedge T\ (B)\ )\ ]$$

给定x，M（.；x，b，B）类似于累积概率密度函数（c.d.f），并有M（B；x，b，B）=τ（x，b，B）。

不过，要想构建函数M，必须另辟蹊径，给定函数$g=1_{[b,\ z]}$。也就是说，给定z，b和B的值，对$g=1_{[b,\ z]}$和边界条件M（z；b）=M（z；B）= 0，应用式（5.22）。由此，有

当$\mu \neq 0$时，

$$M(z;x) = \frac{1}{\mu}\Theta(x)\left[(z-b) - \frac{1}{\delta}e^{-\delta B}(e^{\delta z} - e^{\delta b})\right] - \frac{1}{\mu}\int_b^{\min\{x,z\}}\left[1 - e^{\delta(\xi - x)}\right]d\xi$$

当$\mu = 0$时，

$$M(z;x) = \frac{1}{\sigma^2}\Theta(x)(z-b)\left[(B-z) + (B-b)\right] - \frac{2}{\sigma^2}\int_b^{\min\{x,z\}}(x-\xi)d\xi$$

除点$z = x$处，函数M处处连续并可微。

函数M对z求导，得到预期局部时间函数L（.；x，b，B）。因此

当$\mu \neq 0$时，

$$L(z;x,b,B)=\frac{1}{\mu}\left\{\Theta(x)\left[1-e^{-\delta(B-z)}\right]-\left[1-e^{\delta\min\{(z-x),0\}}\right]\right\}$$

当 $\mu=0$ 时，

$$L(z;x,b,B)=\frac{2}{\sigma^2}\left[\Theta(x)(B-z)+\min\{(z-x),0\}\right]$$

L 处处连续，但在 $z=x$ 点不可微。图5-4（a）为函数 L（.; x, b, B）的图像。阈值 $b=-3$ 和阈值 $B=3$，初始条件 $x=-2$，0和2，参数 $\mu=0$ 和 $\sigma=1$。图5-4（b）依然为函数 L（.; x, b, B）的图像。只不过正漂移参数 $\mu=0.3$，其他参数与图5-4（a）相同。

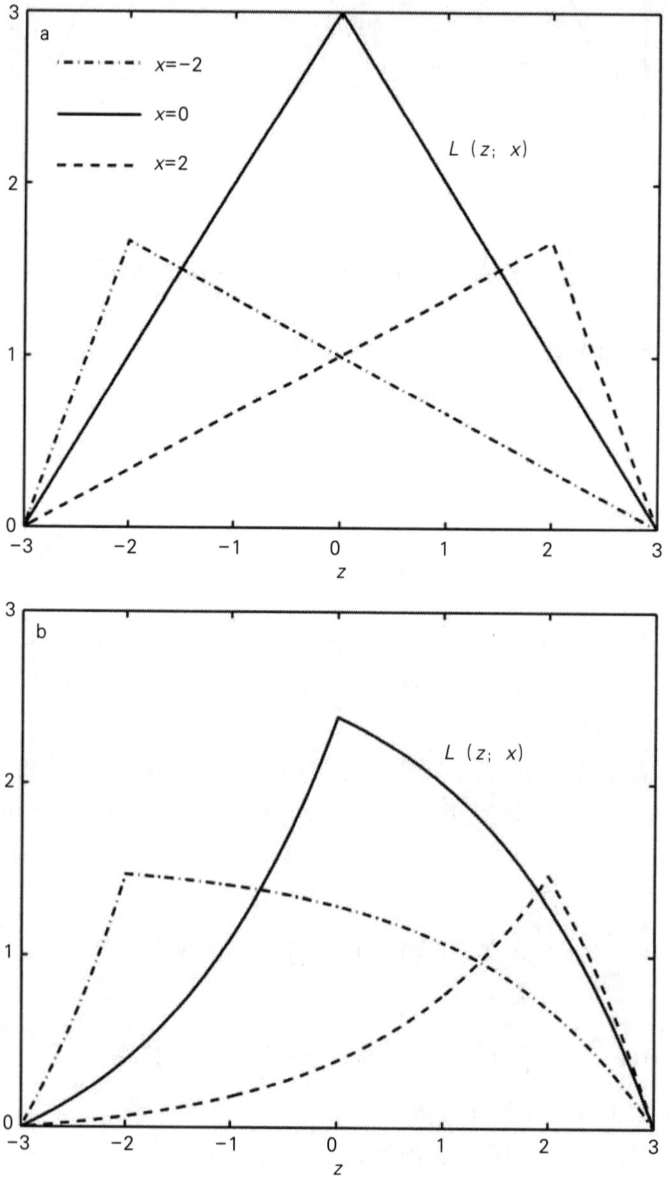

图5-4　预期局部时间；$b=-3$，$B=3$，x 取不同值；（a）$\mu=0$，$\sigma=1$；（b）$\mu=0.3$，$\sigma=1$

5.6 $r>0$时布朗运动常微分方程的解

当贴现率为正，即$r>0$时，依然可以采用类似的构建方法。主要差别是式（5.20）变为二阶微分方程，此时的讨论稍有不同。由于二阶线性常微分方程的通解为

$$f(x)=f_P(x)+a_1h_1(x)+a_2h_2(x)$$

其中f_P为任意特解，h_1，h_2为齐次解。a_1，a_2为待定常数，取值由边界条件确定。

如果$r>0$，与式（5.20）相对应的齐次方程为

$$\tfrac{1}{2}\sigma^2 f''(x)+\mu f'(x)-rf(x)=0$$

常数R_1，R_2和J由式（5.10）和（5.11）确定。当r，$\sigma^2>0$时，有$R_1<0<R_2$并且$J>0$。显然，函数

$$f_i(x)=e^{R_i x},\quad i=1,\ 2$$

为齐次方程的解。此外，由于

$$\tfrac{1}{2}\sigma^2(R_2-R_1)=J$$

所以，

$$f_P(x)=\frac{1}{J}\left[\int^x e^{R_1(x-z)}g(z)dz+\int_x e^{R_2(x-z)}g(z)dz\right]$$

为式（5.20）的特解。进而，当$\sigma^2>0$和$r>0$时，式（5.20）的通解为

$$f(x)=\frac{1}{J}\left[\int^x e^{R_1(x-z)}g(z)dz+\int_x e^{R_2(x-z)}g(z)dz\right]+c_1e^{R_1x}+c_2e^{R_2x} \tag{5.24}$$

选择不同的函数g和边界条件，求解此方程，得到函数ψ，Ψ和$\hat{L}$的封闭表达式。

当$g(x)\equiv 0$，边界条件为$\psi(b)=1$和$\psi(B)=0$，得到函数ψ的封闭表达式。当$g(x)\equiv 0$，边界条件为$\Psi(b)=0$和$\Psi(B)=1$，得到函数Ψ的封闭表达式。

习题5.4. 验证利用式（5.24）得到的函数ψ和Ψ表达式，与命题5.3的结果一致。

对于式（5.2）定义的函数$w(x,b,B)$，函数$g(.)$可以任取，边界条件为$w(b)=w(B)=0$。式（5.24）的积分上下限分别取B和b，计算得到

$$\begin{aligned}w(x)=\frac{1}{J}\Big[&\int_x^B e^{R_2(x-z)}g(z)dz+\int_b^x e^{R_1(x-z)}g(z)dz\\&-\Psi(x)\int_b^B e^{R_1(B-z)}g(z)dz-\psi(x)\int_b^B e^{R_2(b-z)}g(z)dz\Big]\end{aligned} \tag{5.25}$$

因为对于任意收益函数g，式（5.25）都成立。因此，预期贴现局部时间函数$\hat{L}(z;x,b,B;r)$为

$$\hat{L}(z;x,b,B;r)=\frac{1}{J}\left[e^{R_i(x-z)}-\Psi(x)e^{R_1(B-z)}-\psi(x)e^{R_2(b-z)}\right]$$

其中

$$i=\begin{cases}1, & b\leqslant z\leqslant x\\2, & x\leqslant z\leqslant B\end{cases}$$

图5-5为函数$\hat{L}(z;x,b,B;r)$的图像。其中$x=0$，$b=-4$和$B=4$。基准线参数$r=0.05$，$\mu=0.3$和$\sigma=1$。图像还刻画了参数变化的影响。

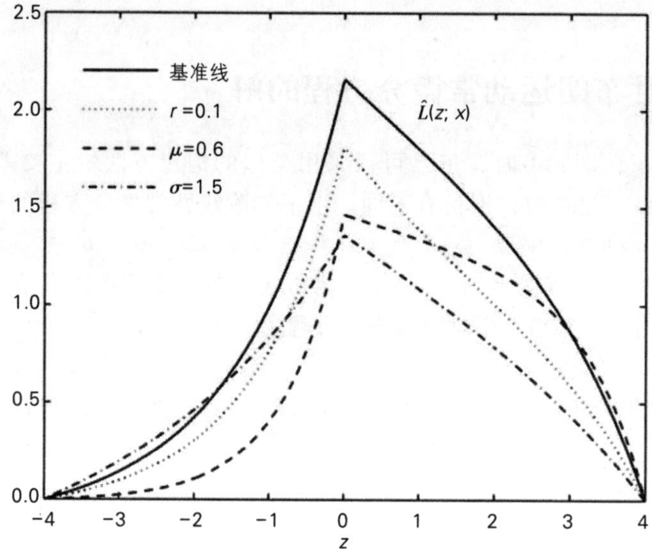

图5-5 预期贴现局部时间。参数 $x=0$，$b=-4$ 和 $B=4$，基准线参数 $r=0.05$，$\mu=0.3$ 和 $\sigma=1$

命题5.6表明，函数 $\hat{L}$ 和函数 w 的性质与命题5.5中函数 ψ 和 Ψ 性质相同，经济意义也相同。例如，给定当前状态 x，阈值 b 变化对 w 的影响，等于 $\psi(x)$ 与状态 b 处阈值 b 变化影响的乘积，即，$w_b(x)=\psi(x)w_b(b)$。此外，给定 $x=b$，同时增加 x 和 b 不会对 w 产生影响。对于任意 z，在阈值 B，函数 $\hat{L}$ 存在相似的结论。

命题5.6. 函数 $\hat{L}$ 和 w 满足以下条件。对于 z，$x\in[b, B]$，

$$\hat{L}_b(z;x)=\psi(x)\hat{L}_b(z;b),\hat{L}_B(z;x)=\Psi(x)\hat{L}_B(z;B)$$

$$\hat{L}_x(z;b)+\hat{L}_b(z;b)=0,\hat{L}_x(z;B)+\hat{L}_B(z;B)=0$$

对于 $x\in[b, B]$，

$$w_b(x)=\psi(x)w_b(b),\ w_B(x)=\Psi(x)w_B(B)$$

$$w_x(b)+w_b(b)=0,\ w_x(B)+w_B(B)=0$$

证明. 因为

$$\hat{L}_b(z;x)=-\frac{1}{J}\left[\Psi_b(x)e^{R_1(B-z)}+\psi_b(x)e^{R_2(b-z)}+R_2\psi(x)e^{R_2(b-z)}\right]$$

根据命题5.5，直接得到第一个结论。对于 $x=b<z$，

$$\hat{L}_x(z;b)=\frac{1}{J}\left[R_2e^{R_2(b-z)}-\Psi_x(b)e^{R_1(B-z)}-\psi_x(b)e^{R_2(b-z)}\right]$$

所以根据命题5.5，直接得到第二个结论。对于阈值 B，有相似的结论成立。

由

$$w(x,b,B)=\int_b^B\hat{L}(z;x,b,B)g(z)dz$$

直接得到关于 w 的结论。

证明完毕。

现在考虑无限期界上的预期贴现收益。如果 $r>0$ 且 $|g|$ 有界，$T\to\infty$ 时，式（5.2）的积分有界。式（5.25）取 $b\to-\infty$ 和 $B\to\infty$ 的极限，得到

$$V_P(x) \equiv \mathrm{E}_x\left[\int_0^{\infty} e^{-rt} g(X(t))\,dt\right]$$
$$= \frac{1}{J}\int_x^{+\infty} e^{R_2(x-z)} g(z)\,dz + \frac{1}{J}\int_{-\infty}^{x} e^{R_1(x-z)} g(z)\,dz \quad (5.26)$$

方程（5.26）给出根 R_1 和 R_2 的含义。给定初始状态 x，式（5.26）中，状态 $z<x$ 时的权重为 $e^{R_1(x-z)}/J$，状态 $z>x$ 时的权重为 $e^{R_2(x-z)}/J$。这两个指数项的符号为负，所以 $|R_1|$ 和 $|R_2|$ 测度了权重随状态偏离 x 距离增大而下降的幅度。当然，权重满足

$$\frac{1}{J}\left[\int_0^{\infty} e^{-R_2\zeta} d\zeta + \int_{-\infty}^{0} e^{-R_1\zeta} d\zeta\right] = \frac{1}{J}\left[\frac{1}{R_2} - \frac{1}{R_1}\right]$$
$$= \frac{1}{r}$$

这意味着当 $g(x) \equiv 1$ 时，根据式（5.26），有 $V_P(x) = 1/r$。

图5-6为 $\hat{L}(z;0,-\infty,+\infty) = e^{-R_i z}/J$ 的图像。参数 $r = 0.05$，$\mu = 0.3$ 和 $\sigma = 1$。图5-6还刻画了参数变化的影响。注意到，图5-6的结果与习题5.1的结论一致，

——利率 r 增加，所有状态的权重下降。状态离 x 越远，下降效果越大；

——方差 σ^2 增加，状态接近 x 时，权重增大，状态远离 x 时，权重下降；

——当 $\mu>0$ 时，μ 增加，当状态低于 x，权重较小。随着状态的提高，权重逐渐增加。当状态高于 x，权重较大。

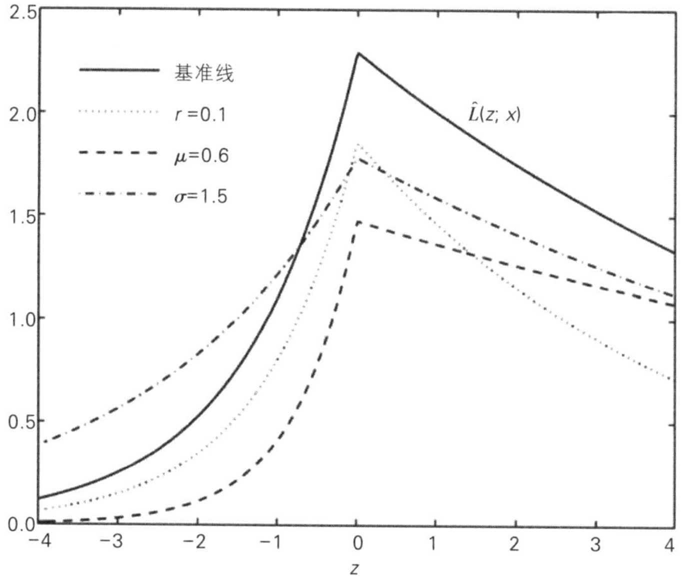

图5-6　预期贴现局部时间。$x=0$，$b=-\infty$ 和 $B=\infty$。基准线参数 $r=0.05$，$\mu=0.3$ 和 $\sigma=1$

假设 $r>0$ 和 $|g|<M$ 放在一起，确保积分式（5.26）为有限值，所以 V_P 有定义。显而易见，无限期界情况下，不可能出现 $r=0$，但函数 g 的约束条件可以放松。习题5.5表明，如果对于任意 x，$V_P(x)$ 为有限值，则对于所有 x，$V_P(x)$ 为有限值。

习题5.5. 令 $\sigma^2>0$ 和 $r>0$。证明如果对于任意 $\hat{x}$，$|V_P(\hat{x})|<\infty$，则对于所有 x，$|V_P$

$(x)| < \infty$。

另外，很容易证明，如果函数g连续，则 V_P二阶连续可微。对式（5.26）求导，得

$$V'_P(x) = \frac{R_1}{J}\int_{-\infty}^{x} e^{R_1(x-z)}g(z)dz + \frac{R_2}{J}\int_{x}^{+\infty} e^{R_2(x-z)}g(z)dz + \frac{1}{J}\left[\lim_{z\uparrow x} g(x) - \lim_{z\downarrow x} g(x)\right]$$

如果函数g在点x连续，则最后一项为0，并且

$$V''_P(x) = \frac{R_1^2}{J}\int_{-\infty}^{x} e^{R_1(x-z)}g(z)dz + \frac{R_2^2}{J}\int_{x}^{+\infty} e^{R_2(x-z)}g(z)dz + \frac{R_1 - R_2}{J}g(x)$$

应用中经常用到命题5.7的结论。根据命题5.7，很容易判定 V_P有唯一极大值。

命题5.7. 如果g连续，并且有唯一最大值，且$|V_P(x)| < \infty$，则 V_P有唯一最大值。

证明. 由于 V_P满足式（5.20）：

$g(x) = rV_P(x) - \mu V_P'(x) - \frac{1}{2}\sigma^2 V_P''(x)$，对于所有 x

假设存在$x_1 < x_2 < x_3$，使得x_1和x_3为极大值点，x_2为极小值点。则

$V_P'(x_i) = 0$，$i = 1, 2, 3$

并且

$V_P''(x_2) \geqslant 0$，$V_P''(x_i) \leqslant 0$，$i = 1, 3$

所以有

$g(x_2) \leqslant rV_P(x_2) \leqslant rV_P(x_i) \leqslant g(x_i)$，$i = 1, 3$

这个结论与函数g有唯一最大值的假设矛盾。

证明完毕。

5.7 扩散过程的常微分方程

对于更一般的扩散过程，利用第5.4~5.6节的方法，即使通常无法获得ψ，Ψ，w等函数的封闭表达式，但能够详细刻画这些函数的性质。几何布朗运动和O-U过程就是很好的例子。不出意外，对于几何布朗运动，能够获得ψ，Ψ，w等函数的封闭表达式，形式与布朗运动情况极为接近。

假设$X(t)$为规则，平稳的扩散过程。也就是说

i. 定义域为区间(l, r)，$[l, r)$，$(l, r]$或$[l, r]$。如果区间为开区间，则端点可以为$l = -\infty$和$r = +\infty$；

ii. 无穷小参数$\mu(x)$和$\sigma(x)$为连续函数，并且对于所有x，$\sigma^2(x) > 0$；

iii. 对于状态空间的任意内点x，y，

$Pr_x[T(y) < \infty] > 0$

首先，依然可以采用式（5.20）的方法，得到常微分方程。唯一变化是，$\mu(x)$和$\sigma^2(x)$为状态的函数。因此，ψ，Ψ，θ，Θ，w和τ等函数满足常微分方程，

$$\frac{1}{2}\sigma^2(x)f''(x) + \mu(x)f'(x) - rf(x) = -g(x),\quad x \in (b, B) \tag{5.27}$$

对于扩散过程来说，性质iii确保对于所有x，$\sigma^2(x) > 0$。

5.8 $r = 0$时扩散过程常微分方程的解

和前面一样，如果$r = 0$，则式（5.27）变成一阶微分方程

$$\phi'(x)+\delta(x)\phi(x)=-\hat{g}(x),\quad x\in(b,\ B) \tag{5.28}$$

其中 $\phi=f'$，并且

$$\delta(x)\equiv 2\mu(x)/\sigma^2(x),\ \hat{g}(x)\equiv 2g(x)/\sigma^2(x)$$

对于布朗运动，$\delta(x)$ 为常数，式（5.28）的解为

$$\phi(x)e^{\delta x}=-\int^x\hat{g}(\xi)e^{\delta\xi}d\xi$$

更一般地，

$$s(x)=\exp\left\{\int^x\delta(\xi)d\xi\right\} \tag{5.29}$$

为式（5.28）的积分因子。也就是，式（5.28）可以写为

$$\begin{aligned}\frac{d}{dx}[\phi(x)s(x)]&=[\phi'(x)+\delta(x)\phi(x)]s(x)\\&=-\hat{g}(x)s(x)\end{aligned}$$

其中 $s(x)$ 由式（5.29）给出。两侧取积分，之后乘以 $1/s(x)$，得到特解

$$\phi_p(x)=-\int^x\hat{g}(\xi)\frac{s(\xi)}{s(x)}d\xi$$

此外，式（5.28）对应的齐次解为

$$\phi_h(x)=c_1/s(x)$$

因此，式（5.28）的通解可以写为

$$\phi(x)=\frac{c_1}{s(x)}-\int^x\hat{g}(\xi)\frac{s(\xi)}{s(x)}d\xi,\ x\in(b,\ B)$$

再次取积分，得到函数 $f(x)$ 的积分表达式。当 $r=0$ 时，式（5.27）的通解可以写为

$$f(x)=c_0+\int^x\left[\frac{c_1}{s(z)}-\int^z\hat{g}(\xi)\frac{s(\xi)}{s(x)}d\xi\right]dz,\ x\in[b,\ B] \tag{5.30}$$

发现式（5.30）是式（5.21）的一般形式。和之前一样，为了方便起见，积分可以选择较低下限，利用边界条件确定常数 c_0 和 c_1 的值。

两个积分的下限都取阈值 b，变换积分次序，得到

$$\int_b^x\int_b^z\hat{g}(\xi)\frac{s(\xi)}{s(x)}d\xi dz=\int_b^x\hat{g}(\xi)s(\xi)H(\xi,x)d\xi$$

其中

$$H(x,y)\equiv\int_x^y s^{-1}(\xi)d\xi,\qquad b\leqslant x\leqslant y\leqslant B$$

因此，当 $r=0$ 时，式（5.27）的通解可以写为

$$f(x)=f(b)+c_1H(b,x)-\int_b^x g(\xi)\frac{2s(\xi)}{\sigma^2(\xi)}H(\xi,x)d\xi \tag{5.31}$$

其中函数 g 取原来形式，c_1 由阈值 B 的边界条件确定。阈值 B 和 b 作用互换，得到类似表达式。

根据式（5.31），得到

$$\theta(x)=H(x,\ B)/H(b,\ B),\quad \Theta(x)=H(b,\ x)/H(b,\ B)$$

$$\tau(x)=\frac{H(b,x)}{H(b,B)}\int_b^B\frac{2s(\xi)}{\sigma^2(\xi)}H(\xi,B)d\xi-\int_b^x\frac{2s(\xi)}{\sigma^2(\xi)}H(\xi,x)d\xi$$

$$= \Theta(x)\int_x^B \frac{2s(\xi)}{\sigma^2(\xi)} H(\xi,B)\,d\xi + \theta(x)\int_b^x \frac{2s(\xi)}{\sigma^2(\xi)} H(b,\xi)\,d\xi \tag{5.32}$$

采用与5.5节相同的步骤，计算无贴现预期占有测度和局部时间。令 $M(z;\ x,\ b,\ B)$ 表示给定初始状态 $X(0)=x$，从0到停时 $T=T(b)\wedge T(B)$，集合 $[b,\ z]$ 上的预期占有测度。记得前面介绍过，给定 z，b 和 B，利用式（5.31）并令 $g=1_{[b,\ z]}$，以及边界条件 $M(z,\ b)=M(z,\ B)=0$，可以计算出 M。因此，

$$M(z;x) = \frac{H(b,x)}{H(b,B)}\int_b^z \frac{2s(\xi)}{\sigma^2(\xi)} H(\xi,B)\,d\xi - \int_b^{\min\{x,z\}} \frac{2s(\xi)}{\sigma^2(\xi)} H(\xi,x)\,d\xi$$

$$= \Theta(x)\int_{\min\{x,z\}}^z \frac{2s(\xi)}{\sigma^2(\xi)} H(\xi,B)\,d\xi + \theta(x)\int_b^{\min\{x,z\}} \frac{2s(\xi)}{\sigma^2(\xi)} H(b,\xi)\,d\xi$$

求函数 M 对 z 的导数，得到预期局部时间函数：

$$L(z;x,b,B) = \frac{2s(z)}{\sigma^2(z)} \times \begin{cases} \theta(x)H(b,z), & \text{当} z < x \text{时} \\ \Theta(x)H(z,B), & \text{当} z \geq x \text{时} \end{cases}$$

函数 L 在 $z=x$ 处连续，但在 $z=x$ 处不可微。

习题5.6.（a）对于布朗运动，验证式（5.32）中的函数 θ，Θ 和 τ 的表达式与式（5.16）和式（5.23）一致；

（b）验证上述关于函数 L 的表达式也与之前得到的结果一致。

5.8.1 几何布朗运动

如果 X 为几何布朗运动，参数为 $\hat{\mu},\hat{\sigma}^2$，则 $\delta(x) = 2\hat{\mu}/\hat{\sigma}^2 x$ 和 $\sigma^2(x) = (\hat{\sigma}x)^2$。如果 $\hat{\mu} \neq \hat{\sigma}^2/2$，则

$$s(x) = x^{1-\omega},\quad H(x,\ y) = (y^\omega - x^\omega)/\omega$$

其中 $\omega \equiv 1 - 2\hat{\mu}/\hat{\sigma}^2$。因此，

$$\theta(x) = (B^\omega - x^\omega)/(B^\omega - b^\omega),\quad \Theta(x) = (x^\omega - b^\omega)/(B^\omega - b^\omega)$$

$$\tau(x) = \frac{1}{\hat{\mu} - \hat{\sigma}^2/2}\left[\theta(x)\ln b + \Theta(x)\ln B - \ln x\right]$$

以及

$$L(z;x,b,B) = \frac{1}{\hat{\mu} - \hat{\sigma}^2/2}\frac{1}{z} \times \begin{cases} \theta(x)\left[(b/z)^\omega - 1\right], & \text{当} z < x \text{时} \\ \Theta(x)\left[1 - (B/z)^\omega\right], & \text{当} z \geq x \text{时} \end{cases}$$

当 $\hat{\mu} = \hat{\sigma}^2/2$ 时，$\delta(x)=1/x$，$\omega = 0$，并且

$$s(x) = x,\quad H(x,\ y) = \ln y - \ln x$$

因此

$$\theta(x) = (\ln B - \ln x)/(\ln B - \ln b),\quad \Theta(x) = (\ln x - \ln b)/(\ln B - \ln b)$$

$$\tau(x) = \frac{1}{\hat{\sigma}^2}(\ln B - \ln x)(\ln x - \ln b)$$

以及

$$L(z;x,b,B) = \frac{1}{\hat{\sigma}^2/2}\frac{1}{z} \times \begin{cases} \theta(x)(\ln z - \ln b), & \text{当} z < x \text{时} \\ \Theta(x)(\ln B - \ln z), & \text{当} z \geq x \text{时} \end{cases}$$

习题5.7. 令 $Y = \ln X$，其中 X 为几何布朗运动。证明上文中函数 θ，Θ，τ 和 L 的表达式，与随机过程 Y 的相应函数表达式一致。

5.8.2 O-U过程

对于O-U过程 $\mu(x)=-\alpha x$，其中 $\alpha>0$ 和 $\sigma^2>0$ 为常数。因此 $\delta(x)=-2\eta x$，其中 $\eta=\alpha/\sigma^2>0$。积分因子为

$$s(x)=\exp\left\{-\int^x 2\eta\xi d\xi\right\}$$
$$=\exp\{-\eta x^2\}$$

所以

$$H(x,y)=\int_x^y e^{\eta\xi^2}d\xi$$

因此

$$\theta(x)=\frac{\int_x^B e^{\eta\xi^2}d\xi}{\int_b^B e^{\eta\xi^2}d\xi},\quad \Theta(x)=\frac{\int_b^x e^{\eta\xi^2}d\xi}{\int_b^B e^{\eta\xi^2}d\xi}$$

依此类推。

5.9 $r>0$时扩散过程常微分方程的解

当 $r>0$时，可以利用"参数变差法"刻画式解（5.27）的特征。假设已经求出齐次方程

$$\tfrac{1}{2}\sigma^2(x)f''(x)+\mu(x)f'(x)-rf(x)=0 \tag{5.33}$$

的两个线性无关解 f_1 和 f_2。此步骤的难易程度取决于无穷小参数 $\mu(x)$ 和 $\sigma(x)$ 的形式。

如果解 f_1 和 f_2 存在，可推测式（5.27）的特解为

$$f_p(x)=\sum_{i=1}^2\gamma_i(x)f_i(x)$$

其中 γ 为待定函数。这里的关键是推测 γ_1 和 γ_2 满足

$$\sum_{i=1}^2\gamma_i'(x)f_i(x)=0 \tag{5.34}$$

如果这个推测正确，则有

$$f_p'(x)=\sum_{i=1}^2\gamma_i(x)f_i'(x)$$
$$f''_p(x)=\sum_{i=1}^2\left[\gamma_i'(x)f_i'(x)+\gamma_i(x)f_i''(x)\right]$$

将 f_p 及其导数代入式（5.27），由于 f_i，$i=1$，2满足式（5.33），合并同类项可以消去大多数项，最后得到

$$\frac{1}{2}\sigma^2(x)\sum_{i=1}^2\gamma_i'(x)f_i'(x)=-g(x) \tag{5.35}$$

如果函数 γ_1 和 γ_2 满足式（5.34），则推测正确，得到式（5.35）。也就是说，γ_1' 和 γ_2' 必须满足

$$\begin{pmatrix}f_1(x) & f_2(x)\\ f_1'(x) & f_2'(x)\end{pmatrix}\begin{pmatrix}\gamma_1'(x)\\ \gamma_2'(x)\end{pmatrix}=\begin{pmatrix}0\\ -\hat{g}(x)\end{pmatrix},\qquad x\in(b,\ B)$$

和之前一样，$\hat{g}(x)\equiv 2g(x)/\sigma^2(x)$。因此有

$$\gamma_1'(x)=\frac{f_2(x)\hat{g}(x)}{W(f_1,f_2)(x)},\qquad \gamma_2'(x)=-\frac{f_1(x)\hat{g}(x)}{W(f_1,f_2)(x)}$$

其中

$$W(f_1,f_2)(x)\equiv f_1(x)f_2'(x)-f_1'(x)f_2(x),\quad x\in(b,B)$$

为朗斯基（Wronskian）行列式。对γ'_1和γ'_2取积分，得到

$$\gamma_1(x,b)=\int_b^x\frac{f_2(z)\hat{g}(z)}{W(f_1,f_2)(z)}dz$$

$$\gamma_2(x,B)=\int_x^B\frac{f_1(z)\hat{g}(z)}{W(f_1,f_2)(z)}dz \tag{5.36}$$

这里，需要选择特定的积分上下限。如果f_1和f_2满足式（5.33），将特解和齐次解相加，得到式（5.27）的通解

$$f(x,b,B)=[\gamma_1(x,b)+c_1]f_1(x)+[\gamma_1(x,B)+c_2]f_2(x),\ x\in(b,B) \tag{5.37}$$

其中γ_1和γ_2由式（5.36）给出，c_1和c_2为式（5.36）所含的积分常数。注意到，虽然f_1和f_2仅为x的函数，但函数γ_1和γ_2还额外与一个阈值有关。

利用$\hat{g}(\cdot)\equiv 0$和边界条件$\psi(b)=1$和$\psi(B)=0$，可以求出函数ψ的相关表达式。将边界条件换过来，可以求出函数Ψ的相关表达式。无论哪种情况，都有$\gamma_1=\gamma_2=0$。所以根据式（5.37），有

$$\psi(x,b,B)=[f_1(x)f_2(B)-f_1(B)f_2(x)]/D$$

$$\Psi(x,b,B)=[f_1(b)f_2(x)-f_1(x)f_2(b)]/D \tag{5.38}$$

其中

$$D\equiv f_1(b)f_2(B)-f_1(B)f_2(b)$$

式（5.36）中，任意给定函数$\hat{g}(\cdot)$的形式，利用边界条件$w(b)=w(B)=0$，可以求出函数$w(x)$的表达式。因此，c_1和c_2满足

$$\begin{pmatrix}f_1(b) & f_2(b)\\ f_1(B) & f_2(B)\end{pmatrix}\begin{pmatrix}c_1\\ c_2\end{pmatrix}=\begin{pmatrix}-\gamma_2(b,B)f_2(b)\\ -\gamma_1(B,b)f_1(B)\end{pmatrix}$$

解出常数c_1和c_2，利用函数ψ和Ψ表达式，得

$$w(x,b,B)=\gamma_1(x,b)f_1(x)+\gamma_2(x,B)f_2(x)$$

$$-\Psi(x,b,B)\gamma_1(B,b)f_1(B)-\psi(x,b,B)\gamma_2(b,B)f_2(b) \tag{5.39}$$

命题5.8的结论表明，对于正则扩散分布，函数ψ，Ψ，$\hat{L}$和w具有命题5.5和命题5.6所述布朗运动的性质。含义亦与布朗运动相同。

命题5.8. 对于$x\in(b,B)$，函数$f=\psi$，Ψ，$\hat{L}(z;\cdot)$和w满足

$$f_b(x)=\psi(x)f_b(b),\quad f_B(x)=\Psi(x)f_B(B),$$

$$f_b(b)+f_x(b)=0,\quad f_B(B)+f_x(B)=0$$

证明. 利用式（5.36），计算式（5.38）和式（5.39）的导数。

证明完毕。

习题5.8. 证明

$$f_i(x)=f_i(b)\psi(x,b,B)+f_i(B)\Psi(x,b,B),\quad i=1,2$$

对式（5.39）取$b\to-\infty$和$B\to+\infty$的极限，计算得到无限期界的期望值：

$$V_P(x)\equiv \mathrm{E}_x\left[\int_0^\infty e^{-rt}g(X(t))dt\right]$$

$$=f_1(x)\int_{-\infty}^{x}\frac{f_2(z)\hat{g}(z)}{W(f_1,f_2)(z)}dz+f_2(x)\int_{x}^{\infty}\frac{f_1(z)\hat{g}(z)}{W(f_1,f_2)(z)}dz$$

5.9.1 几何布朗运动

对于参数为$\hat{\mu}$和$\hat{\sigma}^2>0$的几何布朗运动，齐次方程（5.33）的解为

$$f_i(x)=x^{R_i},\quad i=1,\ 2$$

其中$R_1<0<R_2$为二次方程

$$\frac{1}{2}\hat{\sigma}^2R^2+\left(\hat{\mu}-\frac{1}{2}\hat{\sigma}^2\right)R-r=0$$

的解。因此

$$R_1=-\frac{1}{2}\left[\left(\hat{\mu}-\hat{\sigma}^2/2\right)+J\right]<0$$

$$R_2=\frac{1}{2}\left[-\left(\hat{\mu}-\hat{\sigma}^2/2\right)+J\right]>0$$

其中

$$J\equiv\sqrt{\left(\hat{\mu}-\hat{\sigma}^2/2\right)^2-2\hat{\sigma}^2r}$$

并且

$$\psi(x)=\frac{x^{R_1}B^{R_2}-B^{R_1}x^{R_2}}{b^{R_1}B^{R_2}-B^{R_1}b^{R_2}}$$

$$\Psi(x)=\frac{b^{R_1}x^{R_2}-x^{R_1}b^{R_2}}{b^{R_1}B^{R_2}-B^{R_1}b^{R_2}}$$

此时，朗斯基行列式为

$$W(f_1,f_2)(x)\equiv(R_2-R_1)x^{R_1+R_2-1}$$

以及$\hat{g}(z)=2g(z)/(\hat{\sigma}z)^2$，所以

$$\gamma_1(x,b)=\frac{1}{J}\int_b^x z^{-R_1-1}g(z)dz$$

$$\gamma_2(x,b)=\frac{1}{J}\int_x^B z^{-R_2-1}g(z)dz$$

其中

$$\frac{1}{J}=\frac{1}{R_2-R_1}\frac{1}{\hat{\sigma}^2/2}$$

因此，对于几何布朗运动，

$$w(x)=\frac{1}{J}\left[\int_b^x\left(\frac{x}{z}\right)^{R_1}g(z)\frac{dz}{z}+\int_x^B\left(\frac{x}{z}\right)^{R_2}g(z)\frac{dz}{z}\right]-$$
$$\frac{1}{J}\left[\Psi(x)\int_b^B\left(\frac{B}{z}\right)^{R_1}g(z)\frac{dz}{z}+\psi(x)\int_b^B\left(\frac{b}{z}\right)^{R_2}g(z)\frac{dz}{z}\right]$$

对于任何收益函数g，这个结论都成立。因此预期贴现局部时间函数$\hat{L}$为

$$\hat{L}(z;x,b,B;r)=\frac{1}{z}\frac{1}{J}\left[\left(\frac{x}{z}\right)^{R_i}-\Psi(x)\left(\frac{B}{z}\right)^{R_1}-\psi(x)\left(\frac{b}{z}\right)^{R_2}\right]$$

其中

当$b\leqslant z\leqslant x$时，$i=1$

当$x<z\leqslant B$时，$i=2$

习题 5.9. 令 $Y = \ln X$，其中 X 为几何布朗运动。证明，上述函数 ψ，Ψ 和 w 的表达式与式（5.18）以及式（5.25）的结果一致。这两个过程的根之间具有什么关系？

5.9.2 O-U 过程

O-U 过程的漂移项 $\mu(x) = -\alpha x$，方差 $\sigma^2 > 0$，所以式（5.33）变为

$$\frac{1}{2}\sigma^2 f''(x) - \alpha x f'(x) - rf(x) = 0 \tag{5.40}$$

尽管这个方程没有封闭解，但容易证明，如果 h 满足

$$\frac{1}{2}\sigma^2 h''(x) + \alpha x h'(x) + (\alpha - r)h(x) = 0$$

则

$$f(x) = h(x)e^{\eta x^2}$$

为式（5.40）的解，其中 $\eta = \alpha/\sigma^2$。

注释

本章 5.1~5.3 节的内容取自 Harrison（1985，1.5 节和 3.2 节）。此书讨论了 Wald 鞅。5.4~5.9 节内容来自 Karlin and Taylor（1981，15.3 节）。Borodin and Salminen（2002）列出了大量关于布朗运动的公式。

第Ⅱ部分

脉冲控制模型

第6章

执行选择权

如果存在固定调整成本，执行控制的最优策略包括两个方面：一是何时开始行动；二是开展什么行动。本章研究此类模型的一个最简单例子，即无限期界的一次性选择权的执行问题。这个选择权问题之所以简单，因为行动仅进行一次，并且采取的行动本身是固定的。所以，要解决的问题只有时机选择问题——如果决定执行选择权，那么何时执行。因为选择权问题比较简单，非常适合用来介绍此类使用广泛的方法。

本章研究两个方法。第一个方法是用第5章的函数$\hat{L}$和ψ。前面介绍过，$\hat{L}$（z；x，b，B）为给定初始状态$x\in$［b，B］，从0到停时$T=T$（b）$\wedge T$（B），状态为z的预期贴现局部时间。ψ（x，b，B）为事件$T=T$（b）发生时的预期贴现值。选择权问题仅涉及一个下阈值，不涉及在上阈值停止的问题，所以$B=+\infty$。阈值策略的预期贴现收益都可以写为关于函数$\hat{L}$和ψ的表达式。因此求关于阈值b的最大化问题，就得到最优策略。

第二个方法是用企业问题中所用的汉密尔顿-雅克比-贝尔曼（HJB）方程。记得在第3章曾经讨论过，HJB方程是连续时间贝尔曼方程的随机形式。差别在于，HJB方程存在方差项，因此是二阶常微分方程，而贝尔曼方程是一阶常微分方程。第二个方法涉及确定合适的边界条件以及常微分方程求解等问题。

虽然这两个方法的机制截然不同，但二者休戚相关。介绍完这两种方法之后，我们再详细讨论二者之间的联系。

本章余下部分的结构如下。在6.1节，利用几种方式研究确定性选择权问题。一种方式是利用采取行动的时间，构建最优控制问题；第二种方式是利用采取行动时状态的阈值，构建最优控制问题；第三种方式是利用贝尔曼方程，构建最优控制问题。第二种和第三种方式，与研究下面随机问题所用方法较为类似。在6.2节，利用函数$\hat{L}$和ψ分析随机问题。在6.3节，利用HJB方程分析随机问题，之后讨论这两种方法之间的联系。最后，在6.4节利用一个例子，对此进行总结。

6.1 确定性问题

现在考虑一个加工厂。只要加工厂开工，就会有利润流。工厂利润取决于状态变量$X(t)$，状态变量$X(t)$或者反映需求，或者反映工厂的加工能力，或者二者兼而有之。状态变量$X(t)$的运动规律平稳。现在，假设运动规律是确定性的线性函数，即

$$X(t)=x_0+\mu t，对于所有 t\geqslant 0 \tag{6.1}$$

初始值$X(0)=x_0$给定。如果需求不随时间变化，则$X(t)$可以看作资本存量的对数，其中资本折旧率为常数$\delta=-\mu>0$。或者，$X(t)$可以看作需求测度，需求下降速率为$|\mu|$。

令$\pi(x)$表示当前状态为x时，加工厂开工的净利润流。函数π不随时间变化，定义为扣除劳动力、原材料以及其他投入成本后的净利润。令（常数）$r>0$表示利率。

假设加工厂可以随时停工，并且停工后就不再重新开工。如果加工厂停工，工厂的残值为S，可以表示资本存量的报废价值。现在，假设残值与工厂停工时的状态$X(t)$无关。企业目标是选择停工策略，使得总收益的贴现值最大。总收益等于工厂开工时的利润加上停工后的残值。因此，给定初始状态x_0，最优策略价值为

$$V(x_0)\equiv\sup_{T\geqslant 0}\left[\int_0^T e^{-rt}\pi(X(t))dt+e^{-rT}S\right] \tag{6.2}$$

其中状态变量$X(t)$由式（6.1）给出。如果企业选择工厂永久开工，则$T=+\infty$。

问题的基本构成是常数r，μ和S，以及函数π。本章始终要用到如下假设。

假设 6.1. (i) $r>0$，$\mu<0$，$S>0$

(ii) $\pi(.)$为有界，连续，严格增函数，满足

$$\lim_{x\to-\infty}\pi(x)<rS<\lim_{x\to+\infty}\pi(x)$$

假设（ii）的目的是确保初始状态非常低时，最优策略为直接停工；初始状态非常高时，最优策略为继续开工——至少持续一段时间。

施加约束条件$\mu<0$的目的是为了避免出现下列角解。如果$\mu>0$，随着时间流逝，继续开工的激励变得越来越强。这意味着开工有限时间之后再停工，永远不可能成为最优策略。习题6.1表明，当$\mu>0$时，最优停工时间为$T^*=0$或$+\infty$。

习题 6.1. 令r，函数π和S满足假设6.1。再次考虑式（6.2）的问题。证明，如果$\mu\geqslant 0$，存在临界值x_c。临界值x_c满足以下性质：

当$x<x_c$时，唯一的最优策略是立即停工，此时$T^*=0$；

当$x>x_c$时，唯一的最优策略是加工厂永久开工，此时$T^*=+\infty$；

当$x=x_c$时，$T^*=0$和$T^*=+\infty$都是最优策略，并且

当$\mu>0$时，除此之外，别无选择；

当$\mu=0$时，任何T都是最优策略；

如果满足假设6.1的条件，则最优策略唯一，并且加工厂开工时间为有限值。为何如此？首先，优化问题式（6.2）的一阶条件为

$$e^{-rT^*}\left[\pi(X(T^*))-rS\right]\leqslant 0，当 T^*>0 时取等号 \tag{6.3}$$

式（6.3）方括号中的表达式表示开工延长一单位时间的边际效应：开工带来的边际利润小于停工后残值的利息。如果最优点位于可行区间内部，二者相等。如果满足假设6.1的条件，则存在唯一值b^*，满足

$$\pi(b^*)-rS=0 \tag{6.4}$$

由于函数π为增函数，且$\mu<0$，因此此优化问题具有凹性。因此，对于任意初始状态x，唯一最优停工时间为

$$T^*=\begin{cases}0, & \text{当}x<b^*\text{时}\\ (b^*-x)/\mu, & \text{当}x\geqslant b^*\text{时}\end{cases}$$

价值函数V为

$$V(x)=\begin{cases}S, & \text{当}x<b^*\text{时}\\ \int_0^{(b^*-x)/\mu}e^{-rt}\pi(X(t))dt+e^{-(b^*-x)r/\mu}S, & \text{当}x\geqslant b^*\text{时}\end{cases}$$

这里为了简化符号，去掉了初始状态x的下标。

在上面的方法中，使用停工时间T作为控制变量。根据最优策略的表达式，利用状态变量的临界值b构建优化问题更简单些。首先，由于函数π为增函数，且$\mu<0$，因此最优策略是阈值策略。对于阈值b，区间$(-\infty, b]$称为行动（停工）区域，区间$(b, +\infty)$为不行动（继续开工）区域。

给定初始状态x，假设企业采用阈值策略，临界值$b\leqslant x$。令$F(x, b)$表示阈值策略的收益，利用变量$\xi=x+\mu t$的改变量，将式（6.2）改写为

$$\begin{aligned}V(x)&\equiv\max_{b\leqslant x}F(x,b)\\&=\max_{b\leqslant x}\left[-\frac{1}{\mu}\int_b^x e^{(x-\xi)r/\mu}\pi(\xi)d\xi+e^{(x-b)r/\mu}S\right]\end{aligned} \tag{6.5}$$

式（6.5）的解具有如下结论。

命题6.1. 令r,μ,S和π满足假设6.1，并令随机过程X由式（6.1）定义。式（6.5）问题的解为

$$b=\min\{x,b^*\}$$

其中b^*由式（6.4）定义。相关价值函数为

$$V(x)=\begin{cases}S, & \text{当}x<b^*\text{时}\\ -\frac{1}{\mu}\int_{b^*}^x e^{(x-\xi)r/\mu}\pi(\xi)d\xi+e^{(x-b^*)r/\mu}S, & \text{当}x\geqslant b^*\text{时}\end{cases} \tag{6.6}$$

证明. 最优化问题式（6.5）的一阶条件为

$$\frac{\partial F(x,b)}{\partial b}=\frac{1}{\mu}e^{(x-b)r/\mu}[\pi(b)-rS]\geqslant 0,\text{当}b<x\text{时取等号} \tag{6.7}$$

当$x\geqslant b^*$时，则$b=b^*$，此条件成立并取等号。当$x<b^*$时，则$b=x$，此条件成立并取大于号。

证明完毕。

因此，最优策略为

i. 当$x\leqslant b^*$时，加工厂立即停工；以及

ii. 当$x>b^*$时，加工厂运行至状态达到b^*，之后停工。

此问题同样存在第三种解法，那就是应用贝尔曼方程。和之前一样，首先，由于策

略依然是阈值策略。令x为初始状态，给定阈值$b\leq x$。如果$b<x$，则企业持续运行一段时间，所以对于足够小的时间间隔h，最优策略的值F（x，b）满足

$$F(x,b)=\int_0^h e^{-rt}\pi(X(t))dt+e^{-rh}F(X(h),b)$$
$$\approx\pi(x)h+\frac{1}{1+rh}[F(x,b)+\mu hF_x(x,b)]$$

第一行的X（t）由式（6.1）定义，第二行使用了F（X（h），b）的一阶泰勒展开，其中F_x（x，b）$\equiv\partial F$（x，b）$/\partial x$。合并同类项，之后除以h，并令$h\to 0$，得到贝尔曼方程，

$$rF(x,b)=\pi(x)+\mu F_x(x,b) \tag{6.8}$$

因为b是给定常数，所以式（6.8）为一阶常微分方程。此外，F（.，b）满足

$$\lim_{x\downarrow b}F(x,b)=S \tag{6.9}$$

求式（6.8）的积分，并利用式（6.9）的边界条件，得到式（6.5）的函数F（x，b）。

在前面的讨论中，假设阈值b是任意给定的数值。如果最优策略包含选择阈值b，使得F（x，b）最大。和之前一样，依然得到包含$\partial F/\partial b$的一阶条件式（6.7）。不过，根据式（6.5），有

$$\begin{aligned}-F_b(x,b)&=-e^{(x-b)r/\mu}\frac{1}{\mu}[\pi(b)-rS]\\&=-e^{(x-b)r/\mu}F_b(b,b)\\&=+e^{(x-b)r/\mu}F_x(b,b)\text{，对于所有 }b\leq x\text{，所有 }x\end{aligned} \tag{6.10}$$

式（6.10）具有如下经济意义。假设企业采用阈值策略b。对于式（6.10）的第一行，如果阈值产生一个负的较小扰动，即$-\varepsilon<0$，加工厂会将停工时间延迟$\varepsilon/(-\mu)>0$个单位。在这段时间内，企业获得利润π（b）。但企业也不会获得残值利息rS。如果初始状态$x>b$，到达阈值b的时间$t=(x-b)/(-\mu)>0$，企业收益变化必须经过恰当的贴现。

对于式（6.10）的第二行，除了初始状态位于边界，即$x=b$之外，经济意义与上文完全相同。必须加上贴现因子，才能确保第二行等于第一行。

对于第三行，依然假设初始状态$x=b$。此时，状态发生一个正的较小扰动，即$\varepsilon>0$，企业停工时间依然延迟$\varepsilon/(-\mu)>0$个单位。净收益的变化与阈值负扰动时的变化一样。

因此，给定$x=b$，状态发生正扰动的效果与阈值负扰动的效果相同。如果$x>b$，除了需要贴现以外，阈值的负扰动的效果依然与状态正扰动的效果一样。

根据式（6.10），式（6.4）的临界值b^*满足

$$\left.\frac{\partial F(x,b^*)}{\partial x}\right|_{x=b^*}=\frac{1}{\mu}[\pi(b^*)-rS]=0 \tag{6.11}$$

这与式（6.7）完全不同。式（6.7）涉及给定状态x，函数F对阈值b的导数。而式（6.11）则涉及给定阈值，函数F对状态x的导数在$x=b^*$处的取值。因此，当边界条件为式（6.9）时，在常微分方程式（6.8）的所有解F（.，b）中，最优价值函数$V=F$（.，b^*）还额外具有性质式（6.11）：F_x（b^*，b^*）$=V'$（b^*）$=0$。命题6.2利用数学语言对此进行了描述。

命题6.2. 令r，μ，S和π满足假设6.1，并且令X由式（6.1）定义。式（6.6）和（6.7）定义的函数V和阈值b^*具有如下性质：

i. 函数V满足

当$x>b^*$时，$rV(x)=\pi(x)+\mu V'(x)$

当$x\leq b^*$时，$V(x)=S$ （6.12）

ii. 函数V在b^*连续：

$$\lim_{x\downarrow b^*} V(x)=S \tag{6.13}$$

iii. 函数V'在b^*连续：

$$\lim_{x\downarrow b^*} V'(x)=0 \tag{6.14}$$

证明. 满足式（6.12）和式（6.13）的一族关于b的解，就是式（6.5）的函数$F(., b)$。在$F(., b)$这族解中，额外满足式（6.14）的解只有一个，即$b=b^*$时的解。其中b^*由式（6.4）定义。

证明完毕。

总而言之，这里有两种办法可以得到式（6.5）的函数$F(x, b)$。函数$F(x, b)$表示给定初始状态x，采取任意阈值b策略的预期贴现值。第一种办法，首先写成对时间的积分式（6.2），之后将其转换为对状态的积分式（6.5）。第二种办法是利用函数$F(., b)$。对于任意b，函数$F(., b)$在区间$(b, +\infty)$上满足式（6.8）的贝尔曼方程，边界条件为式（6.9）。

刻画最优阈值b^*特征的办法也有两种。第一种方法，求解$F(x, b)$最大化问题式（6.5），得到关于$\partial F/\partial b$的一阶条件式（6.7）。第二种方法，利用式（6.10），计算$x=b$处的导数$\partial F/\partial x$，得到一阶条件式（6.11），取代上面的式（6.7）。

命题6.1使用了第一种方法，命题6.2使用了第二种方法。

习题6.2对模型进行了扩展，允许残值$S(x)$取决于状态。

习题6.2. 令r，μ和π满足假设6.1。额外假设

i. $S(x)$有界，并连续可微。并且

ii. 函数

$\phi(x)\equiv\pi(x)+\mu S'(x)-rS(x)$

为x的严格增函数，满足

$$\lim_{x\to-\infty}\phi(x)<0<\lim_{x\to+\infty}\phi(x)$$

利用上述三种方法，求解停工问题

$$V(x_0)\equiv\sup_{T\geq 0}\left[\int_0^T e^{-rt}\pi(X(t))dt+e^{-rT}S(X(T))\right]$$

刻画价值函数和最优策略的性质。其中$X(t)$由式（6.1）定义，且$X(0)=x$。不等式约束（ii）具有什么意义？

6.2 随机问题：直接方法

接下来，依然假设r，μ，S和π满足假设6.1，但状态变量$X(t)$为布朗运动，参数

为μ和$\sigma^2>0$。这里依然可以应用命题6.1和命题6.2所述的求解确定性问题所用方法，只不过需要进行微小调整，容纳随机过程状态变量X（t）。

首先，随机模型的最优策略具有两个基本性质。一是由于问题是平稳的，显然如果最优策略需要（允许）在状态b停工，就需要（允许）随机过程首次到达状态b时停工。因此，仅需要把注意力放到阈值策略上即可。对于任意b，令T（b）为停时，表示随机过程X（t）首次到达b值的时间。

二是因为π为增函数，且$\mu<0$，因此最优策略并不包括默默等待状态增加，之后停工这种情况。和确定性情况一样，此时最优策略可以用单一阈值b来刻画。阈值b为加工厂持续运行的状态空间区域的下界。和之前一样，阈值b将状态空间分为行动区域（$-\infty$，b］和不行动区域（b，∞）两部分。因此，企业问题可以写为

$$v(x)=\sup_{b\leqslant x}\mathrm{E}_x\left[\int_0^{T(b)}e^{-rt}\pi\big(X(t)\big)dt+e^{-rT(b)}S\right] \tag{6.15}$$

其中E_x［.］表示给定初始状态的条件期望。

考虑任意策略的预期收益。给定初始状态X（0）$=x$，假设当状态首次到达阈值b之前，加工厂运行。一旦状态首次到达b，企业停工。令f（x，b）表示此策略的总预期贴现收益，即

$$\begin{aligned}f(x,b)&\equiv \mathrm{E}_x\left[\int_0^{T(b)}e^{-rt}\pi\big(X(t)\big)dt+e^{-rT(b)}S\right]\\&=\int_b^\infty \hat{L}(\xi;x,b,\infty)\pi(\xi)d\xi+\psi(x,b,\infty)S\\&=\frac{1}{J}\left[\int_b^x e^{R_1(x-\xi)}\pi(\xi)d\xi+\int_x^\infty e^{R_2(x-\xi)}\pi(\xi)d\xi\right]-\\&\quad\frac{1}{J}\left[e^{R_1(x-b)}\int_b^\infty e^{R_2(b-\xi)}\pi(\xi)d\xi\right]+e^{R_1(x-b)}S\text{，对于所有 }b\leqslant x\end{aligned} \tag{6.16}$$

第二行，利用预期贴现局部时间函数$\hat{L}$，用对状态积分的期望代替对时间积分的期望，并利用函数ψ替换E_x［$e^{-rT(b)}$］。第三行，利用了5.3节和5.6节的函数$\hat{L}$和ψ的表达式；如5.2节所定义，常数$J>0$和$R_1<0<R_2$取决于参数r，μ和σ^2。式（6.16）第三个等号中括号的前两项表示加工厂永久运行的预期收益，这里不考虑状态低于阈值b时所积累的利润。第三项表示减去状态首次到达阈值b之后积累的预期收益。最后一项为残值。

此时，企业问题为

$$v(x)=\max_{b\leqslant x}f(x,b)$$

所以$b\leqslant x$时，取最大值的一阶条件为

$$\begin{aligned}0\leqslant&\ \frac{\partial f(x,b)}{\partial b}\\&=\int_b^\infty \hat{L}_b(\xi;x,b,\infty)\pi(\xi)d\xi+\psi_b(x,b,\infty)S\\&=\psi(x,b,\infty)\left[\int_b^\infty \hat{L}_b(\xi;b,b,\infty)\pi(\xi)d\xi+\psi_b(b,b,\infty)S\right]\\&=e^{R_1(x-b)}\left[(R_1-R_2)\frac{1}{J}\int_b^\infty e^{R_2(b-\xi)}\pi(\xi)d\xi-R_1S\right]\text{，当 }b<x\text{ 时，取等号}\end{aligned} \tag{6.17}$$

根据$\hat{L}(b; x, b, \infty)=0$，得到第二个等号。根据命题5.5和命题5.6，得到第三个等号。如果提高阈值，将降低每个状态的预期贴现局部时间，进而到达阈值的时间提前，因此有$\hat{L}_b<0$且$\psi_b>0$。与此对应，式（6.17）第四个等号的括号中，第一项为负，表示提高停工阈值，预期运营利润将会减少。运营利润是在状态在将达未达阈值b的样本路径上生成的。沿着这些样本路径，状态在再次降到阈值b之前，状态变量可以到达任何状态，所以阈值的一个小小增加，必然降低超过阈值b的任何状态上的预期贴现局部时间。第二项是正的，表示提前停工，将导致预期残值收益增加。

对于随机问题，取值为b^*时，式（6.17）方括号中的项等于0。要确定解是否存在，首先有

$$\frac{R_1-R_2}{R_1}\frac{1}{J}=\left(\frac{1}{R_2}-\frac{1}{R_1}\right)\frac{R_2}{J}=\frac{R_2}{r}$$

定义

$$\Pi(b)\equiv R_2\int_b^{\infty}e^{R_2(b-\xi)}\pi(\xi)d\xi$$

$$=R_2\int_0^{\infty}e^{-R_2\zeta}\pi(b+\zeta)d\zeta$$

因此，式（6.17）可以写为

$$-\Pi(b)+rS\geqslant 0，当b<x时，取等号 \tag{6.18}$$

临界值b^*满足

$$\Pi(b^*)-rS=0 \tag{6.19}$$

如果满足假设6.1，π是增函数，因此Π亦为增函数。此外

$$\lim_{b\to-\infty}\Pi(b)<rS<\lim_{b\to+\infty}\Pi(b)$$

因此，式（6.19）有唯一解，并且在b^*处，f是b的凹函数。根据式（6.18），如果初始状态x大于阈值b^*，此时$b\leqslant x$为松弛约束，必然有$b=b^*$。其他情况下，$b\leqslant x$为紧约束，因此$b=x$。命题6.3对上述结论进行了总结。

命题6.3. 令r，μ，S和π满足假设6.1，令$X(t)$为布朗运动，参数为μ和$\sigma^2>0$。则存在唯一值b^*满足式（6.19），式（6.15）问题的最优策略为

$$b=\min\{x, b^*\}$$

这个策略价值为

当$x\leqslant b^*$时，$v(x)=S$

当$x>b^*$时，$$v(x)=\frac{1}{J}\int_x^{\infty}e^{R_2(x-\xi)}\pi(\xi)d\xi+\frac{1}{J}\int_{b^*}^{x}e^{R_1(x-\xi)}\pi(\xi)d\xi$$

$$-e^{R_1(x-b^*)}\frac{1}{J}\int_{b^*}^{\infty}e^{R_2(b^*-\xi)}\pi(\xi)d\xi+e^{R_1(x-b^*)}S \tag{6.20}$$

因此，最优策略为

i. 当$x\leqslant b^*$时，立即停工；

ii. 当$x>b^*$时，在状态首次到达阈值b^*之前，企业一直运行。一旦状态到达阈值b^*后，企业停工。

习题6.3考察了随机问题和确定性问题之间的关系。

习题 6.3. 证明，当$\sigma^2 \to 0$时，随机问题式（6.16）中的函数f和式（6.17）的一阶条件分别收敛到确定性问题的式（6.5）和式（6.7）。

6.3 利用汉密尔顿–雅克比–贝尔曼方程

和确定性问题一样，随机问题也可以通过求解合适的常微分方程进行分析。和之前一样，首先，最优停工区域为（$-\infty$，b］。给定初始状态x和候选阈值$b \leq x$，令f（x，b）表示状态x到达阈值b之前企业运营，到达阈值b后企业停工的收益。当$x>b$时，最优策略是继续运行，并至少运行一段时间。此时，令h为足够短的时间间隔，短到可以忽略h之前的停工概率。则

$$f(x,b) \approx \mathrm{E}_x\left[\int_0^h e^{-rt}\pi(X(t))dt + e^{-rh}f(X(h),b)\right]$$

$$\approx \pi(x)h + \frac{1}{1+rh}\left[f(x,b) + f_x(x,b)\mu h + \frac{1}{2}f_{xx}(x,b)\sigma^2 h\right]$$

这里和5.4节的做法一样，对f（X（h），b）进行二阶泰勒级数展开，之后应用伊藤引理，得到第二行。除了使用二阶泰勒近似捕捉ΔX的方差项之外，论述过程几乎与确定性问题情况一模一样。合并同类项，之后除以h，并令$h \to 0$，有

$$rf(x, b) = \pi(x) + \mu f_x(x, b) + \frac{1}{2}\sigma^2 f_{xx}(x, b)，\text{对于所有 } x>b \tag{6.21}$$

给定阈值b，方程（6.21）为常系数二阶线性常微分方程，形式与5.6节的常微分方程恰好相同。

在第5章中曾经讨论过，函数

$$v_P(x) \equiv \mathrm{E}_x\left[\int_0^\infty e^{-rt}\pi(X(t))dt\right]，\text{对于所有 } x$$

表示加工厂永久运行时，利润的预期贴现值。在满足假设6.1条件下，π有界，且$r>0$，所以v_P有界。如第5章所述，函数v_P是方程（6.21）的特解，函数$h_i(x) = e^{R_i x}$，i=1，2为齐次解。因此通解为

$$f(x,b) = v_P(x) + c_1 e^{R_1 x} + c_2 e^{R_2 x} \tag{6.22}$$

其中c_1，c_2为常数，必须利用边界条件来确定。对于上界，由于$x \to \infty$时，停时T（b）发散到$+\infty$。因此，对于阈值b，有

$$\lim_{x\to\infty}\left[f(x,b) - v_P(x)\right] = 0 \tag{6.23}$$

因为$R_2>0$，有$c_2=0$。对于下界，由于$x \leq b$时，最优策略中包含直接停工，所以

$$f(x, b) = S, \quad x \leq b \tag{6.24}$$

根据式（6.24），取$x=b$，得到

$$c_1 = e^{-R_1 b}\left[S - v_P(b)\right]$$

因此，对于任意b，有

$$f(x,b) = \begin{cases} S, & \text{当x} \leq \text{b时} \\ v_P(x) + e^{R_1(x-b)}\left[S - v_P(b)\right], & \text{当}x > b\text{时} \end{cases} \tag{6.25}$$

如果企业停工，企业获得残值S，损失余下的利润流v_P（b）。因此，给定b值，企业采用b作为阈值时，企业价值可以写为企业永久运行的价值v_P（x），加上停工时获得的

预期贴现净收益。

到目前为止，阈值b可以任取。给定状态x，企业的问题是选择阈值b，使得函数$f(x, b)$取最大值，即

$$v(x) = \max_{b \leq x} f(x,b)$$
$$= v_P(x) + \max_{b \leq x} e^{R_1(x-b)}[S - v_P(b)] \tag{6.26}$$

因此，在b点取最大值的一阶条件为

$$0 \leq \frac{f(x,b)}{b}$$
$$= -e^{R_1(x-b)}\{v'_P(b) + R_1[S - v_P(b)]\}，当b<x时，取等号 \tag{6.27}$$

将5.6节的v_P和v'_P表达式代入式（6.27），再次得到式（6.17）。和之前一样，最优阈值b^*是使式（6.27）等号成立的阈值。

由于式（6.26）第二项的最大值是当前条件下选择停工的取值，或者更一般环境中执行控制的取值。显然，当$x \geqslant b^*$时，

$$p(x) = e^{R_1(x-b^*)}[S - v_P(b^*)]$$

为合适市场环境中选择权的价格。这里$[S - v_P(b^*)]$项为正，说明企业有选择重新开张的权利。也就是说，执行控制的必要条件是执行控制能够提高总收益。习题6.4证实，利用式（6.26）的方法，可以得到这个解。

习题6.4.（a）验证，将v_P和v'_P的表达式代入式（6.27），得到式（6.17）。

（b）证明$[S - v_P(b^*)] > 0$。

由于

$$e^{R_1(x-b)} = \psi(x,b,\infty) = \mathrm{E}_x[e^{-rT(b)}]$$

所以f可以写为

$$f(x, b) = v_P(x) + \psi(x, b, \infty)[S - v_P(b)]，对于所有b \leq x，所有x \tag{6.28}$$

根据命题5.5，对于任意b，B，

$$-\psi_x(b, b, B) = \psi_b(b, b, B)$$
$$\psi_b(x, b, B) = \psi(x, b, B)\psi_b(b, b, B)，x \in (b, B) \tag{6.29}$$

和确定性问题一样，利用式（6.28）和式（6.29）的第一行，得

$$-\frac{\partial f(x,b)}{\partial b}\Big|_{x=b} = +\frac{\partial f(x,b)}{\partial x}\Big|_{x=b}，对于所有b \tag{6.30}$$

这个结论的意义与之前毫无二致。给定阈值b，假设状态恰好为阈值，即$x=b$，考虑状态产生较小变化h的影响。企业延长运行时间，推迟收获残值。或者说，如果阈值下降h个单位，产生的影响与此相同。

再次应用式（6.28）和式（6.29）的第二行，有

$$\frac{\partial f(x,b)}{\partial b} = \psi_b(x,b,\infty)[S - v_P(b)] - \psi(x,b,\infty)v'_P(b)$$
$$= \psi(x,b,\infty)\{\psi_b(b,b,\infty)[S - v_P(b)] - v'_P(b)\}$$
$$= \psi(x,b,\infty)\frac{f(x,b)}{b}\Big|_{x=b}，对于所有b \leq x，所有x \tag{6.31}$$

对于随机问题，函数ψ扮演了贴现因子的角色：当前状态为x时，阈值b变化的效果，等于状态到达阈值b时，调整预期贴现时间使得企业依然运行的变化效果。

将式（6.30）和式（6.31）组合在一起，得到

$f_b(x, b^*)=0$，对于所有$x \geqslant b^* \Leftrightarrow f_x(b^*, b^*)=0$

因此，较为简便的做法是利用条件$f_x(b^*, b^*)=0$来刻画b^*的特征。具体来说，在所有满足式（6.23）和式（6.24）的函数$f(x, b)$中，最优价值函数$v=f(., b^*)$是恰好满足性质$f_x(b^*, b^*)=0$的那个函数。命题6.4对此进行了归纳总结。

命题6.4. 令r，μ，S和π满足假设6.1，令$X(t)$为布朗运动，参数为μ和$\sigma^2>0$。式（6.19）定义的阈值b^*以及式（6.20）定义的函数v具有如下特性：

i. 函数v满足

当$x>b^*$时，$rv(x)=\pi(x)+\mu v'(x)+\frac{1}{2}\sigma^2 v''(x)$

当$x \leqslant b^*$时，$v(x)=S$ （6.32）

ii. 函数v的极限为

$$\lim_{x \to \infty}[v(x) - v_P(x)] = 0 \quad (6.33)$$

iii. 函数v在b^*处连续，即

$$\lim_{x \downarrow b^*} v(x) = S \quad (6.34)$$

iv. 函数v的导数在b^*处连续，即

$$\lim_{x \downarrow b^*} v'(x) = 0 \quad (6.35)$$

证明. 式（6.32）~（6.34）的解是关于阈值b的一族函数，具有式（6.25）的形式。在这一族函数中，唯一满足式（6.35）的函数要求$b=b^*$，其中b^*由式（6.19）定义。

证明完毕。

条件（6.34）称为价值匹配条件，条件（6.35）称为平滑黏贴条件。条件（6.33）称为无泡沫条件。因此，求解最优价值函数v和阈值b^*的另外一种方法是利用HJB方程（6.32），加上边界条件式（6.33）~（6.35）。

下面采用启发式方法，说明如何得到平滑黏贴条件。假设阈值b已经选定，且状态$x=b$。现在考虑两个策略的预期收益。策略（i）是立即停工；策略（ii）是继续运行一小段时间h，然后决定去留。策略（i）的收益仅为$P_1=S$。策略（ii）的收益可以利用3.4节介绍的随机游走近似来计算。经过时段h后，获得支付π（b），然后做出决策。经过时段h后，状态增量为

$\Delta X=\pm\sigma\sqrt{h}$，

状态发生向上跳跃的概率为

$$p = \frac{1}{2}\left[1 + \frac{\mu\sqrt{h}}{\sigma}\right]$$

假设时段h结束时，如果X增加，企业让加工厂继续运行；如果X下降，企业关停加工厂。此时，策略（ii）的预期收益近似为

$\Pi_2=\pi(b)h+(1-rh)[pf(b+\sigma\sqrt{h}, b)+(1-p)S]$

利用泰勒级数展开计算f，得

$$pf(b+\sigma\sqrt{h},\ b)+(1-p)S\approx p\left[f(b,\ b)+f_x(b,\ b)\sigma\sqrt{h}\right]+(1-p)S$$
$$=S+pf_x(b,\ b)\sigma\sqrt{h}$$

第二行利用了价值匹配条件$f(b,\ b)=S$。因此，这两个支付的差近似为

$$\Pi_2-\Pi_1=\pi(b)h+(1-rh)\left[S+pf_x(b,\ b)\sigma\sqrt{h}\right]-S$$
$$\approx\left[\pi(b)-rS\right]h+pf_x(b,\ b)\sigma\sqrt{h}$$
$$\approx\frac{1}{2}f_x(b,\ b)\sigma\sqrt{h}$$

其中第二行去掉了h的高阶无穷小项，第三行去掉了$\sqrt{h}$的高阶无穷小项。如果阈值b是最优值，则对企业来说，这两个策略不分伯仲。因此，当且仅当阈值满足

$$f_x(b^*,\ b^*)=0$$

这个结论才成立，这恰好是平滑黏贴条件式（6.35）。

和确定性模型一样，这里依然有两种方法刻画函数f。对于随机模型，第一种方法利用函数$\hat{L}$和ψ。第二种方法使用HJB方程。

当然，这里依然有两种方法刻画最优阈值b^*。第一种方法要用到函数$f(x,\ b)$对阈值b的导数。第二种方法是利用命题5.5的结论和平滑黏贴条件$f_x(b^*,\ b^*)=0$，取代$f_b(x,\ b^*)$。

利用习题6.5和习题6.6，考察停工问题和开办问题中参数变化的影响。开办问题是停工问题的对偶问题。

习题6.5.（a）定性描述参数μ，σ^2，S和r变化对最优阈值b^*和最大价值函数v的影响。

（b）给定初始条件$x_0>b$，定性描述参数μ，σ^2，S和r变化对选择权执行之前的预期时间长度的影响。

习题6.6.考虑一个连续获得工资收入的失业工人问题。假设工资收入服从随机过程$\{X(t)\}$。工人随时可以获得一份工作。当他接受工作时，之后永远获得恒定的工资收入。只要他处于失业状态，就能获得失业救济金（现金流）。假设工人长生不老，意在最大化整个生命周期内的预期收入贴现值，贴现率$r>0$恒定。

（a）假设$X(t)$为布朗运动，参数为$(\mu,\ \sigma^2)$，描述工人此时的最优策略。如果要使问题有解，需要施加哪些约束条件（如果有的话）？

（b）如果$X(t)$为O-U过程，无穷小参数为$(a,\ \sigma^2)$，此时（a）的答案如何变化？

6.4 例子

假设利润函数为

$$\pi(x)=ae^{\eta x}$$

其中$a>0$以及$0<\eta<R_2$。对于任意残值$S>0$，假设6.1成立。此外，

$$v_P(x)=\frac{a}{J}\left[\int_0^{\infty}e^{-R_2z}e^{\eta(x+z)}dz+\int_{-\infty}^{0}e^{-R_1z}e^{\eta(x+z)}dz\right]$$
$$=aCe^{\eta x}$$

给参数η施加约束条件的目的是确保

$$C \equiv \frac{1}{J}\left[\frac{1}{R_2-\eta}-\frac{1}{R_1-\eta}\right]>0$$

为有限值。

因此，对于任意阈值b，价值函数为

$$f(x,b)=v_P(x)+e^{R_1(x-b)}\left[S-v_P(b)\right]$$
$$=aCe^{\eta x}+e^{R_1(x-b)}\left[S-aCe^{\eta b}\right]$$

图6-1为函数f（x，b）的图像，$x\in$［31，41］且$b\in$［30，40］。参数取值：

μ=-0.001，σ=10，r=0.045

a=0.03，η=0.02，S=4

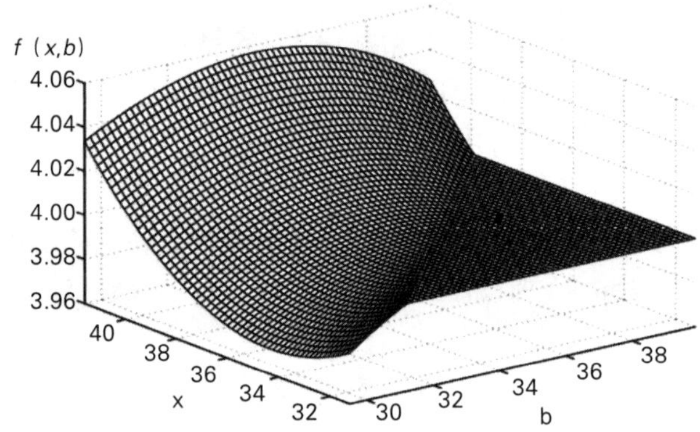

图6-1　价值函数f（x，b）。参数μ=-0.001，σ=10，r=0.045，a=0.03，η=0.02和S=4

x取值较大时，函数f（x，b）值超过S。在图像显示范围内，函数f（x，b）是b的严格凹函数。x取值适中情况下，$b<x$时，函数f（x，b）值超过S，函数f（x，b）是b的严格凹函数。$b>x$时，函数f（x，b）=S，函数f（x，b）是常数。x取值较小情况下，$b<x$时，函数f（x，b）值小于S，$b=x$时，函数f（x，b）值上升到S。

求解方程

$$0=(R_1-\eta)aCe^{\eta b^*}-R_1S$$

得到最优阈值b^*，

$$b^*=\frac{1}{\eta}\ln\left(\frac{S}{aC}\frac{R_1}{R_1-\eta}\right)$$
$$=\frac{1}{\eta}\ln\left(\frac{rS}{a}\frac{R_2-\eta}{R_2}\right)=34.69$$

根据参数η的约束条件，b^*有解，且价值函数为

$$v(x)=f(x,b^*)=aCe^{\eta x}+e^{R_1(x-b^*)}\left[S-aCe^{\eta b^*}\right]$$

图6-2为函数f在$b_1<b^*<b_2$三个横截面的图像。根据图像，曲线f（.，b^*）位于另外两条曲线的上方，并且在$x=b^*$处曲线平滑。曲线f（.，b_1）在$x=b_1$处下降到S下方，并且在$x=b_1$处不可微。曲线f（.，b_2）在$x=b_2$处不可微。

图6-3为函数v_P，v和其他两个函数的图像。根据图像，当x增大时，函数v从上方

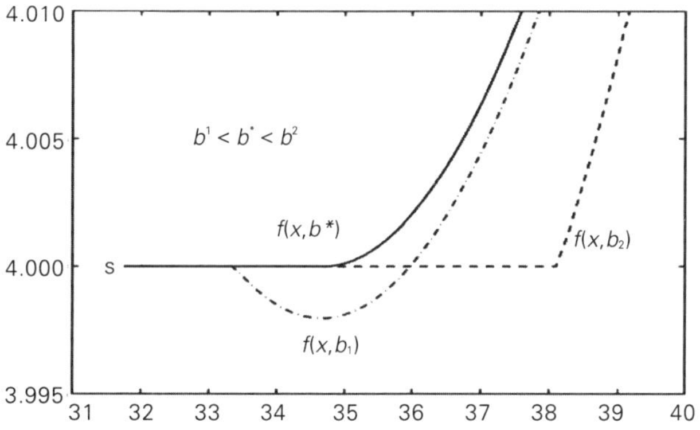

图6-2　函数 f（x，b）在阈值 $b_1<b^*<b_2$ 三个横截面的图像

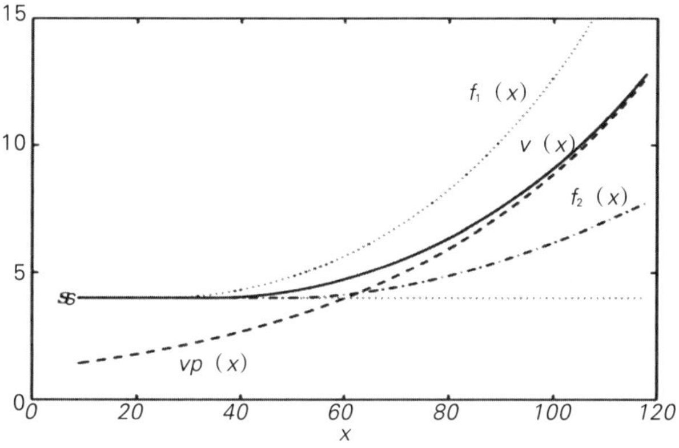

图6-3　不同边界条件下HJB方程的解

趋近于函数 v_P。如果忽略无泡沫条件（6.33），则对于任何阈值 b，可以选择式（6.22）中的常数 c_1 和 c_2，使得价值匹配条件（6.34）和平滑黏贴条件（6.35）成立。图6-3就包括这样两个"伪价值函数" f_1 和 f_2，其中 $b_1<b^*<b_2$。当 $x\to+\infty$ 时，这两个函数的图像都不趋近于 v_P。除此之外，这两个函数的图像与函数 v 基本相同。

注释

金融市场的期权定价文献浩如烟海。Duffie（1988，1996）及其引用的文献都对此进行了介绍。对于布朗运动的离散近似问题，Cox and Ross（1976）以及Cox，Ross，and Rubinstein （1979）是出版时间较早，且通俗易懂的教科书。

期权理论在其他领域同样应用广泛。例如，MacDonald and Siegel （1985，1986）应用期权理论，研究市场进入和退出的时机选择问题——投资和停工问题。Weisbrod（1964），Arrow and Fisher （1974）以及Henry （1974）应用期权理论，研究环境保护问题。Brennan and Schwartz （1985）利用期权价值理论，评价自然资源项目。

第7章

固定成本模型

在第6章的选择权问题中，选择权仅可以执行一次，这和固定成本行为类似。其他情况下，可以展开多次行动，但调整存在显性固定成本。分析选择权问题所用方法很容易扩展，用来分析此类问题。不过，最优执行控制问题会变得更复杂，主要表现在以下两个方面。一是必须选择调整的大小。二是由于行动可以重复进行，决策必须具有前瞻性，决策者必须预测未来经济环境的变化以及相应的行动。这使得问题变得更复杂。Sheshinski and Weiss （1977，1983）以及其他文献所研究的随机菜单成本模型，就是此类模型的例子。

在菜单成本模型中，企业利润流取决于与一般价格指数相比较的企业自身产品相对价格。一般价格指数服从几何布朗运动，企业问题是选择自身产品名义价格的变化策略。假设改变价格存在固定成本，但不存在变动成本。固定成本可以看作制定管理决策付出的时间成本，或者打印新菜单的成本。下文将会表明，在相对温和的约束条件下，最优策略具有如下形式：存在不行动区域（b，B）和返回点$S\in$（b，B）。当相对价格处于不行动区域内时，企业按兵不动。一旦相对价格离开不行动区域，企业立即调整产品的名义价格，使得相对价格等于返回值S。

在菜单成本模型中，行动可以重复进行，此时可以描述最优策略下的长期平均。例如，可以计算每个阈值处调整所占比例，调整之间的平均时间，以及相对价格的长期密度函数。在类似的经济环境中，如果大量经济主体遭遇独立同分布冲击（对于菜单成本模型，这个假设没有意义），这些平均值可以看作平稳分布的截面平均。

这个模型可以进行扩展，允许企业可以等待不用支付固定成本就进行价格调整的机会。本章用泊松到达刻画这种机会，并讨论将这种冲击纳入模型的方法。

本章余下部分结构如下。在7.1节，建立模型，描述可行策略，采用具有平稳性的递归方法构建优化问题。结果表明，最优价值函数有界。在7.2节，提出两个极为基础的预备结论。一个是最优策略包含执行控制的条件；另一个结论表明不行动区域存在并且唯一。在7.3节，利用预期贴现局部时间函数$\hat{L}$，预期贴现示性函数ψ和Y，刻画最优策略和价值函数。在7.4节，利用HJB方程（汉密尔顿-雅克比-贝尔曼方程），求出优化问题的解，并刻画长期平均的特征。在7.5节，讨论无成本进行调整的外生机会问题。在7.6节，介绍一个例子。

7.1 菜单成本模型

考虑企业在任何时点t的利润流取决于企业产品的名义价格对（整个行业或者整个经济）总价格指数的比率。假设总价格指数服从几何布朗运动。为了便于分析，价格取对数。令$p(t)$为企业名义价格的对数，$\bar{p}(t)$为总价格指数的对数。$\bar{p}(t)$为滤过的概率空间（Ω，F，Q）上的布朗运动，初始值$\bar{p}(0)=\bar{p}_0$。价格、利润以及下文所用的所有随机过程，都定义在滤过的概率空间（Ω，F，Q）上。

给定企业（对数）名义价格的初始值p_0。企业可以随时改变名义价格，但改变价格时，必须支付固定调整成本$c>0$。调整成本c不随时间变化，用实际值度量。由于控制需要支付固定成本，所以仅在必要时刻，企业才会调整价格，并且调整幅度为离散值。也就是说，企业选择一个递增的停时序列$0\leqslant T_1\leqslant T_2<...\leqslant T_i<...$，在每个（随机）停时处，企业调整产品的名义价格。

因为任何时点的利润流仅取决于企业相对价格，因此仅用一个状态变量就可以构建优化问题。这样做的目的是简化符号，以便专注考察所关心的经济问题。令

$Z(t)\equiv p(t)-\bar{p}(t)$，对于所有$t\geqslant 0$，所有$\omega$

表示时点t企业相对价格的对数。初始值$z_0\equiv p_0-\bar{p}_0$。在每个停时T_i，企业调整名义价格，等价于选择相对价格的值z_i。因此，企业不仅要选择一个停时序列，还要选择一个随机变量序列$\{z_i\}_{i=1}^{\infty}$。$z_i(\omega)$为停时$T_i(\omega)$处设定的相对价格（对数）。

用数学符号表达就是，如果

i. $0\leqslant T_1\leqslant T_2<...\leqslant T_i<...$为停时，且

ii. 每个z_i都F_{T_i}可测，

则$\gamma=\{(T_i,z_i)\}_{i=1}^{\infty}$为一个脉冲控制策略。这个条件包含非降$\sigma$-代数$F$。第一个条件说的是，在任何时点$t$，决策制定者必须确定$T_i$是否已经发生。第二个条件说的是，在停时$T_i$（ω）设定的价格，仅取决于该时点能获得的信息。令Γ表示所有脉冲控制策略集合。

在每个停时T_i（ω），企业的相对价格$Z(t)$跳到目标水平z_i（ω）。在接下来的（随机）时间段$[T_i, T_{i+1})$，$Z(t)$的增量映射到$\bar{p}(t)$的增量，符号随之变号。因此，给定初始值$Z(0)=z_0$和脉冲控制策略$\gamma=\{(T_i,z_i)\}_{i=1}^{\infty}$，企业相对价格的随机过程为

$$Z(t)=z_i-[\bar{p}(t)-\bar{p}(T_i)],\ t\in[T_i, T_{i+1}),\ i=0, 1, 2, ..., \text{所有}\ \omega \tag{7.1}$$

其中$T_0\equiv 0$。策略γ的条件（i）和（ii），确保$Z(t)$满足随机过程可测条件。因为$\bar{p}(t)$是布朗运动，在每个时段$[T_i, T_{i+1})$，相对价格$Z(t)$也是布朗运动。令随机过程

$\bar{p}$的参数为（$-\mu$，σ^2），随机过程Z的参数亦为（μ，σ^2）。

企业利润流π（z）是相对价格z的平稳函数，并且利润按照恒定利率r进行贴现。假设7.1对π，r，c和参数μ，σ^2施加了两个约束条件，确保优化问题有解。

假设7.1.（i）r，c，$\sigma^2>0$；

（ii）利润函数π是连续函数，在区间（$-\infty$，0）上严格递增，在区间（0，∞）上严格递减。

假设利润函数π单峰确保了最优策略唯一，且仅包含一个不行动区域。为方便起见，假设利润在$z=0$处取得最大值。

给定初始状态z_0和脉冲控制策略$\gamma\in\Gamma$，令H（z_0；γ）为总收益的预期贴现值：

$$H(z_0;\gamma)\equiv \mathrm{E}_{z_0}\left\{\int_{T_0}^{T_1}e^{-rt}\pi[Z(t)]dt+\sum_{i=1}^{\infty}\left[-e^{-rT_i}c+\int_{T_i}^{T_{i+1}}e^{-rt}\pi[Z(t)]dt\right]\right\}$$

Z（t）由式（7.1）定义。给定上述γ和r，c，π的假设条件，H（z_0；γ）表达式中的积分有定义，且预期值存在（尽管可能为$-\infty$）。

企业问题是使扣除调整成本的净收益的贴现值最大。令v（z）为给定初始状态z贴现收益的最大值，则

$$v(z)\equiv\sup_{\gamma\in\Gamma}H(z;\gamma)\text{，对于所有 }z$$

命题7.1阐述了函数v的一个重要性质。

命题7.1. 在假设7.1条件下，函数v有界。

证明.显然，函数H和v有上界π（0）$/r$。要确定函数v的下界，需要定义如下策略$\hat{\gamma}$。选择任意$a<s<A$，令

z_i（ω）$=s$，对于所有i，ω

$T_1=0$

$T_{i+1}=\min\{t>T_i$：Z（t）$\notin$（a，A）$\}$，$i=1$，2，...

则

$$H(z;\hat{\gamma})=\mathrm{E}_z\left\{\sum_{i=1}^{\infty}\left[-e^{-rT_i}c+\int_{T_i}^{T_{i+1}}e^{-rt}\pi[Z(t)]dt\right]\right\}\equiv h_0$$

为有限值，并且与z无关，所以$v\geqslant h_0$。

证明完毕。

命题7.1所阐述的企业问题，可以利用递归方法来阐述。因为经济环境平稳，根据优化原理，价值函数v（并且只有函数v）满足贝尔曼方程

$$v(z)=\sup_{T\geqslant0,s}\mathrm{E}_z\left\{\int_0^T e^{-rt}\pi[Z(t)]dt+e^{-rT}[v(s)-c]\right\}\text{，对于所有 }z \tag{7.2}$$

其中T为停时。

在递归表达式（7.2）中，函数v与时间没有直接关系。函数v主要取决于$\bar{p}$为布朗运动这个假设。假设$\bar{p}$为布朗运动，对于所有i，ω，随机过程

$$x_i(s)=\bar{p}(T_i+s)-\bar{p}(T_i)\text{，}s\in[0,T_{i+1}-T_i)$$

具有相同分布。所以，无论选择什么样的停时，式（7.1）中Z的增量都同分布。如果p为更一般的扩散过程，此结论不成立。

7.2 预备结论

最优策略未必包含执行控制。因此，有必要首先考察什么条件下不执行控制。令 v_P（z）表示无限期界情况下，不执行控制时的预期收益，即

$$v_P(z) \equiv \mathrm{E}_z\left[\int_0^{\infty} e^{-rt}\pi(Z(t))dt\right]$$

$$= \int_{-\infty}^{\infty} \hat{L}(\zeta; z, -\infty, \infty)\pi(\zeta)d\zeta$$

$$= \frac{1}{J}\left[\int_z^{\infty} e^{R_2(z-\zeta)}\pi(\zeta)d\zeta + \int_{-\infty}^{z} e^{R_1(z-\zeta)}\pi(\zeta)d\zeta\right], \text{ 即对于所有 } z$$

和5.2节定义一样，$R_1 < 0 < R_2$ 以及 $J>0$。根据5.6节结论，得到第二行。命题7.2给出了不执行控制是最优策略时，$v=v_P$的充分必要条件。

命题7.2. 在假设7.1条件下，当且仅当$v_P>-\infty$以及

$$\inf_z v_P(z) \geqslant \sup_z v_P(z) - c \tag{7.3}$$

时，$v=v_P$。

证明. 假设$v_P>-\infty$，且式（7.3）成立。则

$$v(z) \equiv \sup_{T\geqslant 0, s} \mathrm{E}_z\left[\int_0^T e^{-rt}\pi(Z(t))dt + e^{-rT}[v_P(s) - c]\right]$$

$$= v_P(z) + \sup_{T\geqslant 0} \mathrm{E}_z\left\{e^{-rT}\left[\sup_s v_P(s) - c - v_P(Z(T))\right]\right\}$$

$$= v_P(z)$$

其中T为停时。因为v_P有界，从0到停时T的预期收益为v_P（z）$-\mathrm{E}_z$［$e^{-rT}v_P$（Z（T））］，由此得到第二行。利用式（7.3），得到最后一行。

反过来，假设$v=v_P$。根据命题7.1，v_P有界。此外，v_P满足式（7.2）。因为$T=0$可行，由此式（7.3）成立。

证明完毕。

这个结论背后的思想显而易见。如果式（7.3）成立，则函数v_P极为平坦，最小值和最大值的差小于固定调整成本c。此时，固定成本太大，不会进行任何价格调整。余下的分析要用到假设7.2。

假设7.2. 要么$v_P=-\infty$，要么

$$c < \sup_z v_P(z) - \inf_z v_P(z)$$

命题7.3表明，在假设7.1和假设7.2条件下，刻画最优停时的临界值b^*，B^*存在且唯一，其中$b^*<0<B^*$。具体来说，如果当前状态位于（b^*，B^*）之外，最优策略是立即进行价格调整。其他情况下，在停时T（b^*）$\wedge T$（B^*）处进行价格调整。注意到，假设7.2排除了$b^*=-\infty$且$B^*=\infty$这种情况，但允许只有一侧阈值为有限值的情况。

命题7.3. 在假设7.1和7.2条件下，存在$b^*<0<B^*$。其中$|b^*|<\infty$，$|B^*|<\infty$或二者皆成立。最优停时b^*和B^*具有如下性质：当$z\notin$（b^*，B^*）时，$T=0$为式（7.2）中的唯一最优停时；当$z\in$（b^*，B^*）时，$T=T$（b^*）$\wedge T$（B^*）为式（7.2）的唯一最优停时。

证明.在每个时点都进行价格调整，必然不是最优策略。因此在实数R中，至少有一个时段是不行动区域。同时，根据命题7.2，$T=\infty$不是最优策略。所以在实数R中，至少存在一个时段，企业立即调整价格。因此，最优策略将整个实数轴分为两类区域：不行动区域和行动区域。也就是说，存在

$$... < b_{i-1} < B_{i-1} < b_i < B_i < b_{i+1} < B_{i+1} < ...$$

对于所有i，满足

$$T = \begin{cases} T(b_i) \wedge T(B_i), & \text{对于所有} z \in (b_i, B_i) \\ 0, & \text{对于所有} z \in (B_i, b_{i+1}) \end{cases}$$

定义

$$M \equiv \sup_s v(s) - c$$

同时，由于$\pi(z)$在$z=0$处达到最大，因此

$$M < \frac{\pi(0)}{r} - c$$

假设初始状态$z_0=0$。如果立即调整价格，支付为M。然而，如果等待较短时间h再进行调整的话，预期支付近似为$\pi(0)h+(1-rh)M$。这两个收益的差为

$$\Delta=h[\pi(0)-rM]>hrc>0$$

因此$z=0$位于不行动区域内。令$b_0<0<B_0$表示$z_0=0$时的最优阈值。

假设在大于B_0的区间内，存在另外一个不行动区域。也就是说，对于某些$0<B_0<b_1<B_1$，假设区间(b_1, B_1)为不行动区域。考虑初始条件$z\in(b_1, B_1)$。利用停时$T=T(b_1)\wedge T(B_1)$，企业获得预期支付

$$E_z\left[\int_0^T e^{-rs}\pi(Z(s))ds + e^{-rT}M\right] < E_z\left[\frac{1}{r}(1-e^{-rT})\pi(b_1) + e^{-rT}M\right]$$

$$= \frac{1}{r}\pi(b_1) + \left[M - \frac{1}{r}\pi(b_1)\right]E_z[e^{-rT}]$$

当$z>0$时，π为减函数，由此得到第二行。当且仅当

$$\frac{1}{r}\pi(b_1) - M > \left[\frac{1}{r}\pi(b_1) - M\right]E_z[e^{-rT}]$$

时，这个策略的收益才大于立即调整的收益M。因为$E_z[e^{-rT}]<1$，当且仅当$\pi(b_1)>rM$时，这个不等式才成立。不过，考虑初始条件$z\in(B_0, b_1)$。此时，立即调整的收益高于运行一小段时间$h>0$后再调整的收益，即

$$h\pi(z)+(1-rh)M<M, \text{对于所有} z\in(B_0, b_1)$$

或者$\pi(z)<rM$。因为$z>0$时，$\pi(z)$单调递减，这两个结论相互矛盾。

对于小于b_0的区间，讨论与此类似。因此，必然仅存在一个不行动区域(b^*, B^*)，其中$b^*<0<B^*$。

证明完毕。

既然已经证明，仅存在唯一一个不行动区域。余下的任务就是刻画临界值b^*，B^*和S^*的特征。在7.4节和7.5节，采用两种方法刻画临界值b^*，B^*和S^*特征。

7.3 优化：直接方法

刻画最优策略的一种方法是直接方法，与选择权问题所用方法类似。直接方法利用第5章定义的函数$\hat{L}$，ψ和Y，首先计算任意策略b，B，S的预期值，之后按照通常做法求最大值。

给定任意b，B，S的值，其中$b<B<S$。利用这些临界值定义策略。令F（z，b，B，S）表示此策略的预期贴现收益。对于$z\in$（b，B），此策略的预期收益可以写为三部分的和：从0到停时$T=T(b)\wedge T(B)$的预期收益，在阈值b停止时的预期延续价值，以及在阈值B停止时的预期延续价值。因此，F满足贝尔曼型方程

当z∈（b，B）时，$F(z,b,B,S)=w(z,b,B)+\left[\psi(z,b,B)+\Psi(z,b,B)\right]\left[F(S,b,B,S)-c\right]$

当z∈（b，B）时，$F(z,b,B,S)=F(S,b,B,S)-c$ (7.4)

其中

$$w(z,b,B)\equiv \mathrm{E}_z\left[\int_0^T e^{-rs}\pi(Z(s))ds\right]$$
$$=\int_b^B \hat{L}(\zeta;z,b,B)\pi(\zeta)d\zeta$$
$$\psi(z,b,B)\equiv \mathrm{E}_z\left[e^{-rT}\mid Z(T)=b\right]\mathrm{Pr}_z\left[Z(T)=b\right]$$
$$\Psi(z,b,B)\equiv \mathrm{E}_z\left[e^{-rT}\mid Z(T)=B\right]\mathrm{Pr}_z\left[Z(T)=B\right]$$

这和第5章的定义相同。有E_z［.］表示初始值为z时的条件期望。企业问题是选择b，B，S，使得F取值最大，即

$$v(z)=\max_{b,B,S}F(z,b,B,S) \tag{7.5}$$

利用式（7.5）的一阶条件，能够刻画最优临界值b^*，B^*，S^*的特征。引理7.4给出了关于阈值b^*和B^*一阶条件的重要结论。

引理7.4.令假设7.1和假设7.2成立。

i.给定任意M和$\hat{b}<B$，如果对于某些$z\in$［$\hat{b}$，B），

$$w_b(z,\hat{b},B)+\left[\psi_b(z,\hat{b},B)+\Psi_b(z,\hat{b},B)\right]M=0 \tag{7.6}$$

成立，则对于所有$z\in$［$\hat{b}$，B），式（7.6）都成立。此外

$$w_z(\hat{b},\hat{b},B)+\left[\psi_z(\hat{b},\hat{b},B)+\Psi_z(\hat{b},\hat{b},B)\right]M=0$$

ii.给定任意M和$\hat{B}>b$，如果对于某些$z\in$（b，$\hat{B}$］，

$$w_B(z,b,\hat{B})+\left[\psi_B(z,b,\hat{B})+\Psi_B(z,b,\hat{B})\right]M=0 \tag{7.7}$$

成立，则对于所有$z\in$（b，$\hat{B}$］，式（7.7）都成立。此外

$$w_z(\hat{B},b,\hat{B})+\left[\psi_z(\hat{B},b,\hat{B})+\Psi_z(\hat{B},b,\hat{B})\right]M=0$$

证明.i.给定任意M和$\hat{b}<B$。如果对于$\hat{z}\in\left[\hat{b},B\right)$，式（7.6）成立，则

$$0=w_b(\hat{z},\hat{b},B)+\left[\psi_b(\hat{z},\hat{b},B)+\Psi_b(\hat{z},\hat{b},B)\right]M$$
$$=\psi(\hat{z})\left\{w_b(\hat{b},\hat{b},B)+\left[\psi_b(\hat{b},\hat{b},B)+\Psi_b(\hat{b},\hat{b},B)\right]M\right\}$$

$$= -\psi(\hat{z})\left\{w_z(\hat{b},\hat{b},B) + \left[\psi_z(\hat{b},\hat{b},B) + \Psi_z(\hat{b},\hat{b},B)\right]M\right\}$$

利用命题5.5和命题5.6，得到第二行和第三行。因为对于$\hat{z} \in [\hat{b}, B)$，$\psi(\hat{z}) > 0$，最后一行大括号中项必然等于0。将上述讨论倒推，对于所有$z \in [\hat{b}, B)$，有式（7.6）成立。

ii. 按照类似的方法，可以证明其他结论成立。

证明完毕。

引理7.4表明，如果对于任意$z \in (b^*, B^*)$，一阶条件$F_b(z, b^*, B^*, S^*)=0$成立，则对于所有$z \in (b^*, B^*)$，$F_b(z, b^*, B^*, S^*)=0$也成立。也就是说，最优阈值b^*并不随着z的变化而变化。最优阈值B^*也有相同结论。此外，最优返回点显然也不随着z的变化而变化：因为式（7.4）的最后一项$F(S)$在S^*取得最大值，与当前状态无关。根据优化原理，直接得到最优临界值不随当前状态变化而变化的结论。当状态$z \in (b^*, B^*)$时，决策制定者选择b^*，B^*和S^*。进一步假设，经过一段时间后，没有到达任何一个阈值。如果决策制定者重新优化，他还会选择相同的阈值和返回点。

引理7.5利用引理7.4的结论刻画最优策略特征。

引理7.5. 令假设7.1和假设7.2成立。如果式（7.5）在b^*，B^*和S^*达到最大值，且b^*和B^*为有限值，则

$$w_z(b^*,b^*,B^*) + \left[\psi_z(b^*,b^*,B^*) + \Psi_z(b^*,b^*,B^*)\right]M^* = 0 \tag{7.8}$$

$$w_z(B^*,b^*,B^*) + \left[\psi_z(B^*,b^*,B^*) + \Psi_z(B^*,b^*,B^*)\right]M^* = 0 \tag{7.9}$$

$$w_z(S^*,b^*,B^*) + \left[\psi_z(S^*,b^*,B^*) + \Psi_z(S^*,b^*,B^*)\right]M^* = 0 \tag{7.10}$$

其中

$$M^* = \frac{w(S^*,b^*,B^*) - c}{1 - \psi(S^*,b^*,B^*) - \Psi(S^*,b^*,B^*)} \tag{7.11}$$

如果$b^*=-\infty$，则将式（7.8）替换为

$$\lim_{z \to -\infty} \pi(z) \geq rM^* \tag{7.12}$$

如果$B^*=\infty$，则将式（7.9）替换为

$$\lim_{z \to \infty} \pi(z) \geq \mathrm{r}M^* \tag{7.13}$$

证明.假设b^*和B^*都取有限值，则

当$z \in (b^*, B^*)$时，$v(z) = w(z,b^*,B^*) + \left[\psi(z,b^*,B^*) + \Psi(z,b^*,B^*)\right]M^*$

当$z \in (b^*, B^*)$时，$v(z) = M^*$ （7.14）

其中$M^* \equiv v(S^*) - c$。则

$M = w(S^*, b^*, B^*) + [\psi(S^*, b^*, B^*) + \Psi(S^*, b^*, B^*)] M^* - c$

所以式（7.11）成立。显然，函数v可微，所以在S^*取得最大值的必要条件是$v'(S^*)=0$。因此，式（7.10）成立。在b^*取得最大值的必要条件是式（7.6），根据引理7.4，得到式（7.8）。同样，在B^*取得最大值的必要条件是式（7.7），由此得到式（7.9）。

如果$b^*=-\infty$，对于任意y>$-\infty$，有

$$0 > w_b(z,y,B^*) + \left[\psi_b(z,y,B^*) + \Psi_b(z,y,B^*)\right]M^*$$
$$= -\psi(z)\left\{w_z(y,y,B^*) + \left[\psi_z(y,y,B^*) + \Psi_z(y,y,B^*)\right]M^*\right\}，对于所有 z>y$$

取$y\to-\infty$的极限，根据上面这个条件，得到

$$0 \leqslant \lim_{y\to-\infty}\left\{w_z(y,y,B^*) + \left[\psi_z(y,y,B^*) + \Psi_z(y,y,B^*)\right]M^*\right\} \tag{7.15}$$

考虑式（7.15）中的三项。根据5.2节常数J和根R_1，R_2的定义，因为

$$\lim_{y\to-\infty} w_z(y,y,B^*) = \frac{R_2 - R_1}{J}\lim_{y\to-\infty}\int_y^{B^*} e^{R_2(y-\xi)}\pi(\xi)d\xi$$
$$\lim_{y\to-\infty}\psi_z(y,y,B^*) = R_1$$
$$\lim_{y\to-\infty}\Psi_z(y,y,B^*) = 0$$

因此，当且仅当

$$0 \leqslant \frac{R_2 - R_1}{J}\lim_{y\to-\infty}\int_y^{B^*} e^{R_2(y-\xi)}\pi(\xi)d\xi + R_1M^*$$

时，式（7.15）成立。因为（R_1–R_2）/R_1J=R_2/r，因此，当且仅当

$$rM^* \leqslant \lim_{y\to-\infty}\int_y^{B^*} R_2e^{R_2(y-\xi)}\pi(\xi)d\xi$$

时，式（7.15）才成立。进而，当且仅当满足式（7.12）的条件时，式（7.15）才成立。

采用类似的讨论，可以证明$B^*=\infty$时，式（7.13）成立。

证明完毕。

命题7.5采用直接方法研究企业问题，刻画任意策略的预期支付特征，之后进行优化。进而，由于函数w，ψ和Ψ已知，式（7.8）~（7.11）构成了关于未知数b^*，B^*，S^*，M^*的四元方程组。利用这个方程组，可以利用数学分析方法研究参数变化的影响，利用相对简单的数值解法计算出方程组的解。不过，条条大路通罗马，下面就讨论另外一种方法。

7.4 利用HJB方程求解

研究价值函数的另外一种方法是利用汉密尔顿–雅克比–贝尔曼方程（HJB方程）。这里的价值函数包括最优价值函数v和刻画任意策略的预期收益函数F（.，b，B，S）。尤为重要的是，这两个函数都满足HJB方程，差别仅在于边界条件有所不同。无论哪个函数，边界条件都涉及价值函数在阈值b和B处的连续性。函数v还需要额外满足三个优化条件，分别是关于b，B和S的一阶条件。因此，利用HJB方程加上合适的边界条件，就能构建出这些价值函数。与利用函数$\hat{L}$，ψ和y的直接方法相比，HJB方程的缺点是略显晦涩难懂，但优势是灵活多变。第8章将进一步展现HJB方程的灵活性。

按惯例，通过考察初始状态$Z(0)=z$位于不行动区域内时的企业价值，可以推导出HJB方程。首先考察函数v。只要时间段h足够小，企业价值就可以写为

$$v(z) \approx \pi(Z(0))h + \frac{1}{1+rh}\mathrm{E}_z\left[v(Z(0)+\Delta Z)\right]$$

$$\approx \pi(z)h + \frac{1}{1+rh}\mathrm{E}_z\left[v(z) + \mu v'(z)h + \frac{1}{2}\sigma^2 v''(z)h\right] \tag{7.16}$$

其中ΔZ表示随机过程Z（t）在时段［0，h］上的（随机）变化。利用二阶泰勒级数近似和伊藤引理，得到第二行。合并同类项，之后取$h \to 0$的极限，就得到HJB方程。

HJB方程是一个二阶常微分方程，所以需要两个边界条件才能求出确切解。此外，计算b^*，B^*和S^*还额外需要三个条件。命题7.6给出了这些边界条件和优化条件。

命题7.6. 令假设7.1和7.2成立。令函数v为式（7.14）。令b^*，B^*和S^*为最优策略。如果b^*和B^*为有限值，则

i. 函数v满足

$$\text{当} z \in (b^*, B^*) \text{时}, \ rv(z) = \pi(z) + \mu v'(z) + \frac{1}{2}\sigma^2 v''(z) \tag{7.17}$$

$$\text{当} z \in (b^*, B^*) \text{时}, \ v(z) = v(S^*) - c \tag{7.18}$$

ii. 函数v和v'在b^*处连续，即

$$\lim_{z \downarrow b^*} v(z) = v(S^*) - c, \ \text{且} \lim_{z \downarrow b^*} v'(z) = 0 \tag{7.19}$$

iii. 函数v和v'在B^*处连续，即

$$\lim_{z \uparrow B^*} v(z) = v(S^*) - c, \ \text{且} \lim_{z \uparrow B^*} v'(z) = 0 \tag{7.20}$$

iv. S^*满足

$$v'(S^*) = 0 \tag{7.21}$$

当$b^* = -\infty$时，用

$$\lim_{z \to -\infty} v(z) = \lim_{z \to -\infty} v_P(z) \geqslant v(S^*) - c \tag{7.22}$$

代替式（7.19）；当$B^* = \infty$时，用

$$\lim_{z \to \infty} v(z) = \lim_{z \to \infty} v_P(z) \geqslant v(S^*) - c \tag{7.23}$$

代替式（7.20）。v_P见7.2节定义。

评论. 方程（7.17）为在不行动区域内成立的HJB方程。方程（7.18）为在不行动区域外成立的价值函数。式（7.19）和式（7.20）第一个条件为价值匹配条件，说明函数v在阈值b^*和B^*处连续。式（7.19）和式（7.20）的第二个条件为平滑黏贴条件，说明函数v'在阈值b^*和B^*处连续。最优返回条件式（7.21）刻画了最优返回点S^*的特征。对于价值匹配条件和平滑黏贴条件，除了既包含下阈值也包含上阈值外，其他条件与第6章选择权问题相同。这里的新生事物是最优返回条件。由于选择权仅能执行一次，因此不涉及返回点。

证明. 式（7.16）两侧同时乘以（$1+rh$），之后除以h，并令$h \to 0$，得到函数v满足式（7.17）。根据式（7.14），式（7.18）显然成立。

如果阈值b^*和B^*取有限值，根据式（7.14），直接有价值匹配条件式（7.19）和式（7.20）成立。此外，由于满足式（7.8）~（7.10），由此平滑黏贴条件式（7.19）和式（7.20）以及最优返回条件式（7.10）成立。

假设$b^* = -\infty$。根据式（7.14），有

$$\lim_{z\to-\infty} v(z) = \lim_{z\to-\infty}\left\{w(z,-\infty,B^*) + \left[\psi(z,-\infty,B^*) + \Psi(z,-\infty,B^*)\right]\left[v(S^*) - c\right]\right\}$$
$$= v_P(z) + (0+0)\left[v(S^*) - c\right]$$

所以式（7.22）的第一个结论成立。根据假设，$b^*=-\infty$为最优策略，由此立即得到第二个结论。

类似论证可以证明，式（7.23）的结论成立。

证明完毕。

下面的推论表明，对于任意策略的价值函数F（.，b，B，S），命题7.6的某些结论依然成立。

推论. 令$b<S<B$表示任意策略，阈值b和B为有限值。令函数F（.，b，B，S）取式（7.4），则函数F满足式（7.17）和式（7.18），并且函数F在阈值b和B关于变量z连续。当$b=-\infty$时，阈值b的连续条件替换为式（7.22）的第一个条件。当$B=\infty$时，阈值B的连续条件替换为式（7.23）的第一个条件。

证明. 对于任意$b<S<B$，命题7.6的证明过程依然成立。

证明完毕。

不出所料，函数F满足HJB方程和价值匹配条件。从逻辑上看，求HJB方程不需要优化方法，仅需要给定区域为不行动区域。如果在不行动区域外，对于任意给定的调整策略，价值匹配条件都成立。

只需将上述讨论倒推，就能构建出函数v和F。在第5章曾经讨论过，$h_i(z) = e^{R_i z}$（i=1，2）为方程（7.17）的齐次解。因此，方程（7.17）的通解为

$$\hat{v}(z) = f_P(z) + d_1 e^{R_1 z} + d_2 e^{R_2 z}$$

其中f_P为任意特解，d_1，d_2为任意常数。例如，在第5章曾经讨论过，v_P为特解，所以对于任意b，B，w（.，b，B）也是特解。因此，对于任意$b<B$，可以采用w作为特解，则式（7.17）的通解为

$$\hat{v}(z) = w(z,b,B) + d_1 e^{R_1 z} + d_2 e^{R_2 z}，对于所有 z\in (b，B) \tag{7.24}$$

给定任意策略$b<S<B$，阈值b和B为有限值。当$z\in$（b，B）时，函数$\hat{v}$为式（7.24）。当$z\notin$（b，B）时，函数$\hat{v}$为式（7.17）的第二行。根据价值匹配条件，在阈值b和B处，这两个表达式一致。由于w（b，b，B）=w（B，b，B）=0，这意味着

$$d_1 e^{R_1 b} + d_2 e^{R_2 b} = \hat{v}(S) - c$$
$$d_1 e^{R_1 B} + d_2 e^{R_2 B} = \hat{v}(S) - c$$

求解这个方程组，并将d_1和d_2的表达式代入式（7.24），得到

$$\hat{v}(z) = w(z,b,B) + \left[\psi(z,b,B) + \Psi(z,b,B)\right]\left[\hat{v}(S) - c\right] \tag{7.25}$$

这正是函数F（.，b，B，S）的表达式——式（7.4）。

当$b=-\infty$时，阈值b的价值匹配条件替换为式（7.22）的第一个条件。由于$R_1<0$，这个条件要求$d_1=0$。根据阈值B的价值匹配条件，有

$$d_2 = e^{-R_2 B}\left[\hat{v}(S) - c\right]$$

因此，对于任意$z\leqslant B$，

$$d_1 e^{R_1 z} + d_2 e^{R_2 z} = 0 + e^{R_2(z-B)}\left[\hat{v}(S) - c\right]$$

$$=\psi(z,-\infty,B)+\Psi(z,-\infty,B)[\hat{v}(S)-c]$$

所以式（7.25）保持不变。$B=\infty$时的结论与此类似。

到目前为止，所有讨论都没有涉及优化问题。因此，对于任意$b<S<B$，利用上述构建方法得到函数$\hat{v}=F$（.，b，B，S）。在上述所有解中，最优价值函数v不仅满足平滑黏贴和最优返回条件，还需利用F_z（b）$=F_z$（B）$=F_z$（S）$=0$确定临界值b^*，B^*，S^*。根据引理7.4，这三个条件与一阶条件$F_b=F_B=F_S=0$等价。当$b^*=-\infty$时，阈值b的平滑黏贴条件替换为

$$\lim_{z\to-\infty}\hat{v}(z)\geq \mathrm{v}(S^*)-c$$

$B^*=\infty$时的结论与此类似。

如果函数v_P有界，选择v_P作为特解更为简便。因为函数v_P表示不执行任何控制时的预期贴现收益。因此选择v_P作为特解时，$d_1e^{R_1z}+d_2e^{R_2z}$表示执行控制时的预期贴现收益。

习题7.1. 假设函数v_P有界，考虑函数

$$F(z,b,B,S)=v_P(x)+d_1(b,B,S)e^{R_1z}+d_2(b,B,S)e^{R_2z}$$

其中$b<S<B$取任意值，选取常数d_1和d_2使得价值匹配条件成立。证明，最优策略b^*，B^*使得$d_1(b,B,S)e^{R_1z}+d_2(b,B,S)e^{R_2z}$最大。

如果v_P无界，可以在极值区域建立收益函数π，仍然得到上述结论。举例来说，假设v为最优价值函数，b^*，B^*，S^*为收益函数π的相关策略。由于收益函数π仅出现在HJB方程（7.17）~（7.23）中，这些条件仅在区域（b^*，B^*）上成立。考虑任意函数$\hat{\pi}\geq\pi$，在（b^*，B^*）上与收益函数π重合，且满足假设7.1。显然，v和b^*，B^*，S^*也是函数$\hat{\pi}$的解。

因此，当$v_P=-\infty$时，可以换一种方式构建方程的解。选择满足假设7.1的$\hat{\pi}\geq\pi$，使得：(i) 在区间（a，A）上，函数$\hat{\pi}$与函数π重合。区间（a，A）要足够大，足以包含不行动区域；(ii) $\hat{v}_P$有界。求解函数$\hat{\pi}$的企业问题。如果区间（a，A）包含最优不行动区域（b^*，B^*），则函数$\hat{\pi}$的解也就是函数π的解。

在菜单成本模型中，利润函数存在唯一最大值。因此假设价值函数v存在唯一最大值亦合情合理。命题7.7表明，上述推测正确。（记得命题7.3已经表明，收益函数的峰值位于不行动区域$b^*<0<B^*$的内部。）

命题7.7. 在假设7.1和假设7.2的条件下，价值函数v存在唯一最大值。

证明. 命题7.3表明，不行动区域（b^*，B^*）存在并且唯一。根据命题7.6，在区间（b^*，B^*）内，价值函数v满足式（7.17）。因此，应用命题5.7使用的讨论方法，结果表明，在区间（b^*，B^*）上，价值函数v存在唯一最大值。当$z\notin$（b^*，B^*）时，价值函数v连续并且为常数，因此对于所有实数R，价值函数v存在唯一最大值。

证明完毕。

计算出最优策略b^*，B^*，S^*后，可以直接计算描述长期行为的各种统计量。由于企业调整价格时，总是设置相对价格为S^*。因此，计算长期平均时，总是把S^*看作初始条

件。回想5.5节定义的函数θ，Θ，τ和L。如果企业运营较长一段时期，在下限处价格调整所占比例为θ（S^*，b^*，B^*）；在上限处价格调整所占比例为Θ（S^*，b^*，B^*）；两次调整之间的预期时间为τ（S^*，b^*，B^*）；企业相对价格的长期密度函数为L（.；S^*，b^*，B^*）/τ（S^*，b^*，B^*）。

这里研究的菜单成本模型，假设外生冲击为总价格指数的冲击。因此，如果有大量企业，它们受到的冲击都一样。但当企业产品需求受到冲击，或投入要素成本受到冲击时，研究价格调整策略需对上述讨论过程做些改变。此时，假设每个企业受到独立同分布冲击就很有意义，上述平均值表示平稳分布的截面平均。

习题7.2讨论企业进入和退出问题，考察企业采用任意决策规则时的长期平稳分布。

习题7.2. 考虑经济中存在大量企业。用随机过程X_i表示企业i的生产力水平，每个企业的生产力水平都服从参数为（μ，σ^2）的布朗运动。假设随机过程X_i相互独立，且$\mu<0$。

假设经济中存在企业进出。具体来说，新企业单位时间的进入率$\gamma>0$，新进入企业的生产力水平$x_0>0$。当企业生产力水平达到$\underline{x}=0$时，企业退出市场。

描述此经济中的生产力水平以及企业总数量的平稳截面分布。

7.5 无成本调整的随机机会

上述模型可以很容易扩展，允许偶尔出现某个随机时刻的可能性。此时刻来临时，企业改变价格不用支付固定成本。具体来说，假设这种机会服从泊松到达时间，考虑企业当前状态位于不行动区域内。考虑一个小的时间增量$h>0$。在这个时段内，企业一如既往地获得收益。但时段结束时，企业面临两种可能性。一种可能是冲击到达，此时企业无须支付调整成本，就可以改变价格，概率为λh。另一种可能是企业获得通常的预期延续值，概率为$1-\lambda h$。因此，企业当前价值v（z）可以写为

$$v(z) \approx \pi(z)h + \frac{\lambda h}{1+rh}\max_{z} v(z') + \frac{1-\lambda h}{1+rh}\mathrm{E}_z[v(z+\Delta Z)]$$

利用最优返回点$z'=S^*$，采用惯常的方法，得到调整的HJB方程

$$(r+\lambda)v(z) \approx \pi(z) + \lambda v(S^*) + [\mu v'(z) + \tfrac{1}{2}\sigma^2 v''(z)] \tag{7.26}$$

由于v（S^*）$-v$（z）表示当状态为z时，如果冲击到达，企业获得的资本收益。所以l［v（S^*）$-v$（z）］表示冲击到达时的预期收益（流）。调整的HJB方程式（7.26）是在通常的当前收益上，加上l［v（S^*）$-v$（z）］。

习题7.3表明，如果存在无成本进行调整的可能性，企业支付固定成本进行调整的动机下降，进而导致不行动区域的两端扩大。

习题7.3. 证明，最优下阈值b^*随λ的增加递减，最优上阈值B^*随λ的增加递增。

习题7.4考察一个经典的现金管理问题。

习题7.4. 考虑某个人利用现金进行商品交易。假设他利用如下经验法则进行现金管理。当现金持有量为0时，他可以支付固定成本$c>0$，到ATM机上提取M单位现金。其中$M>0$固定不变。两次现金提取之间，他的现金持有量服从参数为（μ，σ^2）的布朗运

动，$\mu<0$。

令 F（z）表示当前现金余额为 z，利率 $r>0$ 为常数时他支付的固定成本总和的预期贴现。

（a）推导此问题的HJB方程。方程的特解是什么？边界条件又是什么？

（b）假设除固定成本外，还存在现金存储成本，即持有现金所丧失的利息。令 $\hat{F}$ 表示加上持有成本后的总固定成本的预期贴现。重新回答（a）的问题。

（c）假设个人持有现金余额 z 的效用为 u（z）。效用函数 u 是单调递增的严格凹函数，且连续可微，满足稻田（Inada）条件 u'（0）$>\infty$ 以及 $\lim_{z\to\infty}u'$（z）$=0$。如果固定成本和（b）一样，则持有现金余额 z 的净收益为 u（z）$-rz$。他的最优现金管理策略是什么？

（d）假设个人偶尔会接近ATM机，可以无须支付成本就能提取现金。这种不支付固定成本就能获得额外现金的机会，服从泊松到达时间，到达率 $\lambda>0$。如果其他条件和（c）一样，对于获得这些机会的人来说，HJB方程是什么？

7.6 例子

令

$$\pi(z)=\begin{cases}\pi_0 e^{\eta z}, & 当z\geq 0时\\ \pi_0 e^{\delta z}, & 当z<0时\end{cases}$$

其中 $\eta<0<\delta$ 以及 $\pi_0>0$。显然，假设7.1成立。给定 η，δ 值，如果 π_0 足够大，假设7.2亦成立。显然，最优策略仅通过比率 c/π_0 与 π_0 和 c 相关。此外最优策略也仅包含参数 r，μ，σ^2 的比率。因此，给定 π_0 和 r 的取值，不会影响结论的一般性。这样可以专注讨论 c，μ 和 σ 变化对最优策略的影响。

基准参数取

$\mu=0$，$\sigma=1$，$c=1$

$\eta=-0.4$，$\delta=2.0$，$\pi_0=1$，$r=0.05$

图7-1为年度利润函数 π/r，没有采取任何调整的预期贴现收益 v_P 以及最优价值函数 v 的图像。图7-1中还标示了最优阈值 b^*，B^* 以及最优返回点 S^*。利润函数 π/r 不对称，负值区域内的下降速度较快，正值区域内的下降速度稍慢。因此，即使布朗运动的漂移为0，函数 v_P 也不对称，峰值出现在正值区域。此外，函数 v_P 的图像比利润函数 π/r 更为平坦，并且当状态 z 在0附近时，函数 v_P 的取值远远低于利润函数 π/r 的值，说明随着时间流逝，状态与初始值渐行渐远。

最优价值函数 v 也呈现非对称性，在正值 $S^*=0.59$ 处取得最大值。此外，上阈值 $B^*=4.02$ 比下阈值 $b^*=-1.77$ 更宽松。这依然反映了利润函数 π 的非对称性。

图7-2为相对价格长期密度函数 q（z；S^*，b^*，B^*）$\equiv$L（.；S^*，b^*，B^*）$/\tau$（S^*，b^*，B^*）的图像。图形呈帐篷状，存在轻微的不对称。在最优返回点 S^* 处取得最大值。

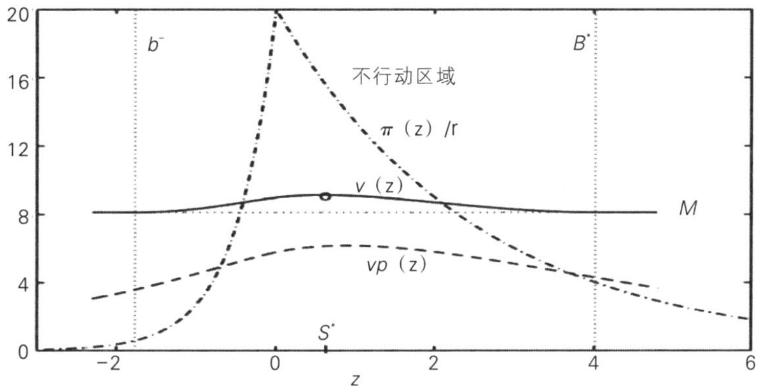

图7-1　菜单成本模型中函数 π/r，v 以及 v_P。基准参数 r=0.05，μ=0，σ=1，η=−0.4，δ=2，π_0=1，c=1；最优策略 b^*=−1.77，S^*=0.59，B^*=4.02

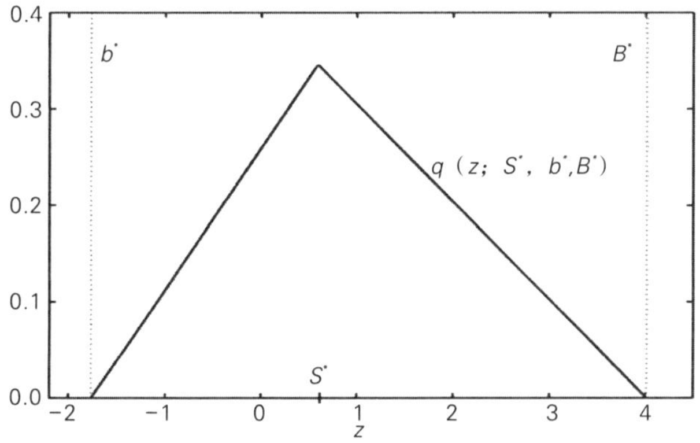

图7-2　最优策略情况下，相对价格的平稳密度函数。参数取基准值

图7-3~图7-5刻画了参数 c，μ 和 σ 变化对临界值 b^*，B^*，S^*，延续值 M，调整的预期时间 τ（S^*）以及下阈值处调整占比 θ（S^*）的影响。

图7-3为调整成本 c 在［0，6］之间变化产生的影响。函数 v_P 的取值区间为［0，6.17］，根据命题7.2，值得进行价格调整的最大固定成本为 c=6.17。增加 c 对返回点 S^* 的影响较小，但导致不行动区域（b^*，B^*）变宽。随着调整成本 c 的增加，延续值 M 不断下降，直至为0。预期调整时间 τ（S^*）急剧增加。下阈值处调整所占比例 θ（S^*）变化不大。

图7-4为漂移参数 μ 在［−1，+1］内变化的影响效果。不出所料，随着 μ 的增加，返回点 S^* 下降。μ 接近0时，带宽（b^*，B^*）最窄；随着 $|\mu|$ 增加，带宽（b^*，B^*）逐渐变宽。具体来说，当 $\mu<0$ 时，随着 μ 的减少，B^* 急剧增加。当 $\mu>0$ 时，随着 μ 的增加，b^* 急剧下降。这都在意料之中。无论在 $\mu<0$ 区域还是 $\mu>0$ 区域，最可能出现的情况是，漂移将状态拉回到更高收益的区域。延续值 M 具有驼峰形状，调整的预期时间 τ（S^*）单峰，在 μ=0附近取最大值。随着 μ 的增加，下阈值处调整所占比例 θ（S^*）不断下降。

图7-5为扩散参数σ在［0，8］中变化产生的影响。扩散参数σ增加对S^*的影响较小，但会使不行动区域（b^*，B^*）变宽。由于停留在高利润区域的时间减少，延续值M会下降。当不行动区域变宽时，调整的预期时间τ（S^*）增加，这说明企业的调整要首尾兼顾。由于收益函数的不对称性，导致下阈值处调整占比θ（S^*）会出现轻微下降。

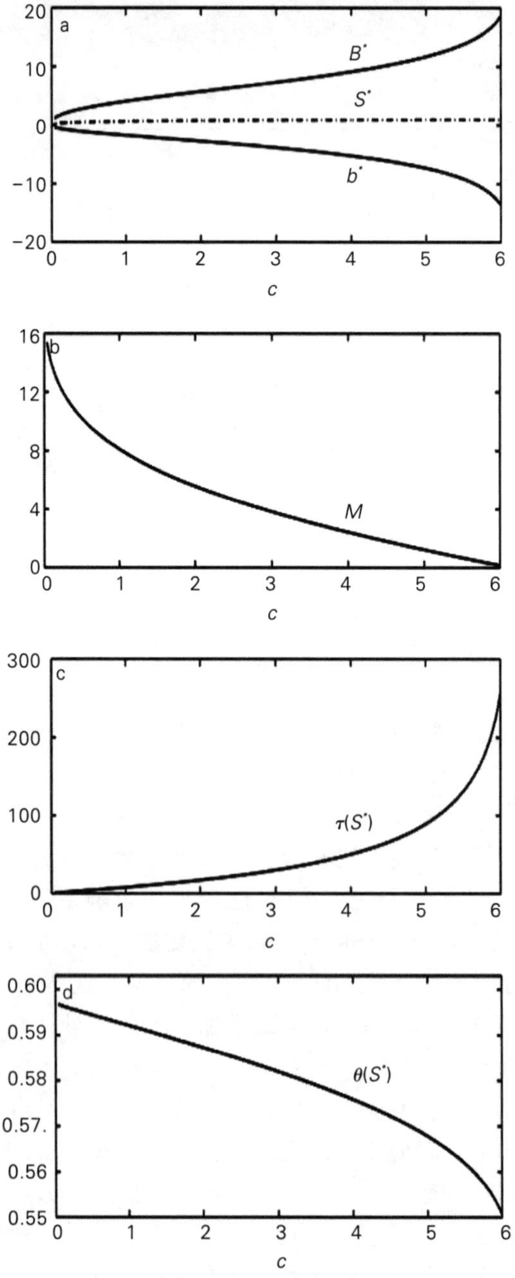

图7-3　参数取基准值时，调整成本c变化的影响

（a）对最优阈值 b^*，B^*，以及最优返回点 S^* 的影响；（b）对标准延续值 M 的影响；（c）对预期调整时间 τ（S^*）的影响；（d）对下阈值处的调整比例 θ（S^*）的影响

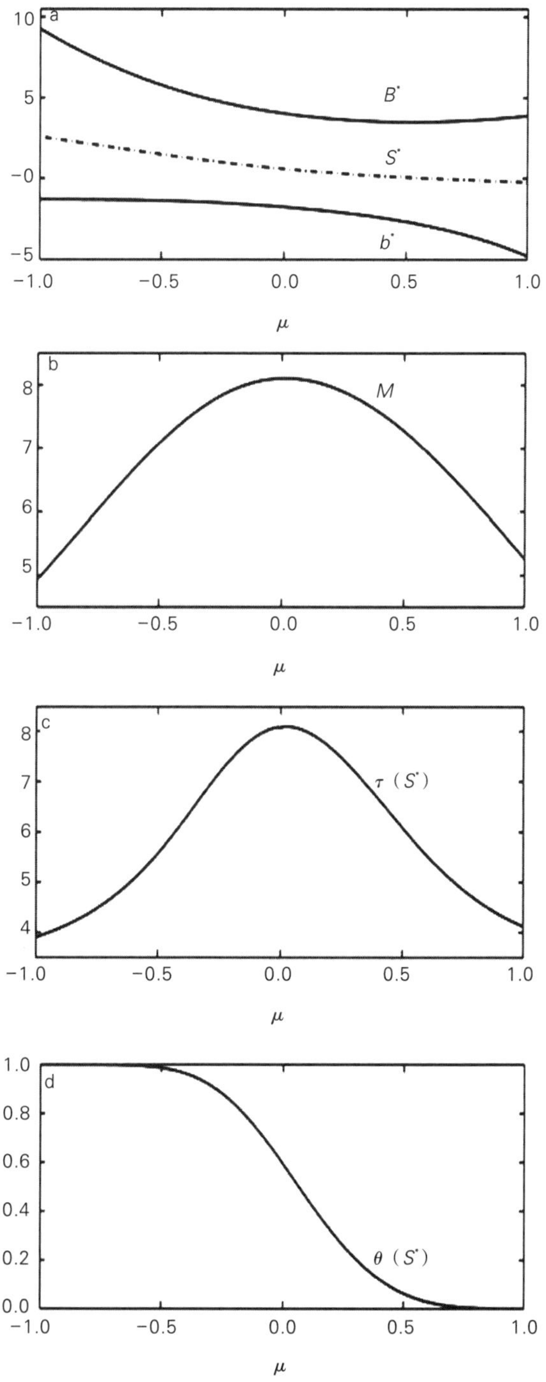

图7-4　参数取基准值时，漂移参数 μ 变化的影响

（a）对最优阈值 b^*，B^*，以及最优返回点 S^* 的影响；（b）对标准延续值 M 的影响；（c）对预期调整时间 τ（S^*）的影响；（d）对下阈值处的调整比例 θ（S^*）的影响

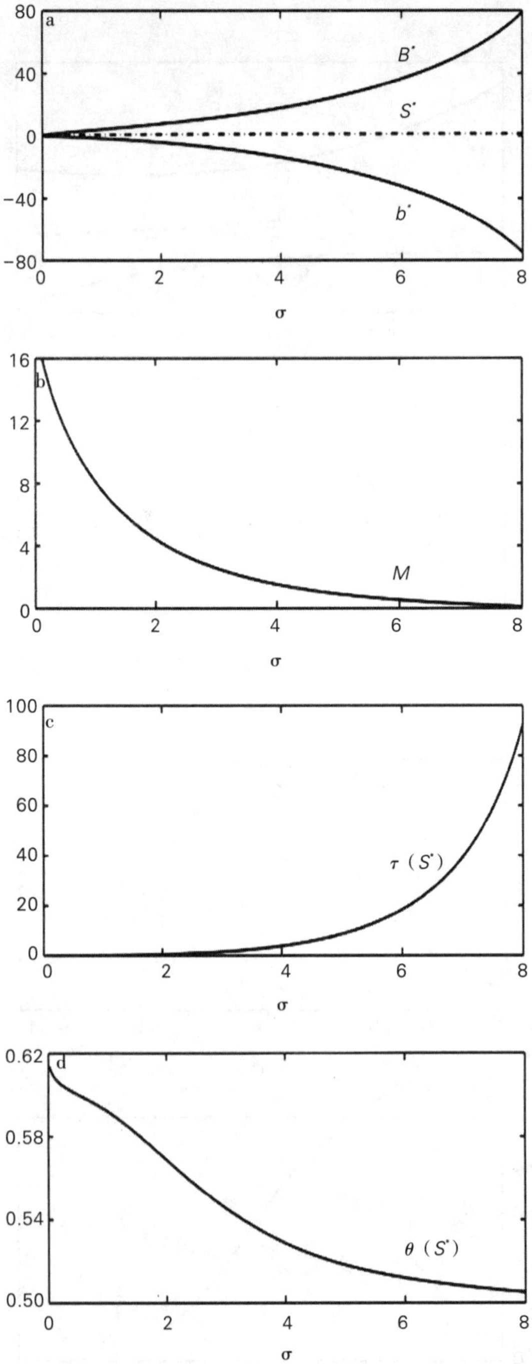

图 7-5　基准参数情况下，扩散参数 σ 变化的影响

（a）对最优阈值 b^*，B^*，以及最优返回点 S^* 的影响；（b）对标准延续值 M 的影响；（c）对预期调整时间 τ（S^*）的影响；（d）对下阈值处的调整比例 θ（S^*）的影响

注释

Sheshinski and Weiss（1977，1983）是率先使用固定调整成本模型研究定价问题的文献之一。Sheshinski and Weiss（1993）对早期菜单成本模型进行了梳理，包括大多数理论研究和实证研究。Plehn-Dujowich （2005）详细讨论了最优策略呈现控制带形式的充分条件。Ahlin（2001）举例说明当外生随机过程不是布朗运动时，最优策略具有其他形式。关于价格调整规模和频率的实证研究，参见 Lach and Tsiddon（1991），Kashyap （1995），Bils and Klenow （2004），Klenow and Kryvtsov （2008）以及 Nakamura and Steinsson（2007）。

Dixit（1991b）利用离散近似方法，简要介绍脉冲控制模型和瞬时控制模型。Dumas（1991）采用了基于 HJB 方程的方法。Dixit（1991a）提出了刻画固定成本影响的近似方法。研究结果表明，即使固定成本较小，也会出现较大的不行动区域。

第8章

存在固定成本和变动成本的模型

在许多情况下，执行控制不仅涉及固定成本，还涉及变动成本。与菜单成本模型相比，一旦引入变动成本，制定执行多少次控制的决策就变得更复杂。但无论如何，模型解的总体特征大致相同：最优策略仍然包含大部分时间静观其变，仅偶尔执行一次控制。

Scarf（1960），Harrison，Selke，and Taylor （1983）以及其他文献所研究的标准库存模型，就是此类模型的例子。假设仅有一家工厂生产产品，有许多消费者订购产品。供给和需求都是流量指标，二者都是随机变量。供给和需求的差构成缓冲库存的净流入。如果不进行任何管制，库存服从布朗运动，负冲击看作退回订单。管理者执行控制的手段有两种，一是购买商品增加库存，二是在二级市场销售商品降低库存。

管理者的问题是如何使得成本最小（与此对应是利润最大化问题）。这里存在三类成本。第一类是存储成本，与库存规模有关，与菜单成本模型的利润类似。当库存量大于零时，存储成本可以看作利息，存货和折旧成本，以及退回订单导致的商誉损失。第二类是固定调整成本，它与菜单成本模型相同。

第三类是变动调整成本，这是新生事物。变动调整成本与调整幅度成比例，表示从外部资源购买商品的单位成本，或者在二级市场处理商品的单位收益。因此，对于向上调整与向下调整，变动调整成本可能不同。管理者问题是选择库存管理策略，使得总成本的预期贴现最小：这里的总成本等于存储成本加上固定调整成本和变动调整成本。

从定性角度看，库存模型的最优策略与菜单成本模型的最优策略类似。管理者选择两个临界阈值 b 和 B。当库存到达阈值时，执行控制。当库存量位于开区间（b，B）内时，管理者不执行控制。因此开区间（b，B）仍然是不行动区域。一旦库存量达到任意阈值，就对库存进行调整。具体来说，当库存达到下阈值 b 时，管理者向上调整库存到返回点 q；当库存达到上阈值 B 时，向下调整库存到返回点 Q。因此，与菜单成本模型不同，这里有两个返回点 q，Q，并且 $b<q\leq Q<B$。当状态变量的初始值位于区间（b，B）外时，管理者立即执行控制，将状态变量调整到返回点 q 或 Q。之后，维持状态变

量在区间［b，B］内。在某些应用中，可以外生给定一个阈值。例如，如果库存模型不允许库存量为负，此时下阈值b=0固定不变。

本章余下部分将详细考察库存模型。在8.1节，描述库存模型，并利用分段线性函数，证明价值函数存在上界和下界。在8.2节，提出确保最优策略既包含执行向上控制也包含执行向下控制的条件，以及不行动区域存在且唯一的条件。在8.3节，利用函数$\hat{L}$，ψ和Ψ刻画最优策略和相应的价值函数特征。在8.4节，利用汉密尔顿-雅克比-贝尔曼方程方法刻画最优策略和相应的价值函数特征。许多论证过程与第7章相同，故而在此仅作简单描述，略去证明过程。在8.5节描述长期平均。在8.6节，讨论几个例子，假设变动成本具有线性形式。在8.7节，讨论更一般调整成本形式难以处理的原因。

8.1 库存模型

令$X(t)$为布朗运动，参数为(μ, σ^2)，初始值$X(0)=x$。X的变化表示不施加控制时库存的净流入和净流出。如上所述，管理者可以增加或减少库存量某个离散值，看作买入或在二级市场卖出。因为任何时日的存储成本取决于当前库存量，因此较为方便的做法是仅采用库存量作为状态变量来构建问题。令$Z(t)$为库存量的随机过程。

管理者问题是选择执行控制的（随机）时日$0 \leqslant T_1 \leqslant T_2 < ... \leqslant T_i < ...$。在每个时日$T_i$，将库存量调整到（可能随机）$z_i$。和菜单成本模型一样，如果

i. $0 \leqslant T_1 \leqslant T_2 < ... \leqslant T_i < ...$为停时；且

ii. 对于所有i，所有ω，z_i为F_{T_i}-可测。

则$\gamma = \left\{\left(T_i, z_i\right)\right\}_{i=1}^{\infty}$为脉冲控制策略。令$\Gamma$为所有脉冲控制策略的集合。

给定脉冲控制策略γ，库存$Z(t)$的随机过程为

$$Z(t)=z_i+[X(t)-X(T_i)],\ t \in [T_i, T_{i+1}),\ i=0, 1, 2, ..., \text{对于所有}\ \omega \tag{8.1}$$

其中$x_0=0$以及$T_0=0$。因此，在每个区间$[T_i, T_{i+1})$上，库存$Z(t)$为布朗运动，参数为(μ, σ^2)。在停时T_i，调整幅度为

$$y_i = z_i - Z(T_i),\ i=1, 2, ...$$

令$h(z)$表示库存量为z时的（流动）存储成本。令$C(y)$表示库存调整增量为y时的成本。令r表示（不变）利率。本章通篇都会用到假设8.1。

假设8.1. i. r，$\sigma^2>0$；

ii. 函数h连续，并且为弱凸函数。除了在$z=0$点可能不可微外，函数h处处可微。函数h在$\mathbf{R}_-$上单调递减，在$\mathbf{R}_+$上单调递增，并且$h(0)=0$；

iii. 当$y>0$时，$C(y)=C_0+Py$

当$y=0$时，$C(y)=0$

当$y<0$时，$C(y)=c_0+py$

其中C_0，$c_0>0$，$P \geqslant 0$以及$P \geqslant p$。

对于向上调整和向下调整，固定调整成本和变动调整成本都可以不同。固定成本C_0

和c_0，可以看作管理者时间或者交易费。无论如何调整，固定成本C_0和c_0都大于零。值$P\geqslant 0$表示增加库存的单位成本。如果值$p>0$，则p表示降低库存的单位收益。此时，要求满足$P\geqslant p$，否则系统就会变成钱泵。如果值$p<0$，则$|p|>0$表示处理剩余库存的单位成本，此时约束条件$P\geqslant p$没有约束力。菜单成本模型是一个特例，两个固定调整成本相同，即$C_0=c_0>0$。并且不存在变动成本，即$P=p=0$。

对于任意初始状态z_0和脉冲控制策略$\gamma=\left\{\left(T_i,z_i\right)\right\}_{i=1}^{\infty}$，令$H$（$z_0$；$\gamma$）表示总成本的预期贴现值：

$$H\left(z_0;\gamma\right)\equiv E_{z_0}\left\{\int_{T_0}^{T_1}e^{-rt}h\left[Z(t)\right]dt+\sum_{i=1}^{\infty}\left[e^{-rT_i}C\left[z_i-Z\left(T_i\right)\right]+\int_{T_i}^{T_{i+1}}e^{-rt}h\left[Z(t)\right]dt\right]\right\}$$

其中Z（t）由式（8.1）定义。关于γ，h和C的假设条件，能确保函数H（z_0；γ）对所有z_0和γ有定义（尽管函数取值可能为∞）。定义价值函数

$$v(z)\equiv\inf_{\gamma\in\Gamma}H(z;\gamma)\text{，对于所有 }z$$

命题8.1表明，函数v有界。

命题8.1. 在假设8.1条件下，函数v存在上界和下界，上下界均为连续的分段线性函数。

证明.显然函数v有下界，

当$z\leqslant 0$时，H_L（z）$=0$

当$z>0$时，H_L（z）$=\min\{0,-pz\}$

对于上界，选择任意$a<0<A$，令$\hat{\gamma}_0$为策略

$T_i=\min\{t>T_i:Z(t)\notin(a,A)\}$

$z_i(\omega)=0$，$i=1,2,...$，对于所有ω

当初始条件$z=0$时，策略$\hat{\gamma}_0$的预期贴现成本为

$$H\left(0;\hat{\gamma}_0\right)\equiv \mathrm{E}_0\left\{\sum_{i=1}^{\infty}\left[e^{-rT_i}C\left[0-Z\left(T_i\right)\right]+\int_{T_{i-1}}^{T_i}e^{-rt}h\left[Z(t)\right]dt\right]\right\}$$

其中$T_0=0$。定义

$D_0\equiv\max\{h(a),h(A)\}$

$D_1\equiv\max\{C_0-Pa,c_0-pA\}$

$d\equiv \mathrm{E}_0\left[e^{-rT_1}\right]<1$

且有

$$H\left(0;\hat{\gamma}_0\right)\leqslant\frac{1}{r}D_0+\frac{d}{1-d}D_1$$

为有限值。对于任意$z\notin 0$，可行策略是先立即调整到$\hat{z}=0$，之后采用策略$\hat{\gamma}_0$。此策略称为策略$\hat{\gamma}$。由于对于所有z，$H\left(z;\hat{\gamma}\right)\leqslant H_U(z)$，其中

当$z\leqslant 0$时，$H_U(z)\equiv H\left(0;\hat{\gamma}_0\right)+\max\left\{C_0,c_0\right\}-Pz$

当$z>0$时，$H_U(z)\equiv H\left(0;\hat{\gamma}_0\right)+\max\left\{C_0,c_0\right\}-pz$

因此，H_U为函数v的上界。

证明完毕。

优化原理表明，函数v（且仅有函数v）满足贝尔曼方程

$$v(z) \equiv \inf_{T \geqslant 0, z'} \mathrm{E}_z\left\{\int_0^T e^{-rt} h(Z(t)) dt + e^{-rT}\left[C(z' - Z(t)) + v(z')\right]\right\}, \text{ 对于所有 } z \tag{8.2}$$

和菜单成本模型一样，要把问题写成这种形式，至关重要的假设是无控制存量的基础随机过程 X（t）为布朗运动。当 X 为其他扩散过程时，X 的增量可能与时间 t 或随机过程状态 X（t）有关。经过第一次调整后，过程 Z（t）的增量与 X（t）有关。仅当基础随机过程是布朗运动时，未来增量的分布才与过去状态无关，且不随时间变化。（当然，当基础过程 X 是几何布朗运动时，可以用 $\ln X$ 构建问题。）

8.2 预备结论

首先考虑最优策略包含执行控制的条件。与菜单成本模型相比，这里的讨论要更复杂。具体表现在，一旦存在变动调整成本，需要对 h 施加额外的约束条件。

令 v_P（z）表示存量的初始值为 z，并且不执行控制时，无限期界的预期贴现总成本。7.2 节曾经讨论过，

$$v_P(z) \equiv \mathrm{E}_z\left[\int_0^\infty e^{-rt} h(Z(t)) dt\right]$$

$$= \frac{1}{J}\left[\int_0^\infty e^{-R_2 u} h(z+u) du + \int_{-\infty}^0 e^{-R_1 u} h(z+u) du\right], \text{ 对于所有 } z \tag{8.3}$$

其中 $R_1<0<R_2$ 以及 $J>0$，定义和 5.2 节一样。

证明执行控制的基本思路如下。在时刻 $t=0$，购买一单位库存的年化成本为 rP。在时刻 $t>0$，存储成本的变化为 h'（Z（t））。未来任意时刻的预期流动成本净变化 $\mathrm{E}_{z_0}\left[h'(Z(t)) + rP\right]$ 取决于该时刻存量 Z（t）的分布。根据假设 8.1，函数 h 是弱凸函数，$z<0$ 时单调递减。假设 $\lim_{z\to-\infty} h'$（z）$+rP<0$。如果初始存量 $z_0<0$ 的绝对值较大，对于某个 $\varepsilon>0$，至少在时刻 t 之前，

$$\mathrm{E}_{z_0}\left[h'(Z(t)) + rP\right] < -\varepsilon$$

取值较大。因此，在较长时期内，存储成本 $\mathrm{E}_{z_0}\left[h'(Z(t))\right] < 0$ 的减少额至少超过年购买价格 $rP>0$ 的 ε 个单位。不过，当 t 足够大时，$\mathrm{E}_{z_0}\left[h'(Z(t)) + rP\right] < -\varepsilon$ 可能大于 0。这就需要额外施加约束条件，确保这些项的积分为有限值。由于利率为正，只要 $|z_0|$ 足够大，$\mathrm{E}_{z_0}\left[h'(Z(t)) + rP\right]$ 就可以要多小有多小。

假设 8.2 的条件，能确保最优策略包含在两个阈值处执行控制。

假设 8.2. 执行成本 h 满足

$$\lim_{z\to\infty} h'(z) + rp > 0 \text{ 和 } \lim_{z\to-\infty} h'(z) + rP < 0$$

且积分

$$I_1 = \int_0^\infty e^{-R_2 \xi} h'(\xi) d\xi \text{ 和 } I_2 = \int_{-\infty}^0 e^{-R_1 \xi} h'(\xi) d\xi$$

为有限值。

命题 8.2. 如果假设 8.1 成立，则最优策略包括向上执行控制和向下执行控制。

证明. 反证法。假设永远不执行向上控制，则 $\lim_{z\to-\infty}$［v（z）$-v_P$（z）］$=0$。此外，由于函数 h 为凸函数，并满足假设 8.2。因此，存在 δ，$\varepsilon>0$ 以及 $y<0$，使得对于所有 $\zeta<$

y，有

$$|v(\zeta)-v_P(\zeta)|<\delta$$

$$h'(\zeta)+rP<-\varepsilon \tag{8.4}$$

考虑进行向上调整，从 z 调整到 $z+a$，且 $z<z+a<y$。根据假设条件，不执行任何控制，则对于任意 z 和 a，都有

$$v(z)\leqslant C_0+Pa+v(z+a)$$

因此式（8.4）的第一行表明

$$0\leqslant C_0+Pa+v_P(z+a)-v_P(z)+2\delta$$
$$=C_0+\int_z^{z+a}\left[v'_P(\zeta)+P\right]d\zeta+2\delta$$

利用式（8.3），将这些条件写为

$$0\leqslant C_0+\frac{1}{J}\int_z^{z+a}\int_{-\infty}^0 e^{-R_1u}\left[h'(\zeta+u)+rP\right]du\,d\zeta+$$
$$\frac{1}{J}\int_z^{z+a}\int_0^{\infty} e^{-R_2u}\left[h'(\zeta+u)+rP\right]du\,d\zeta+2\delta \tag{8.5}$$

考虑式（8.5）的第一个积分。因为 $\zeta+u<z+a+0<y$，根据式（8.4）的第二行，该项

$$<-\frac{\varepsilon}{J}\int_z^{z+a}\int_{-\infty}^0 e^{-R_1u}du\,d\zeta$$
$$=\frac{\varepsilon}{J}\frac{a}{R_1}$$

因为 $R_1<0$，此项为负值。只要选择的 a 足够大，此项的绝对值就可以要多大有多大。式（8.5）的第二个积分

$$<\frac{a}{J}\int_0^{\infty} e^{-R_2u}\left[h'(z+a+u)+rP\right]du$$
$$<\frac{a}{J}\int_{-(z+a)}^{\infty} e^{-R_2u}\left[h'(z+a+u)+rP\right]du$$
$$=\frac{a}{J}e^{R_2(z+a)}\int_0^{\infty} e^{-R_2\zeta}\left[h'(\xi)+rP\right]d\xi$$

由于 h 为凸函数，得到第一行。当 $\zeta<0$ 时，$z+a<0$ 且 $h'(\zeta)<0$，由此得到第二行。进行变量变换 $\xi=z+a+u$，得到第三行。在假设 8.2 条件下，最后一行的积分为有限值。由于 $R_2>0$ 和 $z+a<0$，只要选择的 $|z|$ 足够大，整个最后一行就可以要多小有多小。因此，当 $z<z+a<y<0$ 时，只要 $|z|$，$a>0$ 足够大，式（8.5）就不成立。这与假设 $z\to-\infty$ 时不执行控制相矛盾。

向下控制的讨论与此类似。

证明完毕。

命题 8.3 表明，最优策略涉及临界值 $b^*<0<B^*$。利用临界值，确定唯一不行动区域（b^*，B^*）。当状态位于不行动区域（b^*，B^*）之外时，最优策略是立即进行调整。

命题 8.3. 在假设 8.1 和假设 8.2 条件下，存在临界值 $b^*<0<B^*$，使得当 $z\notin(b^*, B^*)$ 时，式（8.2）的唯一最优停时为 $T=0$。当 $z\in(b^*, B^*)$ 时，唯一最优停时为 $T=T(b^*)\wedge T(B^*)$。其中 $|b^*|$，$B^*<\infty$。

证明. 利用函数 h 的凸性，证明过程与命题 7.3 相同。

证明完毕。

8.3 优化：直接方法

下一个目标是刻画最优阈值b^*，B^*和返回点q^*，Q^*特征。与选择权模型和菜单成本模型一样，这里依然有两种方法。本节采用直接方法，使用函数$\hat{L}$，ψ和Ψ。8.4使用汉密尔顿-雅克比-贝尔曼方程。

对任意$b<z<B$，定义停时$T=T(b)\wedge T(B)$。曾经讨论过，

$$w(z,b,B) \equiv \mathrm{E}_z\left[\int_0^T e^{-rs} h(Z(s))ds\right]$$

$$= \int_b^B \hat{L}(\zeta;z,b,B)h(\zeta)d\zeta$$

$$\psi(z,b,B) \equiv \mathrm{E}_z\left[e^{-rT} \middle| Z(T)=b\right]\mathrm{Pr}_z\left[Z(T)=b\right]$$

$$\Psi(z,b,B) \equiv \mathrm{E}_z\left[e^{-rT} \middle| Z(T)=B\right]\mathrm{Pr}_z\left[Z(T)=B\right]$$

第5章已经对函数$\hat{L}$，ψ和Ψ进行了详细讨论。$\mathrm{E}_z[.]$表示给定初始值z的条件期望。

对任意给定的策略(b, B, q, Q)，令函数$F(z, b, B, q, Q)$表示给定初始值z的相关收益。则函数F满足贝尔曼型方程，

当$z\leqslant b$时，$F(z, b, B, q, Q)=m+P(b-z)$

当$z\in(b, B)$时，$F(z, b, B, q, Q)=w(z, b, B)+\psi(z, b, B)m+\Psi(z, b, B)M$

当$z\geqslant B$时，$F(z, b, B, q, Q)=M+p(B-z)$ (8.6)

其中

$m\equiv C_0+P(q-b)+F(q, b, B, q, Q)$

$M\equiv c_0+p(Q-B)+F(Q, b, B, q, Q)$

企业问题是选择b，B，q，Q，使得函数F取得最小值，即

$$v(z)=\min_{b,B,q,Q} F(z,b,B,q,Q) \tag{8.7}$$

最优策略由一阶条件来刻画。和菜单成本模型一样，阈值b和B的一阶条件与平滑黏贴条件等价。

引理8.4. 令假设8.1和假设8.2成立。

i. 给定任意m，M，P以及$\hat{b}<B$。如果对于任意$z\in[\hat{b},B)$，

$$w_b(z,\hat{b},B)+\psi_b(z,\hat{b},B)m+\Psi_b(z,\hat{b},B)M-\psi(z,\hat{b},B)P=0 \tag{8.8}$$

成立，则对于所有$z\in[\hat{b},B)$，式(8.8)都成立。此外，还有

$$w_z(\hat{b},\hat{b},B)+\psi_z(\hat{b},\hat{b},B)m+\Psi_z(\hat{b},\hat{b},B)M=-P$$

ii. 给定任意m，M，P以及$b<\hat{B}$。如果对于任意$z\in(b,\hat{B}]$

$$w_B(z,b,\hat{B})+\psi_B(z,b,\hat{B})m+\Psi_B(z,b,\hat{B})M-\psi(z,b,\hat{B})p=0 \tag{8.9}$$

成立，则对于所有$z\in(b,\hat{B}]$，式(8.9)都成立。此时，

$$w_z(\hat{B},b,\hat{B})+\psi_z(\hat{B},b,\hat{B})m+\Psi_z(\hat{B},b,\hat{B})M=-p$$

证明. 证明过程与引理7.4相同。

证明完毕。

引理8.4表明，最优阈值b^*和B^*与当前状态无关。此外，由于在q^*处，m取得最小值，在Q^*处，M取得最小值，因此最优返回点亦与当前状态无关。与通常一样，根据优化原理直接得到上述结论。

命题8.5利用引理8.4刻画了最优解特征。

命题8.5. 令假设8.1和假设8.2成立。如果b^*，B^*，q^*和Q^*使得式（8.7）达到最小值，则

$$w_z(b^*)+\psi_z(b^*)m^*+\Psi_z(b^*)M^*+P=0 \tag{8.10a}$$

$$w_z(B^*)+\psi_z(B^*)m^*+\Psi_z(B^*)M^*+p=0 \tag{8.10b}$$

$$w_z(q^*)+\psi_z(q^*)m^*+\Psi_z(q^*)M^*+P=0 \tag{8.11a}$$

$$w_z(Q^*)+\psi_z(Q^*)m^*+\Psi_z(Q^*)M^*+p=0 \tag{8.11b}$$

其中m^*，M^*是满足

$$m^*=C_0+P(q^*-b^*)+w(q^*)+\psi(q^*)m^*+\Psi(q^*)M^* \tag{8.12a}$$

$$M^*=c_0+P(Q^*-b^*)+w(Q^*)+\psi(Q^*)m^*+\Psi(Q^*)M^* \tag{8.12b}$$

的一对数值。

证明. 假设b^*，B^*，q^*和Q^*刻画了最优策略特征。则

当$z\leqslant b^*$时，$v(z)=m^*+P(b^*-z)$

当$z\in(b^*,B^*)$时，$v(z)=w(z,b^*,B^*)+\psi(z,b^*,B^*)m^*+\Psi(z,b^*,B^*)M^*$

当$z\geqslant B^*$时，$v(z)=M^*+p(B^*-z)$ （8.13）

其中m^*和M^*由式（8.12）定义。式（8.8）是阈值b^*为最优值的必要条件。和引理8.4结论一样，当且仅当式（8.10）的第一个方程成立时，必要条件式（8.8）才成立。与此类似，当且仅当式（8.10）的第二个方程成立时，阈值B^*为最优值的必要条件式（8.9）才成立。在q^*和Q^*取得最小值的必要条件是式（8.11）。

证明完毕。

命题8.5表明，最优策略b^*，B^*，q^*和Q^*是四个方程的方程组（8.10）~（8.11）的解。m^*和M^*由式（8.12）定义。利用这个六元方程组，可以直接刻画最优值的特征，得到价值函数式（8.13）。不过，和以前一样，依然有其他解法。

8.4 利用汉密尔顿-雅克比-贝尔曼方程

利用汉密尔顿-雅克比-贝尔曼（HJB）方程，加上合适的边界条件和优化条件，也可以刻画最优策略和价值函数的特征。命题8.6为此结论的数学表述。

命题8.6. 令假设8.1和假设8.2成立。如果b^*，B^*，q^*和Q^*为最优策略，v为最优价值函数，则

i. 函数v满足，

当$z\in(b^*,B^*)$时，$rv(z)=h(z)+\mu v'(z)+\frac{1}{2}\sigma^2 v''(z)$ （8.14a）

当$z\leqslant b^*$时，$v(z)=m^*+P(b^*-z)$ （8.14b）

当$z\geqslant B^*$时，$v(z)=M^*+p(B^*-z)$ （8.14c）

ii. 函数v和v'在阈值b^*连续，有

$$\lim_{z \downarrow b^*} v(z) = m^*, \text{ 且 } \lim_{z \downarrow b^*} v'(z) + P = 0 \quad (8.15)$$

iii.函数v和v'在阈值B^*连续，有

$$\lim_{z \uparrow B^*} v(z) = M^*, \text{ 且 } \lim_{z \uparrow B^*} v'(z) + p = 0 \quad (8.16)$$

iv.q^*和Q^*满足

$$v'(q^*) + P = 0, \text{ 以及 } v'(Q^*) + p = 0, \quad (8.17)$$

其中m^*和M^*由式（8.12）定义。

证明.证明过程与命题7.6相同。

证明完毕.

推论.令$b<q<Q<B$为任意策略，令F（.，b，B，q，Q）为函数式（8.6）。则函数F满足式（8.14），并且在阈值b和B关于z连续。

和菜单成本模型一样，利用上述条件反推，可以得到方程的解。对于任意策略$b<q<Q<B$，利用式（8.14），式（8.15）和式（8.16）的价值匹配条件，以及满足线性方程组式（8.12）的值m和M，可以求出函数F（.，b，B，q，Q）。在满足上述条件的所有函数中，最优价值函数v还需满足式（8.15）和式（8.16）的平滑黏贴条件以及式（8.17）的最优返回条件。

习题8.1考察了永远不执行向上控制的边界条件。对于向下控制永远不执行的情况，结论与此类似。

习题8.1.假设不满足假设8.2的条件。具体来说，假设

$$\lim_{z \to -\infty} h'(z) + rP \geqslant 0$$

所以$b^*=-\infty$。证明，式（8.15）将替换为

$$\lim_{z \to -\infty} [v(z) - v_P(z)] = 0$$

$$\lim_{z \to -\infty} v'(z) + P \geqslant 0$$

命题8.7表明，最优返回点q^*和Q^*唯一。证明过程与命题7.7相同。

命题8.7.在假设8.1和假设8.2条件下，

$$\min_{z \in (b,B)} [v(z) + Pz]$$

有唯一解q^*，并且

$$\min_{z \in (b,B)} [v(z) + pz]$$

有唯一解Q^*。

证明.利用反证法。假设$v(z)+Pz$有两个极小值。则在两个极小值之间必存在一个极大值，即存在$q_1<q_2<q_3$，使得

$$v'(q_2) + P = 0, \quad v''(q_2) \leqslant 0$$

$$v'(q_i) + P = 0, \quad v''(q_i) \geqslant 0, \quad i=1, 3$$

则根据式（8.14），有

$$rv(q_2) \leqslant h(q_2) - \mu P$$

$$rv(q_i) \geqslant h(q_i) - \mu P, \quad i=1, 3$$

因此，

$$h(q_2) - h(q_i) \geqslant r[v(q_2) - v(q_i)] \geqslant rP(q_i - q_2), \quad i=1, 3$$

这与假设h有唯一最小值矛盾。因此，$v(z)+Pz$仅在q^*取极小值。对于Q^*，证明过程与此相同。

证明完毕。

区间(b^*, B^*)上，价值函数中间为凸区域，两侧为凹区域。在区间(b^*, B^*)外，价值函数呈线性。因此，$v''=0$有两个点，一个在区间(b^*, q^*)内，一个在区间(Q^*, B^*)内。根据p符号的不同，函数v有三种形状。

图8-1为三种可能情况的价值函数图像。销售价格分别取$p=-0.2$，0和0.2。对于这三种情况，存储成本都为$h(z)=h_0\left(e^{\|\eta\|z}-1\right)$，其中$h_0=1$和$\eta=0.2$。其他参数给定为$\mu=0$，$\sigma=1$，$r=0.05$和$C_0=c_0=P=1$。价值函数上的小圆圈表示最优策略。前面讨论过，如果$p>0$，p表示降低库存的单位收益；如果$p<0$，$|p|$表示降低库存的单位成本。因此，价值函数v表示预期贴现成本。p上升时，价值函数v下移。此外，当状态大于阈值B^*时，价值函数呈线性，斜率为p。因此，斜率随着p的符号变化而变化。

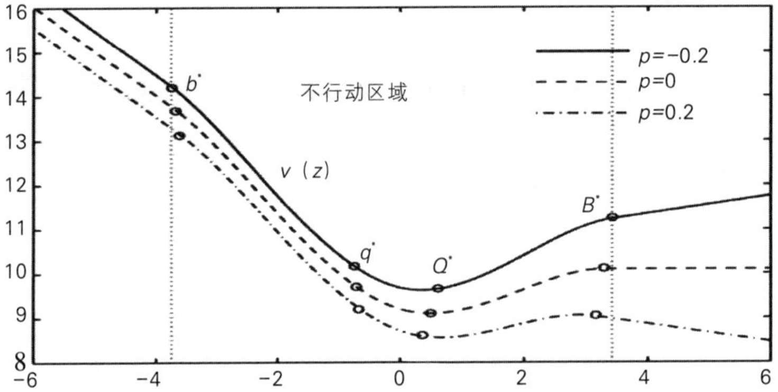

图8-1　库存模型的价值函数。$p=-0.2$，0和0.2

存储成本$h(z)=h_0\left(e^{\|\eta\|z}-1\right)$，其中$h_0=1$和$\eta=0.2$；

其他参数$\mu=0$，$\sigma=1$，$r=0.05$和$C_0=c_0=P=1$

8.5　长期平均

和仅有固定成本的模型一样，可以用第5章开始定义的函数θ，τ和L来描述长期平均。如果经济中有大量决策制定者，他们受到的冲击独立同分布，则这些长期平均表示（平稳的）截面分布。

令ν和$1-\nu$分别表示在阈值b^*和阈值B^*进行调整的长期占比。在阈值b^*，都调整至q^*；在阈值B^*，都调整至Q^*。因此，ν和$1-\nu$也分别表示从q^*开始调整和从Q^*开始调整所占比例。令$T=T(b^*)\wedge T(B^*)$。记得前面说过，

$$\theta(z, b^*, B^*)\equiv \Pr_z[Z(T)=b^*]$$

表示给定初始状态$Z(0)=z$，首次到达下阈值的概率。因此，ν满足

$\nu\theta(q^*)+(1-\nu)\theta(Q^*)=\nu$

所以，

$$v=\frac{\theta(Q^*)}{1-\theta(q^*)+\theta(Q^*)}$$

前面还曾经讨论过，

$\tau(z, b^*, B^*)=E_z[T(b^*)\wedge T(B^*)]$

表示给定初始状态z，停时T的预期值。由于ν和$1-\nu$分别表示从q^*开始调整和从Q^*开始调整所占比例，因此长期看，两次调整之间的平均时间为

$\bar{\tau}=\nu\tau(q^*)+(1-\nu)\tau(Q^*)$

则单位时间内的预期调整数量为$1/\bar{\tau}$。由于在下阈值调整所占比例为ν。因此单位时间内，下阈值执行控制的平均次数为$(q^*-b^*)v/\bar{\tau}$，上阈值执行控制的平均次数为$(Q^*-B^*)(1-v)/\bar{\tau}$。

最后，由于函数$L(.; z, b^*, B^*)$表示（无贴现）预期局部时间。平稳密度函数$\bar{\pi}(\cdot)$为函数$L(.; q^*, b^*, B^*)$和函数$L(.; Q^*, b^*, B^*)$的加权平均，权重分别为ν和$1-\nu$。利用平均持续期进行标准化，得到

$$\bar{\pi}(\zeta)=\frac{1}{\bar{\tau}}\left[vL(\zeta;q^*,b^*,B^*)+(1-v)L(\zeta;Q^*,b^*,B^*)\right],\ \zeta\in(b^*, B^*)$$

8.6 例子

本节将详细研究几个例子。前两个例子是库存模型的具体形式，假设存储成本具有线性形式。第一个例子中，下阈值固定为$b=0$。第二个例子中，允许库存量为负值。第三个例子是一个投资模型。它包含两个状态变量，一个是外生冲击，假设服从几何布朗运动。另外一个是可调整的资本存量。收益是这两个状态变量的齐次函数，所以问题可以写为关于这两个状态变量比率的表达式。本例中，“固定” 成本是指企业购买新资本时，必须报废部分或全部现存资本存量。第四个例子依然是投资模型，不过仅包含向上调整。此外，仅当状态不是很低时，才会执行向上控制。在可调整区域下方，存在第二个不行动区域。

8.6.1 $b=0$时的库存问题

Harrison，Selke，and Taylor（1983）所研究的库存问题，有两个特殊之处：一是下阈值固定为$b=0$，二是存储成本呈线性形式。因此，$h(z)=Hz$，其中H，$z>0$。根据假设8.2，要求满足条件$H/r>-p$。因此，HJB方程为

$$rv(z)=Hz+\mu v'(z)+\frac{1}{2}\sigma^2 v''(z),\ z\in(0, B^*)$$

此方程的特解为

$$f(z)=\frac{H}{r}\left(z+\frac{\mu}{r}\right)$$

所以价值函数为

$$v(0)=C_0+Pq^*+v(q^*)$$

$$v(z)=\frac{H}{r}\left(z+\frac{\mu}{r}\right)+D_1e^{R_1z}+D_2e^{R_2z},\ z\in(0, B^*)$$

$v(z)=c_0+p(Q^*-z)+v(Q^*)$，$z\geqslant B^*$

其中D_1，D_2为常数。利用价值匹配条件

$$\lim_{z\downarrow 0} v(0)=C_0+Pq^*+v(q^*)$$

$$\lim_{z\uparrow B^*} v(z)=c_0+p(Q^*-B^*)+v(Q^*)$$

计算得到常数D_1，D_2和策略参数q^*，Q^*，B^*；在阈值B^*的平滑黏贴条件为

$$\lim_{z\uparrow B^*} v'(z)=-p$$

q^*和Q^*的最优返回条件为

$v'(q^*)=-P$

$v'(Q^*)=-p$

因为下阈值外生给定而不是最优选择，因此下阈值的平滑黏贴条件不成立。

习题 8.2. (a) 利用上述五个条件计算出D_1，D_2，q^*，Q^*和B^*，并详细解释求解原理。

(b) 画出最优策略函数图像。

(c) 当H，p和P变化时，参数q^*，Q^*和B^*如何变化？

8.6.2 现金管理

Constantinides and Richard（1978）研究的现金管理问题与上个例子类似。差别在于：一是允许库存为负值；二是利用优化方法选取下阈值；三是存储成本函数为分段线性函数，在$z=0$处不可微。现金管理模型具有如下意义。考虑企业持有现金储备和各种生息资产。企业收益流入现金储备，这些资金用于支付运营和其他成本。状态变量$Z(t)$为现金储备的规模。如果不施加控制，$Z(t)$为布朗运动，漂移项为μ，方差为$\sigma^2>0$。

现金储备并不生息，所以企业尽可能将现金储备转换成生息资产，降低现金储备规模。这种资产的转换需要支付交易成本，比如经纪费用。现金储备的流入和流出的费用可能不同。这些费用分为固定和可变两部分。因此，调整成本参数为$p<0$，C_0，c_0和$P>0$。存储成本为分段线性函数：

当$z<0$时，$h(z)=\eta z$

当$z>0$时，$h(z)=Hz$

其中$\eta<0$为现金余额为负值时的成本，也就是透支信用额度的成本。$H>0$为现金余额为正值时的机会成本。利率为$r>0$。

显然，假设8.1成立。此外，根据假设8.2，要求

$-\eta/r>P$和$H/r>-p$

第一个不等式说的是，永久透支信用额度的现值$-\eta/r$，要大于增加现金储备的变动成本P。第二个不等式说的是，永久持有额外一单位现金的现值H/r，要大于从现金储备中移出一单位现金的成本p。

本问题中有三个利率，$-\eta$，H和r。它们分别是透支信用额度的（借贷）利率，短期资产应获的（贷款）利率，以及企业未来收益的贴现率。因此，假设$H\leqslant r\leqslant -\eta$具有经济意义，尽管这样做多此一举。

此问题的HJB方程为

$rv(z)=h(z)+\mu v'(z)+\frac{1}{2}\sigma^2 v''(z),\ z\in(b^*,B^*)$

h和上文一样。不难证实，

当$z\in(b^*, 0)$时，$f(z)=(\mu/r+z)\ \eta/r$

当$z\in(0, B^*)$时，$f(z)=(\mu/r+z)\ H/r$

为两个分段上的特解。齐次解和往常一样，所以价值函数为

$$v(z)=\begin{cases} v(b)+(b^*-z)P, & \text{当}z\leq b^*\text{时} \\ \eta\mu/r^2+\eta z/r+d_1e^{R_1z}+d_2e^{R_2z}, & \text{当}z\in[b^*,0)\text{时} \\ H\mu/r^2+Hz/r+D_1e^{R_1z}+D_2e^{R_2z}, & \text{当}z\in[0,B^*)\text{时} \\ v(B)+(B^*-z)p, & \text{当}z\geq B^*\text{时} \end{cases}$$

其中d_1，d_2，D_1，D_2为待定常数。通常情况只具有两个常数，但这里共有四个常数。由于v和v'必须在$z=0$处连续，这额外增加了两个约束条件。

下面要计算四个常数和最优策略b^*，B^*，q^*和Q^*的取值。价值匹配条件，平滑黏贴条件加上最优返回条件共有六个方程：

$v(b^*)-v(q^*)+P(b^*-q^*)=C_0$

$v(B^*)-v(Q^*)+P(B^*-Q^*)=c_0$

$\lim\limits_{z\downarrow b^*}v'(z)+P=0$

$\lim\limits_{z\uparrow B^*}v'(z)+p=0$

$v'(q^*)+P=0$

$v'(Q^*)+p=0$

此外，由于v和v'在$z=0$处连续，由此有

$$0=\frac{H-\eta}{r}\frac{\mu}{r}+(D_1-d_1)+(D_2-d_2)$$

$$0=\frac{H-\eta}{r}+R_1(D_1-d_1)+R_2(D_2-d_2)$$

利用这八个方程，可以计算出八个未知数的取值。

这里最优返回点q^*和Q^*可能同时大于零，同时小于零，或者一正一负，共有三种可能性。

习题8.3.（a）假设$q^*<0<Q^*$。将这八个方程分成三个方程组：一个方程组为涉及参数b^*，q^*，d_1和d_2的三个方程；第二个方程组为涉及参数B^*，Q^*，D_1和D_2的三个方程；最后一个方程组为涉及d_1，d_2，D_1和D_2的另外两个方程。当$q>0$时，这些条件如何变化？$Q<0$时，又当如何？

（b）请设计一个数值算法将包含d_1，d_2，D_1和D_2的两个方程组连接起来，并利用迭代方法求解这两个方程组。

（c）说明如何计算每个阈值处调整的长期占比，调整之间的预期时间，每个阈值处的平均执行控制数，以及现金储备的平稳密度函数。

图8-2为函数v，v'和最优策略的图像。存储成本和调整成本对称且$\mu=0$。价值函数为一个单槽形，在$z=0$处取最小值。阈值和返回点关于$z=0$对称。

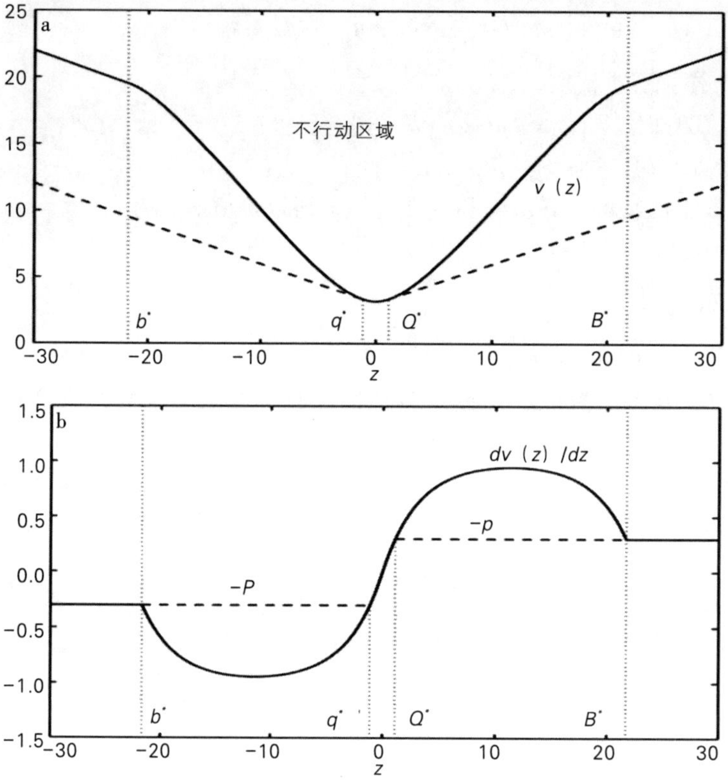

图8-2 现金管理问题的图像。(a) 价值函数；(b) 价值函数的导数。

基础参数 $\mu=0$，$\sigma=1$，$r=-\eta=H=0.05$，$C_0=c_0=10$ 以及 $P=-p=0.3$；

最优策略 $B^*=-b^*=21.7$ 以及 $Q^*=-q^*=1.1$

图8-3展现了引入正漂移 $\mu>0$ 后的影响效果。价值函数仍然是一个单槽形，但不行动区域不再具有对称性。不行动区域两端更宽，右侧被拉长。由于存在正的漂移，两个返回点都向下移动。对于给定的参数值，有 $Q^*<0$。

8.6.3 计算机设备置换

本例研究一族具有代表性的投资模型。这类模型具有几个共同特征：一是有两个状态变量，一个状态变量为外生冲击，服从几何布朗运动；另一个状态变量为可调整的内生存量。二是收益函数是两个状态变量的一次齐次函数。三是“固定”调整成本 λK 与原有存量成比例。四是变动成本 $P(K'-K)$ 是调整幅度的线性函数。解的主要特征仅与这些假设有关，包括我们感兴趣的一些特殊情况。本例中，取 $\boldsymbol{\lambda}=P$。

考虑这样一个企业问题。企业必须决定何时更换计算机硬件。计算机系统的效能取决于硬件性能 K，软件成熟度 X。系统运行的收益（流）为 $F(X, K)$，其中函数 F 具有连续可微，严格递增，严格准凹以及规模报酬不变等特征。

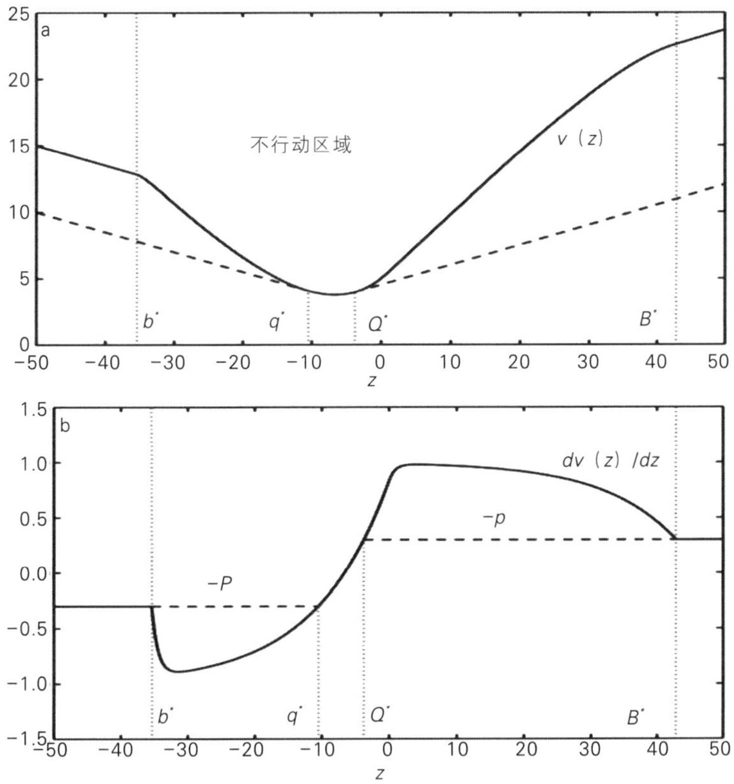

图8-3　现金管理问题图像。(a) 价值函数；(b) 价值函数的导数。

μ=0.5，其他基础参数与图8-2相同；

最优策略 b^*=−35.4，q^*=−10.5，Q^*=−3.7，B^*=42.8

硬件贬值率$\delta>0$为常数，软件质量X服从几何布朗运动，漂移项$\mu>0$，方差$\sigma^2>0$。为了简化分析，忽略采用新软件的成本。

如果购买新硬件，必须报废所有旧硬件，并且没有任何残值。新设备的单位成本P为常数。因此，如果报废性能为K的系统，替换为性能为K'的系统，总成本为PK'。假设更换系统不存在显性固定成本。实际上，报废旧硬件扮演了固定成本的角色，并随着性能K的提高成比例增加。所有收益和成本都按恒定利率$r>0$进行贴现。

给定初始状态K_0，$X_0>0$，采用最优策略的价值为$V(K_0, X_0)$。企业问题的贝尔曼方程涉及选择首个停时T和随机变量K'，后者为新系统的硬件性能。由此，

$$V(K_0,X_0)=\max_{T,K'}\mathrm{E}\left[\int_0^T e^{-rT}F[K(t),X(t)]dt+e^{-rT}\{V[K',X(t)]-PK'\}\right]$$

$s.t. dK=-\delta Kdt$

$dX=\mu Xdt+\sigma XdW$，$0\leq t<T$

给定$K(0)=K_0$和$X(0)=X_0$

因为收益函数和约束条件都是一次齐次函数，所以价值函数V也是一次齐次函数。根据齐次函数性质，定义$x\equiv X/K$，$f(x)\equiv F(1, x)$和$v(x)\equiv V(1, x)$。这里$K(t)$

$=e^{-\delta t}K_0$，$0\leqslant t<T$，且 $x=X(T)/K$。因此

$$K'=\frac{X(T)}{x'}=K(T)\frac{x(T)}{x'}=e^{-\delta T}K_0\frac{x(T)}{x'}$$

将其代入 $V(K_0, X_0)$ 的表达式，得到集约型贝尔曼方程：

$$v(x_0)=\max_{T,x'}\mathrm{E}_{x_0}\left[\int_0^T e^{-\eta t}f(x(t))dt+e^{-\eta T}x(T)\frac{v(x')-P}{x'}\right]$$

$s.t. dx=(\mu+\delta)xdt+\sigma xdW$，$0\leqslant t<T$

其中 $\eta\equiv r+\delta$。

习题 8.4.（a）定性描述最优策略。也就是说，何时执行控制，执行什么样的控制？

（b）利用函数 $\hat{L}$，ψ 和 Ψ 能否求出最优解？如果能求解，那么一阶条件有哪些？如果不能求解，请解释原因。

（c）集约型问题的 HJB 方程是什么？如果假设 x 服从几何布朗运动，那么 HJB 方程如何变化？特解和齐次解分别是什么？

（d）刻画不行动区域之外的价值函数特征。价值匹配条件是什么？

（e）平滑黏贴条件是什么？最优返回点条件又是什么？

（f）当漂移项 μ 增加时，最优策略将如何变化？

（g）假设购买新资本时，仅报废部分旧资本。令 $1-\omega$ 为报废的资本比例，ωK 为保留下来的资本，其中 $\omega\in[0, 1)$。这种情况下，集约型贝尔曼方程又将如何变化？

8.6.4 生产质量

考虑一个企业，其利润流取决于产出与市场品位的匹配程度。随着时间流逝，市场品位不断发生变化。即使产品没有变化，匹配质量也会演化。令 X 表示匹配质量，假设如果在不干预情况下，X 是布朗运动，漂移项 $\mu<0$，方差 $\sigma^2>0$。利润流 $\pi(X)$ 是匹配质量的函数。假设函数 π 连续可微，严格递增，下界 $\underline{\pi}=0$，上界 $\bar{\pi}>0$。此外，函数 π 有唯一拐点 x_I，当 x 小于 x_I 时，π 为严格凸函数；当 x 大于 x_I 时，π 为严格凹函数。

通过改变产品，可以提高匹配质量。假设改变产品的成本包括固定成本和变动成本两部分。具体来说，令

$C(y)=C_0+Py$，C_0，$P>0$

表示匹配质量提高 $y>0$ 的成本。

给定初始状态 x，企业问题是选择脉冲控制策略，提高产品质量。企业问题的贝尔曼方程为

$$v(x)=\max_{T,x'}\mathrm{E}_x\left[\int_0^T e^{-rT}\pi(X(t))dt+e^{-rT}\left\{C_0+P\left[x'-x(T)+v(x')\right]\right\}\right]$$

其中 T 为停时，x' 为产品质量提高后的匹配质量。

令 $v_P(x)$ 表示给定初始状态 x，不提高产品质量情况下，企业永久运营的预期贴现收益。

习题 8.5.（a）画出 π 和 v_P 的图像。简要说明永远不调整是最优策略的条件，以及永远不调整不是最优策略的条件。

余下问题中，假设最优策略包含执行控制。

（b）定性描述最优策略、停时以及产品改进的控制规则。是否存在多个不行动区域？解释为什么只有一个不行动区域，或者解释为什么具有多个不行动区域？

（c）在每个不行动区域内，将最优价值函数写成对状态的积分。在控制立即执行的区域内，最优价值函数是什么？

（d）写出此问题的HJB方程。边界条件是什么？

（e）描述最优策略和相应的价值函数 v 的特征，越详细越好。

（f）简要说明，当漂移项 $\mu<0$ 的绝对值增加时，最优策略和价值函数如何变化。

8.7 严格凸的调整成本

库存模型中，假设控制的变动成本是调整幅度的线性函数，不仅符合经济意义，同时也便于数学处理。众所周知，如果最小化问题中的变动成本是严格凹函数，求解就变得非常棘手。如果变动成本是严格凸函数，可以将一个大的增量分解成两个或多个小增量，采用多次支付的方式完成一次较大调整，反而会节省固定成本。

如果模型中允许这种可能性存在，需要定义一个函数来描述这种最小成本调整方法：

当 $y\neq0$ 时，$\hat{C}(y)\equiv\min_{n=1,2,\ldots}nC(y/n)$

当 $y=0$ 时，$\hat{C}(y)\equiv0$

之后分析中用 $\hat{C}$ 代替 C。此时，在调整数量发生变化的那些点，$\hat{C}$ 不可微。仅当 $t=0$ 时，才会出现较大幅度调整。并且仅当初始存量远离不行动区域时，才会如此。之后的所有调整，都发生在不行动区域的边界处，并且都一步调整到位。因此，经过初始调整后，成本函数 $\hat{C}$ 的不可微部分都将不起作用。

注释

Scarf（1960）是较早讨论库存问题的文章，之后的一些文章在Scarf（1960）基础上略有变化。Alvarez and Lippi（2007）利用随机的Baumol-Tobin模型，研究消费者的现金提取问题。该模型与8.1~8.5节的库存模型类似。8.6节的前两个例子取自Harrison，Selke，and Taylor（1983）和Constantinides and Richard（1978）。第三个例子中关于投资模型齐次性的讨论，与Alvarez and Stokey（1998）类似。

在企业存在固定成本的条件下，关于总量投资模型的研究已经展开。此类研究包括：Bertola and Caballero（1990），Caballero and Engel（1999），Fisher and Hornstein（2000），以及Bachmann，Caballero，and Engel（2006）。Caballero（1999）是一篇关于此类模型的优秀文献综述和评论文章。

工厂层次的投资“凹凸不平”。而标准真实经济周期模型都假设代表性企业的投资行为较为平滑。二者形成极大反差。这种反差产生一个新问题，那就是将投资的固定成本和异质性企业结合到一起，是否会改变此类模型中的总投资行为，进而改变企业投资行为造成的波动？Thomas（2002），Khan and Thomas（2003，2007）以及 Gourio and Kashyap（2007）对此问题进行了研究。与价格调整的总量模型一样，集约型和外延型边际——调整幅度和调整的企业数量——响应的混合效果起着至关重要作用。

第9章

连续控制变量模型

在第7章的菜单成本模型和第8章的库存模型中，决策制定者仅采取一种行动，调整状态变量一个离散值。这些问题中所用方法可以推广，允许模型中包含其他特征，例如可以连续调整所选择控制变量的值。这些控制变量，不仅影响两次调整之间的状态演化，还直接影响收益函数。在两次调整之间，状态变量不再按照布朗运动演化。此时，函数$\hat{L}$，ψ和Ψ不再有用武之地。不过，依然可以使用汉密尔顿-雅可比-贝尔曼方程刻画最优策略和价值函数的特征。此外，利用标准常微分方程软件能计算出方程的数值解。Grossman and Laroque （1990）的住房消费和投资组合选择模型，就是例证。

考虑消费者仅消费耐用品，即住房的服务流。消费者唯一的收入来源是金融资产收益。住房具有利息和维护成本，维护成本可看作补偿折旧。此外，住房影响投资组合集。具体来说，消费者至少拥有房子的部分权益，即房屋价值的固定比例。事实上，购买房屋通常要求最低首付，这是施加此约束条件的原因。消费者还可以额外持有房屋权益作为财富。剩余的房屋权益（如果不是全款购买的话），可以采用抵押贷款方式获得。除房屋外，其他财富包含两类金融资产，一类是无风险资产，一类是风险资产。持有无风险资产的收益为固定利息，持有风险资产的收益是均值和方差固定的随机变量。假设无风险资产收益率与抵押利率相同，因此持有无风险债券与持有房屋权益等价。

消费者要做两个决策：一个是房屋消费决策，一个是风险资产和无风险资产的投资组合决策。投资组合调整没有成本，可以连续实施。但消费者调整消费流仅有一种方式，就是卖出旧房屋，买入新房屋。这个交易需要支付与旧房屋大小成比例的成本，可以看作代理佣金和其他搬家成本。因此，消费者不会经常调整住房消费。仅当消费者的消费流——房屋价值——相对于总财富非常大或者非常小时，消费者才会进行交易。

由于存在调整成本，房屋财富和金融资产财富不能完全相互替代。因此，模型有两个状态变量。不过，如果收益函数——消费者效用函数——具有某种齐次特征，消费者的决策问题可以写为仅包含比率的集约型。具体来说，效用函数一定是 $u(K)=K^{1-\theta}/(1-\theta)$，其中 $\theta>0$。此时，最优价值函数也是齐次函数，最优策略函数仅与总财富对住房财富的比率有关。因此，优化问题经过转换后，总财富对住房财富比率是唯一一个状态变量。

住房交易的最优策略问题，可以用总财富对住房财富比率的三个临界值刻画。这三个比率分别是上阈值、下阈值以及阈值之间的返回点。两个阈值之间的区域为不行动区域：当比率位于不行动区域内部时，消费者保留当前住房。如果比率达到任意一个阈值，或者初始条件位于不行动区域之外，消费者立即卖出旧房屋，购买新房屋。如果消费者进行交易，他选择新房屋，使得扣除交易成本后，总财富对住房财富的比率等于返回值。决策问题的第一个目标是确定当交易成本、资产收益和偏好参数等参数变化时，三个临界值如何变化。

此外，消费者能够调整资产的投资组合。当状态变量位于不行动区域之内时，可以连续调整投资组合。当消费者购买新房屋时，投资组合调整是一个离散值。决策问题的第二个目标是给定固定参数，确定状态变量在不行动区域内变化时，最优组合如何变化。决策问题的第三个目标是确定当问题参数发生变化时，整个投资组合决策如何变化。

本章余下部分结构如下。在9.1节，分析没有交易成本时的投资组合决策问题。此时，消费者可以无成本地连续调整房屋和投资组合。之所以分析这个模型，因为它是比较基准，在此基础上可以提出参数约束。它还是求解交易成本模型的出发点。在9.2节，建立交易成本模型，进而用总财富对住房财富的比率作为唯一状态变量，构建问题的标准形式。在9.3节，用汉密尔顿-雅可比-贝尔曼方程刻画解的特征，给出模型求解的算法，并画出最优策略的图像。在9.4节，对模型进行一些扩展，考察外生搬家问题、非耐用品消费问题、对数效用以及其他特殊情况。加入一些假设，并在使用不同状态变量的特殊情况下，可以使用函数 $\hat{L}$，ψ 和 Ψ 刻画模型解的特征。

9.1 无交易成本情况下房屋与投资组合选择

令 Q 表示消费者总财富，K 表示房屋价值。房屋价格恒定，房屋的服务流等于房屋价值。现在假设不存在调整成本，所以消费者可以无成本地连续调整 K。

这里有无风险资产和风险资产两类资产。假设风险资产不允许卖空，并令 $A\geqslant0$ 表示消费者持有的风险资产价值。因此，$Q-A$ 为消费者拥有的无风险资产。抵押利率与债券收益率相同，因此持有的无风险资产价值等于房屋权益加上持有的债券价值。如果 $Q-A\leqslant K$，消费者的财富总额可以看作房屋权益。令 $\varepsilon\in(0,1]$ 表示消费者持有的房屋权益（外生给定）最低比例。则消费者投资组合约束为 $Q-A\geqslant\varepsilon K$。也就是说，消费者持有的无风险资产财富必须大于等于房屋价值的 ε 倍。

令 $r>0$ 表示无风险资产收益率，令 $\mu>r$ 和 $\sigma^2>0$ 为风险资产收益率的均值和方差。令 $\delta\geqslant0$ 为房屋的单位维护成本。给定 K 和 A，总财富的运动规则为

$$dQ=[A\mu+(Q-A-\varepsilon K)r-(1-\varepsilon)rK-\delta K]dt+A\sigma dZ$$
$$=[rQ+(\mu-r)A-(r+\delta)K]dt+A\sigma dZ \tag{9.1}$$

其中Z为维纳过程。第一行括号中的四项分别表示风险资产收益、无风险资产收益、抵押贷款支出以及维护成本。第二行将这四项和表示为投资组合收益减去房屋利息和房屋折旧。

消费者瞬时效用函数具有常弹性形式，$U(K)=K^{1-\theta}/(1-\theta)$。消费者的未来效用贴现率$\rho>0$为常数。给定$Q_0>0$，消费者的问题是求解

$$\max E_0\left[\int_0^{\infty} e^{-\rho t}\frac{K(t)^{1-\theta}}{1-\theta}dt\right]$$

$$s.t.K(t)\in[0, Q(t)/\varepsilon]$$

$$A(t)\in[0, Q(t)-\varepsilon K(t)]$$

和财富运动规则式（9.1），确定$\{K(t), A(t)\}$。

下列假设汇总了上述参数约束条件。

假设9.1.

$0<\varepsilon\leqslant 1$，$\delta\geqslant 0$

$0<r<\mu$，$\sigma^2>0$

$\theta>0$，$\theta\neq 1$，$\rho>0$

当$\theta=1$时，$U(K)=\ln K$，此时可以采用类似的方法处理，详见9.4.3节。

因为这些约束条件——包括财富的运动规则——为(Q, K, A)的一次齐次函数，收益函数为$1-\theta$阶齐次函数。因此，最优策略形式为$K=k^*Q$，$A=a^*Q$，其中k^*和a^*为常数。

对于任意策略$K=kQ$，$A=aQ$，给定k，a，式（9.1）的总财富$Q(t)$服从几何布朗运动，漂移项和方差分别为

$$m(k, a)\equiv r+(\mu-r)a-(r+\delta)k$$

$$s^2(k, a)\equiv a^2\sigma^2$$

此时，

$$E_0\left[Q(t)^{1-\theta}\right]=Q_0^{1-\theta}e^{\Gamma(k,a)t}，对于所有 t$$

其中

$$\Gamma(k, a)\equiv(1-\theta)\left[m(k, a)-\frac{1}{2}\theta s^2(k, a)\right]$$

消费者问题可以写为

$$\max_{\substack{k\in[0,1/\varepsilon]\\ a\in(0,1-\varepsilon k)}}\frac{k^{1-\theta}}{1-\theta}Q_0^{1-\theta}\int_0^{\infty} e^{-\rho t}e^{\Gamma(k,a)t}dt \tag{9.2}$$

当且仅当$\rho>\Gamma(k, a)$时，式（9.2）的积分取有限值。当$0<\theta<1$时，$k^{1-\theta}/(1-\theta)>0$。此时，必须对参数施加约束，使得$\rho>\Gamma(k, a)$对所有可行的$k$，$a$成立，才能确保沿着每个可行路径，预期贴现效用为有限值。当$\theta>1$时，$k^{1-\theta}/(1-\theta)<0$。此时，必须对参数施加约束，使得至少存在一个可行的k，a，$\rho>\Gamma(k, a)$成立，进而才能确保至少沿着一个可行路径，预期贴现效用为有限值。

引理9.1和引理9.2分别阐述了$\rho>\Gamma$时的最优投资组合和确保不等式$\rho>\Gamma$成立的约束

条件。注意到，当$0<\theta<1$时，消费者目标是使$\rho-\Gamma$（k，a）最大。而当$\theta>1$时，消费者目标是使$\rho-\Gamma$（k，a）最小。无论哪一种情况，消费者的目标都是使Γ（k，a）/（$1-\theta$）最大。令

$$p=(\mu-r)/\sigma^2 \qquad (9.3)$$

表示风险的逆“价”，即风险资产预期剩余收益$\mu-r$与方差的比值。在假设9.1条件下，p严格大于零。引理9.1阐述了任意（给定）k值，最优投资组合中风险资产所占份额α（k）。

引理9.1. 在假设9.1条件下，对于任意$0\leqslant k\leqslant 1/\varepsilon$，问题

$$\max_{a\in(0,1-\varepsilon k)}\frac{\Gamma(k,a)}{1-\theta}$$

的解为

当$p/\theta>1-\varepsilon k$时，$\alpha(k)=1-\varepsilon k$

当$p/\theta\leqslant 1-\varepsilon k$时，$\alpha(k)=p/\theta$ (9.4)

证明. 首先有

$$\Gamma_a(k,a)=(1-\theta)[(\mu-r)-\theta a\sigma^2]$$
$$=(1-\theta)\sigma^2(p-\theta a)$$

当$0<\theta<1$时，目标是使Γ（k，a）最大。此时$\Gamma_{aa}<0$，即Γ为凹函数。因为$\Gamma_a(k,0)>0$，所以当$a=0$时，不可能取得最大值。如果$p/\theta>1-\varepsilon k$，则

$$\Gamma_a(k,1-\varepsilon k)=(1-\theta)\sigma^2[p-\theta(1-\varepsilon k)]>0$$

所以最优值在角点$\alpha(k)=1-\varepsilon k$处取得。其他情况下，最优投资组合在内点处取得，满足$\Gamma_a=0$，所以

$$\alpha(k)=p/\theta$$

因此，最优投资组合为式（9.4）。

当$\theta>1$时，目标是使Γ（k，a）最小。此时Γ为凸函数。除了符号发生变化以外，论述过程与上文相同。

证明完毕。

引理9.1说的是，除非消费者持有房屋的面积达到最大，即$k=1/\varepsilon$，消费者不再有任何可支配财富用于其他资产，否则风险资产占财富的份额必然大于零。对于风险厌恶程度较高（θ较高）的消费者，最优解为内点，即$a=p/\theta$。对于这类消费者，风险资产占财富份额是μ的增函数，是r，σ^2和θ的减函数。对于风险忍受程度较高（θ较低）的消费者，条件$1-\varepsilon k$起到约束作用，最优解为角点。对于这类消费者，增加一单位房屋服务的成本极高。此时，除利息和维护成本$r+\delta$之外，增加房屋服务会导致投资组合增量扭曲。即使$\varepsilon=0$，约束$a\leqslant 1-\varepsilon k$也会起作用。这说明，风险忍受程度较高的消费者更愿意卖空无风险资产。

假设9.2将确保$\rho>\Gamma(k^*,a^*)$。

假设9.2. 当$0<\theta<1$时，

如果$p/\theta>1$，则$\rho>(1-\theta)(\mu-\theta\sigma^2/2)$

如果$p/\theta\leqslant 1$，则$\rho>(1-\theta)(r+p^2\sigma^2/2\theta)$

引理9.2. 在假设9.1和假设9.2条件下，

当$0<\theta<1$时，对于所有可行k，a，$\rho>\Gamma(k, a)$

当$\theta>1$时，对于某个可行k，a，$\rho>\Gamma(k, a)$

证明.假设$0<\theta<1$。则

$$\begin{aligned}\frac{d}{dk}\Gamma\left(k,\alpha(k)\right) &= -(1-\theta)(r+\delta)+(1-\theta)\sigma^2\left[p-\theta\alpha(k)\right]\alpha'(k)\\ &\leqslant -(1-\theta)(r+\delta)\\ &<0\end{aligned} \tag{9.5}$$

根据$p-\theta\alpha(k)\geqslant0$和$\alpha'(k)\leqslant0$，得到第二行。因此，对于任意$\varepsilon\geqslant0$，

$\rho>\Gamma(0, \alpha(0))\geqslant\Gamma(k, \alpha(k))\geqslant\Gamma(k, a)$，对于所有可行$(k, a)$

根据假设9.2，得到第一个不等式。根据式（9.5），得到第二个不等式。由于$\alpha(k)$使$\Gamma(k, a)$最大，进而得到第三个不等式。

当$\theta>1$时，由于$r>0$，对于$a=0$和所有足够小的k，

$\rho>0>(1-\theta)\left[r-(r+\delta)k\right]=\Gamma(k, 0)$

证明完毕。

最后，考虑消费者的房屋服务选择问题。根据引理9.2，当$0<\theta<1$时，对所有可行的k，a，式（9.2）的积分为有限值。当$\theta>1$时，对某些可行的k，a，式（9.2）的积分为有限值。无论哪种情况，式（9.2）的最大值都为有限值，即$W\left(Q_0\right)=Q_0^{1-\theta}w^*$，其中

$$w^* \equiv \max_{k\in[0,1/\varepsilon]}\left[\frac{k^{1-\theta}}{1-\theta}\frac{1}{\rho-\Gamma\left[k,\alpha(k)\right]}\right]$$

$\alpha(k)$为式（9.4）。

习题9.1. 令$k^*(\theta)$和$\alpha\left[k^*(\theta);\theta\right]$表示消费者的最优策略，$\theta$为消费者的风险厌恶参数。证明：存在阈值$\hat{\theta}$，并且当且仅当$\theta<\hat{\theta}$时，投资组合条件$a\leqslant1-\varepsilon k$才有约束力。

9.2 交易成本模型

现在假设消费者卖出房屋时，必须支付交易成本λK，其中$\lambda>0$。因为交易成本仅与K有关，因此仅用总财富Q作为状态变量，不足以刻画消费者头寸的状态。需要两个状态变量(Q, K)，或者其他（与此等价）一对变量。

为了便于讨论，假设交易成本λ小于等于消费者持有房屋的最小权益头寸ε。这个假设确保消费者总是能支付得起出售房屋的成本。除此之外，假设消费者的初始财富足以支付初始房屋的交易成本。

假设9.3. $0<\lambda\leqslant\varepsilon$，并且$Q_0>\lambda K_0$。

在房屋交易当天，消费者购买房屋后的总财富等于卖出房屋前的总财富，减去交易成本。其他时日，和以前一样，财富随机增长，并且房屋价值恒定。

令Q_0，K_0表示消费者初始总财富和房屋财富。消费者选择（i）停时序列$\{T_i\}$，在停时处，卖出旧房屋，买入新房屋；（ii）随机变量序列$\{K_i\}$，即交易时新房屋的价值；（iii）随机过程$A(t)$，即消费者所有时点的投资组合。给定Q_0，K_0，如果策略γ满足

$0 \leqslant A(t) \leqslant Q(t) - \varepsilon K_{i-1}$，$t \in [T_{i-1}, T_i)$，$i=1, 2, \ldots$

$K_i \leqslant Q_i/\varepsilon$，$i=1, 2, \ldots$

则策略 $\gamma = \left\{ \left(T_i, K_i \right)_{i=1}^{\infty}, A(\cdot) \right\}$ 可行。其中 $T_0=0$ 并且

$dQ = [rQ + (\mu - r)A - (r+\delta)K_{i-1}]dt + A\sigma dZ$，$t \in [T_{i-1}, T_i)$，$i=1, 2, \ldots$

$Q_i = Q(T_i) - \lambda K_{i-1}$，$i=1, 2, \ldots$

令 $\Gamma(Q_0, K_0)$ 表示给定 Q_0，K_0 情况下，所有可行策略的集合。并且对于任意 $\gamma \in \Gamma(Q_0, K_0)$，令

$$H(Q_0, K_0; \gamma) = \mathrm{E}_0 \left[\int_{T_0}^{T_1} e^{-\rho t} \frac{K_0^{1-\theta}}{1-\theta} dt + \sum_{i=1}^{\infty} \int_{T_i}^{T_{i+1}} e^{-\rho t} \frac{K_i^{1-\theta}}{1-\theta} dt \right]$$

表示消费者的预期贴现效用。定义最大值

$$V(Q_0, K_0) = \sup_{\gamma \in \Gamma(Q_0, K_0)} H(Q_0, K_0; \gamma)$$

由于可行策略之一是立即交易，并使 $A(t) \equiv 0$，买入能持久维护的最大房屋，并永不交易。因为维护必须支付成本，因此能支付的最大房屋为

$$\hat{K} \equiv \frac{r}{r+\delta}(Q_0 - \lambda K_0)$$

采用这个策略，整个生命期内的效用为有限值，它是消费者所得效用的底线。无交易成本时得到的效用构成上限。

因此，在假设9.1和假设9.2情况下，对任意初始条件，$V(Q_0, K_0)$ 为有限值。这表明，优化原理成立，消费者问题可以改写成递归形式

$$V(Q_0, K_0) = \max_{\{A(t)\}, T, K'} \mathrm{E}_0 \left[\int_0^T e^{-\rho t} \frac{K_0^{1-\theta}}{1-\theta} dt + e^{-\rho T} V(Q', K') \right] \tag{9.6}$$

$s.t. 0 \leqslant A(t) \leqslant Q(t) - \varepsilon K_0$

$dQ = [rQ + (\mu - r)A - (r+\delta)K_0]dt + A\sigma dZ$，$t \in (0, T)$

$K' \leqslant Q'/\varepsilon$

$Q' = Q(T) - \lambda K_0$

其中 T 为停时。

和无交易成本问题一样，根据收益函数的齐次特性以及式（9.6）的约束条件，价值函数和策略函数依然是齐次函数。因此，问题可以写成关于一个状态变量，即比率的表达式。一个合适的指标是比率 $q=Q/K$，即总财富对房屋财富的比率。与之前一样，定义 $a=A/Q$，进而有

$$K' = \frac{Q'}{q'} = \frac{q(T) - \lambda}{q'} K$$

因此，贝尔曼方程（9.6）可以写为

$$v(q_0) = \max_{\{a(t)\}, T, q'} \mathrm{E}_0 \left[\int_0^T \frac{1}{1-\theta} e^{-\rho t} dt + e^{-\rho T} \left(\frac{q(T) - \lambda}{q'} \right)^{1-\theta} v(q') \right] \tag{9.7}$$

$s.t. 0 \leqslant a(t) \leqslant 1 - \varepsilon/q(t)$

$dq = [rq + (\mu - r)aq - (r+\delta)]dt + aq\sigma dZ$，$t \in (0, T)$

$q' \geqslant \varepsilon$

其中 $v(q_0) \equiv V(q_0, 1)$。

根据式（9.7），直接得到最优策略的两个特性。第一，显然一旦总财富对房屋财富的比率q大到一定程度，就需要交易。由于q不可能小于ε，最优停时为

$T=T(b)\wedge T(B)$，对于某些$\varepsilon\leqslant b<B<\infty$

第二，一旦进行调整，最优返回点与状态$q(T)$无关。和菜单成本模型一样，这里唯一的调整成本为固定成本。因此，向上调整和向下调整的最优返回点S相同。

这里的状态变量q不再是布朗运动或几何布朗运动，这与第6章~第8章有天壤之别。事实上，连续决策变量$a(t)$的运动规则明显与q有关。因此，函数$\hat{L}$，ψ和Ψ对分析式（9.7）没了用武之地。但汉密尔顿-雅克比-贝尔曼方程依然可用，不仅可以用来刻画解析解特征，还可以用来计算数值解。

9.3 利用汉密尔顿-雅克比-贝尔曼方程

首先考虑状态空间。q没有上界，但投资组合约束条件表明q有下界ε。当$\varepsilon>\lambda$时，恰当的状态空间为$[\varepsilon,\infty)$，并且有$b^*=\varepsilon$的可能性。如果$\lambda=\varepsilon$，当$q=\varepsilon$时，消费者破产，所以此时恰当的状态空间为(ε,∞)，并且b^*必须为空间(ε,∞)上的内点。

最优解包含以下要素：一是定义在状态空间上的价值函数$v(q)$；二是由阈值$b^*<S^*<B^*$定义的不行动区域和返回点。三是定义在区间(b^*,B^*)上的投资组合策略$a(q)$。在不行动区域上，价值函数v满足式（9.7）的汉密尔顿-雅克比-贝尔曼方程。在不行动区域之外，价值函数v定义为立即调整的价值。在两个阈值处，价值匹配条件和平滑黏贴条件成立。在返回点，最优条件成立。这里的新特征是最大值取在HJB方程内，这是因为投资组合可以连续调整。为了便于讨论，定义函数

$H(q)=(q-\lambda)^{1-\theta}$，$q\geqslant\varepsilon$

来标准化延续价值。

命题9.3. 在假设9.1~9.3条件下，最优解具有下列特性：

i. 价值函数v满足

当$q\in(b^*,B^*)$时，

$$\rho v(q)=\frac{1}{1-\theta}+\max_{a\in[0,1-\varepsilon/q]}\left\{\left[rq+(\mu-r)aq-(r+\delta)\right]v'(q)+\tfrac{1}{2}\sigma^2(aq)^2v''(q)\right\} \tag{9.8}$$

当$q\notin(b^*,B^*)$时，

$$v(q)=H(q)M^* \tag{9.9}$$

其中

$$M^*\equiv\max_S\frac{v(S)}{(S)^{1-\theta}} \tag{9.10}$$

ii. 函数v和v'在阈值b连续，

$$\lim_{q\downarrow b^*}v(q)=H(b^*)M^* \tag{9.11}$$

$\lim_{q\downarrow b^*}v'(q)=H'(b^*)M^*$，当$b^*>\varepsilon$时取等号

iii. 函数v和v'在阈值B连续，

$$\lim_{q\uparrow B^*} v(q) = H(B^*)M^* \tag{9.12}$$

$$\lim_{q\uparrow B^*} v'(q) = H'(B^*)M^*$$

iv.返回点S^*使得式（9.10）取值最大。

$$v(S^*) = H(S^*+\lambda)M^* \tag{9.13}$$

这里的M^*为刚刚卖出房屋并支付交易成本后，消费者单位总财富的延续价值。

根据式（9.8），$a(q)$满足一阶条件

$pv'(q)+a(q)qv''(q)\geqslant 0$，当$a(q)<1-\varepsilon/q$取等号

根据式（9.3），$p=(\mu-r)/\sigma^2$。因为$v'>0$，对于所有q，$a(q)>0$，进而非负约束不起作用。不过，权益约束可能有约束力，所以

$$a(q) = \min\left\{\frac{q}{\Theta(q)}, 1-\varepsilon/q\right\} \tag{9.14}$$

其中

$$\Theta(q) \equiv \frac{-qv''(q)}{v'(q)} \tag{9.15}$$

为价值函数的局部相对风险厌恶系数。因此，除了相关风险厌恶系数有所变化之外，投资组合规则式（9.14）与式（9.4）相同。这里的风险厌恶系数是指价值函数中的风险厌恶系数。

尽管进一步确定解析解的性质比较困难，但计算数值解还是比较容易。一个较为实用的方法是采用下列步骤，对值M_n，S_n，b_n，B_n和函数v_n，a_n进行迭代。

给定参数μ，σ^2，r，ρ，θ，δ，λ，ε的取值。假设候选投资组合规则$a_n(q)$亦给定。将HJB方程写为

$$v''(q) = \frac{2}{\left[s_n(q)q\right]^2}\left[\rho v(q) - m_n(q)v'(q) - \frac{1}{1-\theta}\right] \tag{9.16}$$

其中

$$m_n(q) \equiv [r+(\mu-r)a_n(q)]q-(r+\delta)$$

$$s_n(q) \equiv \sigma a_n(q)$$

利用标准的常微分方程软件，能求出这个二阶常微分方程的解。定义堆积函数(stacked function) $F(q)=[v(q), v'(q)]$，其导数为

$$dF_1(q) = F_2(q)$$

$$dF_2(q) = \frac{2}{\left[s_n(q)q\right]^2}\left[\rho F_1(q) - m_n(q)F_2(q) - \frac{1}{1-\theta}\right]$$

为方便起见，这里去掉下标n。在每一步，给定$a(q)$和M，S，b，B，选择包含区间$[b, B]$的区间$[\underline{b}, \bar{B}]$，在M和S周围画出栅格$\{M_i\}_{i=1}^{I}$和$\{S_j\}_{j=1}^{J}$。对于每一对(M_i, S_j)，从S_j到$\underline{b}$倒向求解常微分方程，从S_j到$\bar{B}$前向求解常微分方程。这两个解作为式（9.10）和式（9.13）的初始条件，得

$$\begin{aligned} F(S_j) &= [v(S_j), v'(S_j)] \\ &= [H(S_j+\lambda)M_i, H'(S_j+\lambda)M_i] \end{aligned}$$

之后选择阈值 b_{ij} 和 B_{ij}，使得值匹配函数式（9.11）和平滑黏贴函数式（9.12）的误差加权和最小。并检查区间 $[\underline{b},\bar{B}]$ 是否足够大，避免无法做出选择。计算出所有对（M_i，S_j）的阈值和误差之后，选择误差总和最小的一组 $[\hat{i},\hat{j}]$。

定义（M_{n+1}，S_{n+1}，b_{n+1}，B_{n+1}）=（$M_{n\hat{i}},S_{n\hat{j}},b_{n\hat{i}\hat{j}},B_{n\hat{i}\hat{j}}$），并更新 $[\underline{b},\bar{B}]$。给定初始值 $M_{n\hat{i}},S_{n\hat{j}}$ 和区间 $[\underline{b},\bar{B}]$，将 q 分为更微小的栅格向量 q^v_{n+1}，再次求解常微分方程，计算出函数 v_{n+1}，a_{n+1}。常微分方程的解由两个向量构成。这两个向量包含函数 v_{n+1} 和 v'_{n+1} 在 q^v_{n+1} 点处的取值。利用式（9.14）~（9.16）构建一个向量，它包含函数 v''_{n+1}，Θ_{n+1} 和 a_{n+1} 在这些点处的取值。

向量 (q^v_{n+1},a_{n+1}) 描述了最优策略函数的下一个近似。注意到，最优策略函数必须定义在区间 $[\underline{b},\bar{B}]$ 上，而不是刚好定义在区间［b_{n+1}，B_{n+1}］上。还注意到，常微分方程求解程序必须有权访问 (q^v_{n+1},a_{n+1})，把它们看作全局变量来处理。

初始迭代要用无交易成本问题的解作为起点。无交易成本问题的解包括标准化值 w^*，房屋财富对总财富的比率 k^* 和投资组合比率 a^*。投资组合策略采用常数函数 a_0（q）$=a^*$，利用 $M_0=w^*$，$S_0=1/k^*$ 确定 M 和 S 栅格的位置。除了要求 $b_0<S_0$ 和 $B_0>S_0$ 外，对初始阈值 $\underline{b}$ 和 $\bar{B}$ 的要求较为宽松。

使用区间 $[\underline{b},\bar{B}]$ 的目的仅仅是为了确保常微分方程解的值域足以包含［b，B］。不过，区间 $[\underline{b},\bar{B}]$ 也不能太宽。如果区间太宽，就包含了离有意义区间较远的点，此时求出的常微分方程解会很差。

按照这个方式不断迭代，直到价值匹配条件和平滑黏贴条件的误差非常小，价值函数和策略函数收敛到所需精确度为止。由于选择无交易成本问题的解作为初始值 a，S_0 和 M_0，因此迭代程序会很快收敛。最后一次迭代之后，在区间（b^*，B^*）上再次求解常微分方程。之后跟前面一样，构建最终的策略函数 a^*，并利用式（9.9），将函数 v 扩展到区间（b^*，B^*）之外。

图 9-1 和图 9-2 为价值函数和策略函数迭代的一个例子。例子中，参数取值为

$\mu=0.70$，$\sigma=0.1655$，$r=0.01$

$\rho=0.04$，$\theta=2.0$

$\delta=0.05$，$\lambda=0.10$，$\varepsilon=0.15$

描述资产收益的参数 μ，σ 和 r 取值来自 Kocherlakota（1996）。偏好参数 ρ 和 θ 取值在标准宏观经济学文献所采用的区间内。维护成本 $\delta=0.05$ 稍高于通常的建筑折旧率，允许它包含物业税和其他微小的运营费用。房地产经纪人的佣金通常在交易值的 5%~6%，其他成本（诸如搜寻时间、搬家成本等）估计在 4%~5%，因此交易成本取 $\lambda=0.10$ 比较合理。权益约束 $\varepsilon=0.15$ 为家庭首套房的最低首付比例。

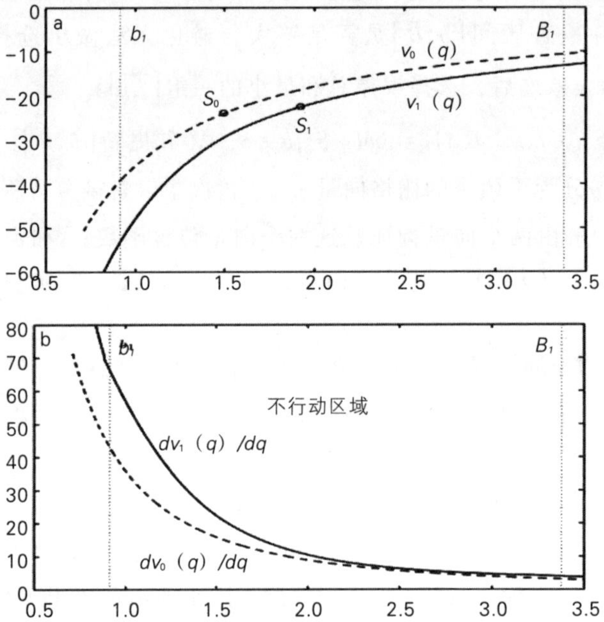

图9-1　房屋模型前两个值的近似情况：(a) 价值函数；(b) 价值函数导数

参数 μ=0.70，σ=0.1655，r=0.01，ρ=0.04，θ=2.0，δ=0.05，λ=0.10，ε=0.15

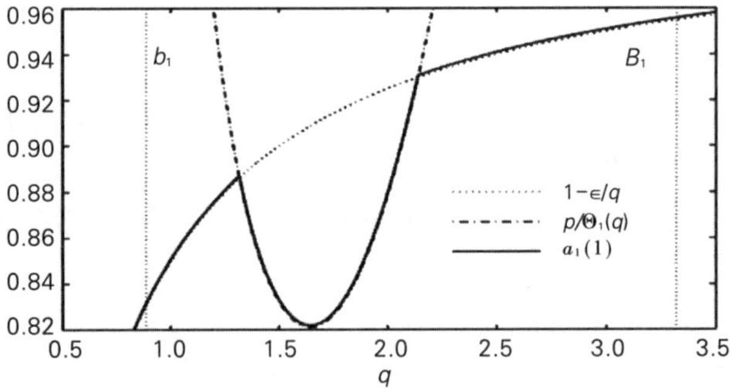

图9-2　投资组合策略的一阶近似

图9-1为近似计算过程中前两个值的迭代情况。图9-1（a）给出了函数v_0和v_1，返回点S_0和S_1以及阈值b_1和B_1。函数v_0（q）=$q^{1-\theta}w^*$为没有交易成本时，消费者的价值函数，S_0=$1/k^*$为消费者总财富对房屋财富的最优比率。在不行动区域外，价值函数为

$$v_n(q)=H(q)\ M_n,\ q\notin(b_n,\ B_n)$$

其中M_n为根据S_n计算的标准化延续价值。因此，M_0=w^*。采用简单的猜测法，给出初始阈值b_0和B_0（图中没有标出）。

交易成本降低了消费者福利，所以v_1<v_0。此外，由于存在交易成本，相对于当前消费，消费者更青睐于积累资产。因此交易时，消费者会选择更高的总财富对房屋财富比率，即S_1>S_0。图9-1（b）给出了近似价值函数的导数v'_0和v'_1。

图9-2为近似策略函数a_1的图像。虚线为权益约束$1-\varepsilon/q$，单调增加。U型折线为基于v_1的无约束投资组合p/Θ_1（q）的图像。实线为两个曲线的最小部分，为投资组合策略a_1（q）。

由于存在交易成本，在不行动区域中间，消费者的风险厌恶程度增加。当q接近交易阈值时，消费者的风险忍受程度增加。因此，对于本例中的参数值，权益约束仅在阈值附近才有效。

图9-3为三个近似策略函数的图像。短划线为无交易成本模型的不变投资组合a_0（q）$=a^*$。折线为图9-2中的函数a_1。实线为下一次迭代的函数a_2。函数a_0和a_1有些许差别，函数a_0是常数，取值约为0.9。函数a_1在0.82和0.96之间变化。函数a_1和a_2的差别极小。临界值b_2，B_2，S_2稍高于b_1，B_1，S_1。进一步迭代产生的变化几乎可以忽略不计。

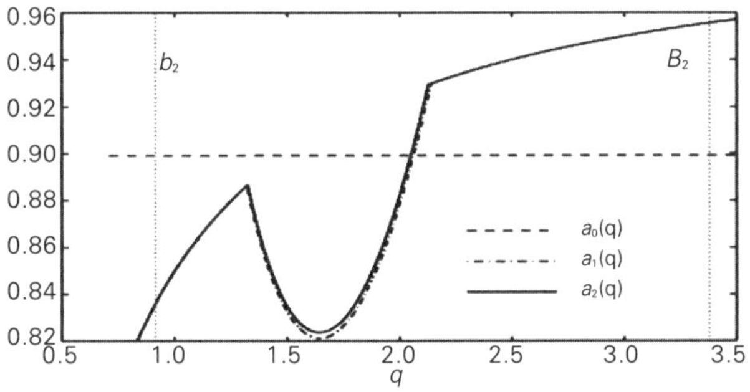

图9-3　近似策略函数的前三次迭代

9.4 扩展

本节采用练习题形式，对房屋模型进行扩展。第一道练习题增加了外生搬家因素。第二道练习题增加了非耐用品消费。第三道习题考察$\theta=1$情况，即对数效用问题。第四道习题考察一个类似模型，增加了三个假设，使用的状态变量也稍有不同。由于这些变化，状态变量服从几何布朗运动，可以利用函数$\hat{L}$，ψ和Ψ来刻画最优解特征。

9.4.1　外生搬家

假设搬家有不情愿和情愿两种方式。具体来说，假设存在一个到达率为κ的泊松冲击。如果冲击到达，消费者必须搬家，并且要支付交易成本。

习题9.2. 对于这种外生冲击，推导模型的HJB方程。

9.4.2　非耐用品消费

假设除房屋之外，消费者还会消费合成非耐用品C。假设消费者的瞬时偏好为常替代弹性（CES）的加总形式，

当$\zeta\neq1$时，$F(C,K)=\left[\omega C^{1-\zeta}+(1-\omega)K^{1-\zeta}\right]^{1/(1-\zeta)}$

当$\zeta=1$时，F（C，K）$=C^{\omega}K^{1-\omega}$

其中$\omega\in$［0，1）为非耐用品的相对权重，$1/\zeta$为替代弹性。和之前一样，消费者的

跨期效用函数为 $1-\theta$ 阶齐次函数，

$$E_0\left[\int_0^{\infty} e^{-\rho t}\frac{\{F[C(t),K(t)]\}^{1-\theta}}{1-\theta}dt\right]$$

习题9.3. 写出消费者问题的标准形式。推导相关的HJB方程。

9.4.3 对数效用函数

考虑 $\theta=1$ 时的房屋模型，此时 $U(K)=\ln K$。

习题9.4. (a) 写出无交易成本情况下的消费者问题。证明对于所有 t，最优策略为 $K(t)=kQ(t)$，$A(t)=aQ(t)$。

(b) 证明对于任意 k，a，$\ln Q(t)$ 为布朗运动，参数为

$$m(k, a)=r+(\mu-r)a-(r+\delta)k-\frac{1}{2}a^2\sigma^2$$

$$s^2(a)=a^2\sigma^2$$

证明，对于所有 t，

$$E_0[\ln Q(t)]=\ln Q_0+m(k, a)t$$

并且

$$E_0\left[\int_0^{\infty} e^{-\rho t}\ln K(t)dt\right]=\frac{1}{\rho}(\ln Q_0+\ln k)+\frac{1}{\rho^2}m(k,a)$$

因此，当初始财富为 Q_0 时，消费者价值为

$$W(Q_0)=\rho^{-1}\ln Q_0+w^*$$

其中

$$w^*\equiv\max_{\substack{k\in[0,1/\varepsilon]\\ a\in[0,1-\varepsilon k]}}\left[\frac{1}{\rho}\ln k+\frac{1}{\rho^2}m(k,a)\right]$$

(c) 证明，$\theta=1$ 时，引理9.1依然成立。对参数 ρ，r，μ，σ^2，δ 施加什么约束条件，才能确保 w^* 为有限值？刻画最优房屋财富对总财富比率 k^* 的特征。

(d) 利用 Q，K 作为状态变量，模仿式(9.6)，写出有交易成本问题的贝尔曼方程。模仿式(9.7)，写出问题的集约型贝尔曼方程。此时问题的状态变量是什么？

(e) 写出集约型贝尔曼方程所对应的HJB方程。边界条件和优化条件是什么？

9.4.4 特例：$\varepsilon=1$，$\delta=0$ 并且 $\hat{a}$ 固定时

本节额外加入三个假设：不许抵押，$\varepsilon=1$；没有维护成本，$\delta=0$；风险资产中金融财富（非房屋）所占份额恒定。此外，分析中使用的状态变量有所不同。由于这些变化，状态变量的运动规则为几何布朗运动，所以利用函数 $\hat{L}$，ψ 和 Ψ，可以求出最优解。

当 $\varepsilon=1$ 时，金融财富为 $X=Q-K$。定义比率

$$x\equiv X/K=(Q-K)/K=q-1$$

$$\hat{a}\equiv A/X=A/(Q-K)=aq/(q-1)$$

所以 x 为金融财富对房屋财富的比率。$\hat{a}$ 为风险资产中金融财富（不是总财富）所占份额。本节使用如下假设。

假设9.4. $\varepsilon=1$，$\delta=0$ 并且 $\hat{a}\in[0, 1]$ 固定不变。

习题9.5. (a) 证明：在假设9.4下，x 为几何布朗运动，均值为 $\hat{\mu}=r+(\mu-r)\hat{a}$，方

差为$\hat{\sigma}^2=(\hat{a}\sigma)^2$。

利用x作为状态变量，贝尔曼方程式（9.7）可以写为

$$v(x_0)=\max_{T,x'\geqslant 0}\mathrm{E}\left[\int_0^T\frac{1}{1-\theta}e^{-\rho t}dt+e^{-\rho T}\left(\frac{x(T)+1-\lambda}{x'+1}\right)^{1-\theta}v(x')\right] \tag{9.17}$$

$s.t.\ dx=\hat{\mu}xdt+\hat{\sigma}xdZ$

其中$v(x)$为消费者拥有整套房屋和金融财富x的最大价值。定义

$h(x)\equiv(x+1-\lambda)^{1-\theta}$

为交易后的比例因子。

式（9.17）的最优停时为$T=T(d)\wedge T(D)$，其中d和D为新状态变量的阈值。因此，式（9.17）可以写为

$$v(x)=\max_{d,D,x'}\left\{w(x)+[\psi(x)h(d)+\Psi(x)h(D)]\frac{v(x')}{h(x'+\lambda)}\right\} \tag{9.18}$$

其中$w(x,d,D)$，$\psi(x,d,D)$和$\Psi(x,d,D)$的定义见第5章开始。为了简化起见，去掉了d，D符号。

这里的收益函数为常数$1/(1-\theta)$。这有两层含义。一是永远不交易的价值是永远消费一套房屋服务的价值。也就是说

$$w(x,0,\infty)=v_P(x)=\int_0^\infty\frac{1}{1-\theta}e^{-\rho t}dt=\frac{1}{1-\theta}\frac{1}{\rho}\equiv\Omega$$

在假设9.4条件下，这个策略永远可行：由于没有维护成本，$\delta=0$，并且消费者拥有整套房屋，$\varepsilon=1$，因此没有利息成本。事实上，由于收益函数为常数，因此对于任意d，D，

$$w(x)=\mathrm{E}_x\left[\int_0^T\frac{1}{1-\theta}e^{-\rho t}dt\right]$$

$$=[1-\psi(x)-\Psi(x)]\Omega$$

定义

$$m^*\equiv\max_{s'}\frac{v(s')}{h(s'+\lambda)} \tag{9.19}$$

并且当状态为x时，交易价值为$h(x)m^*$。

习题.（b）证明，当$\theta<1$和$\theta>1$时，交易价值$h(x)m^*$是状态x的严格增函数。

首先考虑控制是否必须执行的问题。设定$d=0$，表示消费者永远不降低房屋规模。设定$D=\infty$表示消费者永远不升级房屋规模。下道练习题说明，如果消费者金融财富对房屋财富的比率足够大时，消费者总是会将房屋升级为更大房屋。

习题.（c）证明：$D^*<\infty$。

利用式（9.18）和式（9.19）的一阶条件，能够刻画最优策略的特征。不过，关于d^*的条件为不等式。如果交易成本λ较大，下阈值可能是$d^*=0$。此时，当消费者金融财富对房屋财富的比率较低时，消费者更愿意待在现在的房屋内，以避免交易成本。和通常一样，阈值条件可以写为平滑黏贴条件。

习题.（d）证明如果d^*，D^*，s^*为最优策略，则

$w_x(d^*)+[\psi_x(d^*)h(d^*)+\Psi_x(d^*)h(D^*)]m^*\geqslant h'(d^*)m^*$，$d^*>0$时取等号

$w_x(D^*)+[\psi_x(D^*)h(d^*)+\Psi_x(D^*)h(D^*)]m^*=h'(D^*)m^*$

$$w_x(s^*)+[\psi_x(s^*)h(d^*)+\Psi_x(s^*)h(D^*)]m^*=h'(s^*+\lambda)m^*$$

其中

$$m^*=\frac{1-\psi(s^*)-\Psi(s^*)}{h(s^*+\lambda)-\psi(s^*)h(d^*)-\Psi(s^*)h(D^*)}\Omega$$

利用式（9.17）对应的HJB方程，也可以刻画最优解特征。由于x为几何布朗运动，HJB方程中的$\nu'(x)$和$\nu''(x)$分别乘以x和x^2，有

$$\rho v(x)=\frac{1}{1-\theta}+\hat{\mu}xv'(x)+\tfrac{1}{2}\hat{\sigma}^2x^2v''(x),\ x\in(d,D) \tag{9.20}$$

$$\nu(x)=h(x)m^*,\ x\notin(d,D)$$

习题.（e）式（9.20）的价值匹配条件，平滑黏贴条件和最优返回条件分别是什么？

9.4.5 再次讨论计算机硬件置换问题

再次考虑8.6.3节研究的计算机硬件置换模型。假设更新软件需要支付变动成本γ，所以当软件更新dX时，变动成本为γdX。此外，假设当新版本出现时，企业有权选择不马上更新软件。

习题9.6. 简要说明如何把这种变化纳入HJB方程。

注释

房屋模型取自于Grossman and Laroque （1990）。对于齐次价值函数的递归问题，参见Alvarez and Stokey（1998）的论述。

Flavin and Nakagawa（2004）以及Stokey（2008）分析了包含非耐用消费品的房屋模型。在总消费存在调整成本的条件下，Marshall and Parekh（1999）建立模型，研究权益溢价之谜。

Smith，Rosen and Fallis（1988）估计房屋交易成本约为10%。Flavin and Nakagawa（2004），Siegel（2005）以及Cocco（2005）的经验证据表明，调整成本是解释房屋消费行为的重要因素。Chetty and Szeidl（2004）以及Kullmann and Siegel （2005）的经验证据表明，风险厌恶程度与状态有关。Martin（2003）的经验证据表明，搬家期间会调整非耐用品消费。

Caballero（1990）考察了由于购买耐用品需要支付固定成本，这导致时间序列体现出调整缓慢以及调整滞后的现象。在假设个人同时面临异质性冲击和总量冲击情况下，Caballero（1993）以及Caplin and Leahy（1999）研究耐用品购买的总量模型。Eberly（1994）采用模拟方法，研究许多消费者面临异质性冲击时的消费行为，并将结果与购买新车的经验数据进行比较。

对于调整成本导致价值函数存在凸值域的模型，参见Chetty and Szeidl （2007）。

第Ⅲ部分
瞬时控制模型

第10章

调节布朗运动

下面单纯介绍库存的运行机制。如果不施加任何管制，库存的流入和流出都具有外生性，并随机变化。用布朗运动X刻画流入和流出差的累积。给定值b，B，且$b<B$。库存不许超过阈值B，也不许低于阈值b。一旦库存达到阈值，自动调节装置启动控制程序，增加库存或者降低库存，确保库存刚好保持在区间［b，B］内。

例如，假设流入是产出，流出是销售，库存就是存货，起着流入和流出的缓冲作用。$dX(t)$为时刻t产出超过销售量的剩余。当需求超过产出时，$dX(t)<0$。阈值B是所能承受存货的上限。自然而然，阈值b为0。在阈值B执行的控制，就是在二级市场处理商品。在阈值b执行的控制，就是在救急供应商处购买商品。

一开始，对这些行为的成本和福利可以置之不理：没有目标函数，也不做出任何决策。第一个目标是给定b，B的值，描述在阈值处执行的控制行为，进而得到库存的调节过程。更准确地说就是给定$b<B$，假设$x_0=X(0)\in[b, B]$。令$L(t)$和$U(t)$分别表示时刻t，在下阈值和上阈值处自动调节装置执行控制的累计值。在任意时刻，调节的库存为

$$Z(t)=X(t)+L(t)-U(t)，\text{对于所有 } t \tag{10.1}$$

$L(t)$和$U(t)$为随机过程，并且(L, U, Z)具有如下特性：

i. L和U连续，单调非降，且$L_0=U_0=0$；

ii. $Z(t)$的定义为式（10.1），并且对于所有t，满足$Z(t)\in[b, B]$；

iii. 仅当$Z(t)=b$时，$L(t)$才增加。仅当$Z(t)=B$时，$U(t)$才增加。

因此，第一个目标是用外生过程X定义L和U。

有了L和U定义之后，就可以着手研究决策问题。在存货问题和其他经济学应用中，给定（常数）利率$r>0$，选择b，B的值，使各种成本的预期贴现和达到最小。模型包含三种类型成本：下阈值处库存增加的单位成本；上阈值处库存降低的单位成本；严格凸的存储成本。描述这个决策问题要用到如下定义。给定$r>0$，$b<B$，以及初始值$Z(0)=z\in[b, B]$。定义

$$\alpha(z,b,B;r)\equiv \mathrm{E}_z\left[\int_0^\infty e^{-rs}dL\right]$$

$$\beta(z,b,B;r) \equiv \mathrm{E}_z\left[\int_0^{\infty} e^{-rs} dU\right]$$

$$\Pi(A;z,b,B;r) \equiv \mathrm{E}_z\left[\int_0^{\infty} e^{-rs} 1_A(Z(s))ds\right],\ A \in \mathfrak{B}_{[b,\ B]} \tag{10.2}$$

其中E_z［.］为给定初始条件下的条件期望。1_A为集合A的示性函数。$\mathfrak{B}_{[b,\ B]}$表示区间［b，B］的Borel子集。则α（z，b，B；r）表示下阈值处执行控制的预期贴现值。β（z，b，B；r）表示上阈值处执行控制的预期贴现值。Π（A；z，b，B；r）表示占有测度的预期贴现值。令π（.，z，b，B；r）表示Π的预期贴现局部时间。则在两个边界调整库存的预期成本与α和β成比例，并且预期存储成本是对π的积分。

如果$r=0$，式（10.2）的积分发散。尽管如此，可以计算长期平均，每个阈值处单位时间的预期执行控制数以及平稳分布。利用这些平均数能够描述加总行为。具体来说，对于独立同分布的经济主体连续统，如果测度为1，且每个经济主体都可以用相同的调节过程来描述，则平稳密度函数π表示（恒定的）截面分布，且α和β表示每个边界处执行控制总（恒定）数。

本模型除了没有固定调整成本之外，其他与第8章研究的模型一样。因此，本模型可以看作固定成本趋于0的极限情况。当固定成本下降时，决策制定者选择增加调整次数，减小调整幅度，这样返回点更接近于阈值。也就是说，随着固定成本趋于0，最优向上调整和向下调整的幅度$|q-b|$和$|Q-B|$也将逐渐缩减到0。极限状态下，在两个阈值处的调整不再是离散跳跃模式，而是采取“调节”模式，保证库存过程刚好位于不行动区域内。

本章余下部分结构如下。在10.1节，提出单边和双边调节问题。在10.2节，对于有贴现情况，即$r>0$时，推导出α，β和π的显性表达式。在10.3节，对于无贴现情况，即$r=0$时，推导出α，β和π的显性表达式。10.4节利用简单存货模型的例子，说明如何使用这些公式。

10.1 单边和双边调节

假设仅有下阈值b，初始条件为$X(0)=X_0 \geq b$。当库存为b时，触发自动调节装置，产品流入。定义停时T_0为$X(t)=b$的首日。由于对于所有ω，

当$t \leq T_0$时，$L(t)=0$

当$t>T_0$时，$L(t)=b-\min_{s \in [0,\ t]} X(s)$ (10.3)

显然，$L(t)$连续，单调非降，并且$L(0)=0$。仅当$t>T_0$且$X(t)=\min_{s \in [0,\ t]} X(s)$时，$L$才是时间$t$的严格单调增函数。对于所有$\omega$，任何时点的库存为

$$\begin{aligned} Z(t) &= X(t)+L(t) \\ &= X(t) && \text{当 } t \leq T_0 \text{ 时} \\ &= b+\left[X(t)-\min_{s \in [0,\ t]} X(s)\right] && \text{当 } t>T_0 \text{ 时} \\ &\geq b && \text{对于所有 } t \geq 0 \end{aligned}$$

并且仅当$Z(t)=b$时，L单调递增。因此，式（10.3）的L，$U \equiv 0$，以及上述的Z满足条件（i）~（iii）。

同样，假设仅存在上阈值B，初始条件为$X(0)=X_0 \leq B$。当库存为B时，触发自动调节装置，产品流出。定义停时T_1为$X(t)=B$的首日。对于所有ω，

当$t \leq T_1$时，$U(t)=0$

当 $t>T_1$ 时，$U(t)=\max_{s\in[0,t]}X(s)-B$ (10.4)

显然，$U(t)$ 连续，单调非降，且 $U(0)=0$。仅当 $t>T_1$，以及 $X(t)=\max_{s\in[0,t]}X(s)$ 时，U 才是时间 t 的严格单调增函数。对于所有 ω，任何时点的库存为

$$\begin{aligned} Z(t) &= X(t)-U(t) \\ &= X(t) && \text{当 } t\leqslant T_1 \text{ 时} \\ &= B-[\max_{s\in[0,t]}X(s)-X(t)] && \text{当 } t>T_1 \text{ 时} \\ &\leqslant B && \text{对于所有 } t\geqslant 0 \end{aligned}$$

并且仅当 $Z(t)=B$ 时，U 是时间 t 的严格单调增函数。因此，式（10.4）的 U，$L\equiv 0$，以及上述的 Z 满足条件（i）~（iii）。

现在假设有两个边界 $b<B$，且 $X_0\in[b,B]$。利用数学归纳法，构建随机过程 $U(t)$ 和 $L(t)$。

基本思路是定义连续的时间块，控制仅在每个时间块的边界处执行。时间块之间控制交替执行的边界定义为阈值。在每个时间块内部，利用式（10.3）或式（10.4）定义 U 或 L 的增量——但仅能定义其中一个。在每个时间块的末端，是转换到另一个阈值处进行调节的时间点，此即为停时。这种构建方式定义了一个停时序列 $0\leqslant T_0<T_1<T_2<...<T_n<...$。初始时间块为 $[0, T_0]$ 或 $[0, T_1]$，在此期间不执行任何控制。在此之后的"偶数"时间块，即 $(T_{2i}, T_{2i+1}]$，在下阈值 b 执行控制。在"奇数"时间块，即 $(T_{2i+1}, T_{2i+2}]$，在上阈值 B 执行控制。这里的停时 T_0，T_1，...，并不是调节过程达到阈值的唯一时间。在任意一个偶数时间块，调节过程可能多次到达下阈值 b。在任意一个奇数时间块，调节过程可能多次到达上阈值 B。

如果 $T(b)<T(B)$，令

$$T_0=T(b)$$

$$U(t)=L(t)=0,\quad t\in[0, T_0) \tag{10.5}$$

所以在时间块 $[0, T_0]$ 期间，不执行任何控制，并且 $Z(T_0)=b$。如果 $T(B)<T(b)$，令

$$T_0=0,\ T_1=T(B)$$

$$U(t)=L(t)=0,\quad t\in[0, T_1) \tag{10.6}$$

所以在时间块 $[0, T_1]$ 期间，不执行任何控制，并且 $Z(T_1)=B$。无论哪种情况，在之后所有的奇数和偶数时间块，构建的 U，L 和 Z 都一样。所以利用它足以考察每类分块的典型时间块。

考虑典型的偶数分块，从 T_{2i} 开始，有 $Z(T_{2i})=b$。思路是构建过程 $\hat{X}_{2i}$，$\hat{L}_{2i}$ 和 $\hat{Z}_{2i}$。论述过程中，每个随机过程都有一个重新初始化的时间变量 $s=t-T_{2i}$。利用这些函数定义下一个停时 T_{2i+1}，并在时段 $(T_{2i}, T_{2i+1}]$ 上构建 L 和 Z。

定义

$$\hat{X}_{2i}(s)\equiv b+[X(T_{2i}+s)-X(T_{2i})],\ \text{对于 } s\geqslant 0\text{，所有 } \omega$$

这里 $\hat{X}_{2i}(0)=b$，并且 $\hat{X}_{2i}$ 的增量和 X 相同。定义

$$\hat{L}_{2i}(s)\equiv b-\min_{\tau\in[0,s]}\hat{X}_{2i}(\tau)$$

$$\hat{Z}_{2i}(s)\equiv\hat{X}_{2i}(s)+\hat{L}_{2i}(s)\qquad \text{对于 } s\geqslant 0\text{，所有 } \omega$$

定义停时 $\hat{S}_{2i+1}$ 为 $\hat{Z}_{2i}(s)$ 首次到达阈值 B 的时间。对于原始过程，令

$$T_{2i+1}=T_{2i}+\hat{S}_{2i+1}$$

$$U(t)=U(T_{2i})$$

$$L(t) = L(T_{2i}) + \hat{L}_{2i}(t - T_{2i}),\quad t \in (T_{2i}, T_{2i+1}],\ 所有\ \omega \tag{10.7}$$

并且利用式（10.1）定义 $Z(t)$。在偶数时间块期间，在上阈值 B 不执行控制，所以 $U(t)$ 为常数。利用 $\hat{L}_{2i}$ 刻画在下阈值 b 执行的额外控制。

下面考虑一个典型的奇数时间块，从 T_{2i+1} 开始，有 $Z(T_{2i+1}) = B$。定义

$$\hat{X}_{2i+1}(s) \equiv B + [X(T_{2i+1}+s) - X(T_{2i+1})],\ 对于\ s \geqslant 0,\ 所有\ \omega$$

这里 $\hat{X}_{2i+1}(0) = B$，并且 $\hat{X}_{2i+1}$ 的增量和 X 相同。定义

$$\hat{U}_{2i+1}(s) \equiv \max_{\tau \in [0,s]} \hat{X}_{2i+1}(\tau) - B$$

$$\hat{Z}_{2i+1}(s) \equiv \hat{X}_{2i+1}(s) - \hat{U}_{2i+1}(s),\ 对于\ s \geqslant 0,\ 所有\ \omega$$

定义停时 $\hat{S}_{2i+2}$ 为 $\hat{Z}_{2i+1}(s)$ 首次到达阈值 b 的时间。对于原始过程，令

$$T_{2i+2} = T_{2i+1} + \hat{S}_{2i+2}$$

$$U(t) = U(T_{2i+1}) + \hat{U}_{2i+1}(t - T_{2i+1})$$

$$L(t) = L(T_{2i+1}),\quad t \in (T_{2i+1}, T_{2i+2}],\ 所有\ \omega \tag{10.8}$$

利用式（10.1）定义 $Z(t)$。在奇数时间块期间，$L(t)$ 为常数。利用 $\hat{U}_{2i+1}$ 刻画上阈值处执行的额外控制。

按照这种方式，时间块交替进行下去。图 10-1 为每种类型时间块的样本路径图像。a 图为 $X(t)$ 和 $Z(t)$ 的图像，b 图为对应的 $U(t)$ 和 $L(t)$ 样本路径。总之，上述讨论可以归纳为命题 10.1。

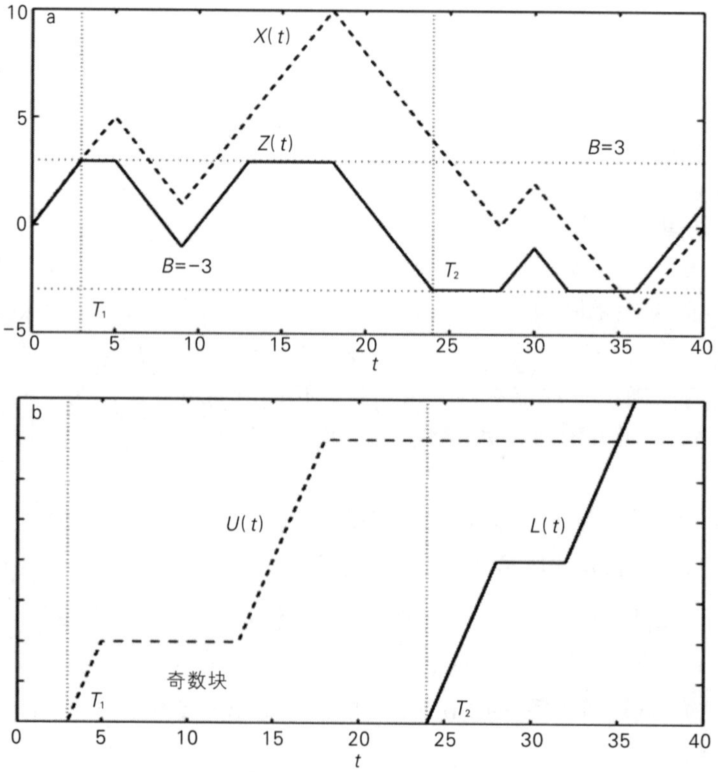

图 10-1　(a) 调节布朗运动的样本路径；(b) 上阈值和下阈值执行的累积控制 $U(t)$ 和 $L(t)$

命题 10.1. 对于任意 $b<B$ 和任意布朗运动 X，有 $X(0)=x_0\in[b, B]$。满足条件（i）~（iii）的唯一函数分别为 $U(t)$，式（10.5）~（10.8）定义的 $L(t)$，以及式（10.1）定义的 $Z(t)$。

10.2 贴现值

令 b，B 和 X，U，L，Z 由 10.1 节定义，且有 $X(0)=Z(0)=z\in[b, B]$，以及利率 $r>0$ 给定。本节将推导式（10.2）定义的函数表达式：每个阈值处执行控制的预期贴现值 $\alpha(z, b, B; r)$ 和 $\beta(z, b, B; r)$，调节过程的预期贴现局部时间函数 $\pi(., z, b, B; r)$。利用这些函数能够研究决策制定者选择阈值，使目标函数最小的决策问题。决策者目标函数涉及每个阈值处执行控制的变动成本以及存储成本，这些成本都与库存 Z 有关。

解决此问题的主要方法是伊藤引理，即定理 3.3。前面曾经讨论过，如果 $\hat{\mu}(Z)$ 和 $\hat{\sigma}(Z)$ 为过程 Z 的无穷小参数，则 $\hat{\mu}(Z)ds+\hat{\sigma}(Z)dW=dZ$ 且 $\hat{\sigma}^2(Z)ds=[(dZ)^2]$。因此，当贴现率 $r\geqslant 0$ 为常数时，根据伊藤引理，如果函数 $f:[b, B]\to\mathbf{R}$ 二次连续可微，并且 $Z(0)=z$，则对于任意 $t\geqslant 0$，

$$e^{-rt}f\big(Z(t)\big)=f(z)-r\int_0^t e^{-rs}f(Z)ds+\int_0^t e^{-rs}f'(Z)dZ+\frac{1}{2}\int_0^t e^{-rs}f''(Z)(dZ)^2,\ \text{对于所有}\ \omega \tag{10.9}$$

这里论证过程涉及对这个方程取期望，所以需要知道 $\mathrm{E}[dZ]$ 和 $\mathrm{E}[(dZ)^2]$ 的表达式。审慎选择函数 f 的表达式，就能得到式（10.9）的具体形式，由此得到 α，β 和 π 的封闭解。

因为 $Z=X-U+L$，直接可得

$$\begin{aligned}\mathrm{E}[dZ]&=\mathrm{E}[dX-dU+dL]\\&=\mu ds-\mathrm{E}[dU]+\mathrm{E}[dL]\end{aligned}$$

与 2.4 节和 2.8 节类似，利用离散序列逼近过程 X，U，L，Z，可以计算出 $\mathrm{E}[(dZ)^2]$。

对于 $n=1, 2, ...$，把区间 $[b, B]$ 分割成均匀的栅格。令 Z 的第 n 个过程取区间 $[b, B]$ 上第 $n+1$ 个栅格上的值。定义第 n 个过程的步幅 h_n，时间增量 Δ_n，概率 p_n 为

$$h_n=\frac{B-b}{n},\ \Delta_n=\left(\frac{h_n}{\sigma}\right)^2,\ p_n=\frac{1}{2}\left(1+\frac{\mu}{\sigma^2}h_n\right)$$

在每个时间段 Δ_n，无调节过程以概率 p_n 出现增量 $\Delta X=h_n$，以概率 $1-p_n$ 出现增量 $\Delta X=-h_n$，所以 X 的每个近似过程的均值和方差都与原始过程的均值和方差匹配。此外，如果 $Z=B$ 和 $\Delta X=h_n$，则 $\Delta U=h_n$；如果 $Z=b$ 和 $\Delta X=-h_n$，则 $\Delta L=h_n$。其他情况下，$\Delta U=\Delta L=0$。因此

$$\begin{aligned}\mathrm{E}[(\Delta Z)^2]&=\mathrm{E}[(\Delta X-\Delta U+\Delta L)^2]\\&=\mathrm{E}[(\Delta X)^2+(\Delta U)^2+(\Delta L)^2-2\Delta X\Delta U+2\Delta X\Delta L]\\&=\mathrm{E}[(\Delta X)^2]-\mathrm{E}[(\Delta U)^2]-\mathrm{E}[(\Delta L)^2]\end{aligned}$$

根据 $\Delta U\Delta L\equiv 0$ 得到第二行。如果 $\Delta U>0$，则 $\Delta X=\Delta U$；如果 $\Delta L>0$，则 $\Delta X=-\Delta L$，由此得到第三行。对于第 n 个过程，

$$\mathrm{E}\Big[(\Delta U)^2\,|\,Z=B\Big]=p_n h_n^2$$

因为 $\Pr[Z=B]$ 与 $1/n$ 同阶，或者说，与 h_n 同阶，所以

$$\frac{1}{\Delta_n}\mathrm{E}\left[(\Delta U)^2\right]\simeq\frac{1}{\Delta_n}p_nh_n^3\simeq p_nh_n$$

这里符号≃表示“与同阶”。当$n\to\infty$时，此项趋于0。ΔL情况与此类似，亦有

$$\mathrm{E}[(dZ)^2]=\mathrm{E}[(dX)^2]=\sigma^2 ds$$

因为f，f'和f''连续，它们在区间［b，B］上必然有界。因此，对于任意$r>0$，当$t\to\infty$时，式（10.9）中积分的极限有界。取极限，之后取给定初始条件Z（0）=z情况下的条件期望。因为左侧等于0，由此得到

$$\mathrm{E}_z\left[\int_0^\infty e^{-rs}\{rf(Z)-\mu f'(Z)-\tfrac{1}{2}\sigma^2f''(Z)\}ds\right]$$

$$=f(z)+f'(b)\mathrm{E}_z\left[\int_0^\infty e^{-rs}dL\right]-f'(B)\mathrm{E}_z\left[\int_0^\infty e^{-rs}dU\right]$$

仅当$Z=b$时，dL为正，仅当$Z=B$时，dU为正，由此得到最后两项。

右侧的两个预期值就是α（z）和β（z）。根据定理3.7，左侧的预期值可以写为函数π对状态的积分。因此，对于任意二次可微函数f，

$$\int_b^B\left[rf(\zeta)-\mu f'(\zeta)-\tfrac{1}{2}\sigma^2f''(\zeta)\right]\pi(\zeta,z)d\zeta$$

$$=f(z)+f'(b)\alpha(z)-f'(B)\beta(z)$$

余下的讨论涉及选择函数f的具体形式。具体来说，对于函数f（ζ）=$e^{\lambda\zeta}$，$\lambda\neq0$，则

$$\left(r-\mu\lambda-\tfrac{1}{2}\sigma^2\lambda^2\right)\int_b^B e^{\lambda\zeta}\pi(\zeta,z)d\zeta=e^{\lambda z}+\lambda e^{\lambda b}\alpha(z)-\lambda e^{\lambda B}\beta(z)\qquad(10.10)$$

命题10.2~10.4利用式（10.10），刻画α，β和π的特征。

令$R_1<0<R_2$表示二次方程$r-\mu\lambda-\frac{1}{2}\sigma^2\lambda^2=0$的根，并令

$$\Delta=e^{R_2B}e^{R_1b}-e^{R_1B}e^{R_2b}$$

命题10.2. 给定（μ，σ^2），$r>0$和$b<B$。则对于$z\in$［b，B］，有

$$\alpha(z,b,B;r)=\frac{1}{\Delta}\left(\frac{e^{R_1B}e^{R_2z}}{R_2}-\frac{e^{R_2B}e^{R_1z}}{R_1}\right)$$

$$\beta(z,b,B;r)=\frac{1}{\Delta}\left(\frac{e^{R_1b}e^{R_2z}}{R_2}-\frac{e^{R_2b}e^{R_1z}}{R_1}\right)\qquad(10.11)$$

证明. 对于$\lambda=R_1$，R_2，式（10.10）左侧为0。因此对于$z\in$［b，B］，有

$$\begin{pmatrix}e^{R_1B}&-e^{R_1b}\\e^{R_2B}&-e^{R_2b}\end{pmatrix}\begin{pmatrix}\beta(z)\\\alpha(z)\end{pmatrix}=\begin{pmatrix}e^{R_1z}/R_1\\e^{R_2z}/R_2\end{pmatrix}$$

由此得到α和β的表达式——式（10.11）。

证明完毕。

命题10.3. 给定（μ，σ^2），$r>0$和$b<B$。则对于$\zeta\in$［b，B］，有

$$\pi(\zeta;b,b,B;r)=\frac{e^{R_1b}e^{R_2b}}{r\Delta}\left(R_2e^{R_2(B-\zeta)}-R_1e^{R_1(B-\zeta)}\right)$$

$$\pi(\zeta;B,b,B;r)=\frac{e^{R_1B}e^{R_2B}}{r\Delta}\left(R_2e^{R_2(b-\zeta)}-R_1e^{R_1(b-\zeta)}\right)\qquad(10.12)$$

证明. 对于$z=b$，式（10.10）的右侧为

$$\frac{e^{\lambda b}e^{R_1b}e^{R_2b}}{\Delta}\left[e^{R_2(B-b)}-e^{R_1(B-b)}+\frac{\lambda e^{R_1(B-b)}}{R_2}-\frac{\lambda e^{R_2(B-b)}}{R_1}-\frac{\lambda e^{\lambda(B-b)}}{R_2}+\frac{\lambda e^{\lambda(B-b)}}{R_1}\right]$$

$$=\frac{e^{\lambda b}e^{R_1b}e^{R_2b}}{\Delta}\left[\frac{R_1-\lambda}{R_1}\left[e^{R_2(B-b)}-e^{\lambda(B-b)}\right]-\frac{R_2-\lambda}{R_2}\left[e^{R_1(B-b)}-e^{\lambda(B-b)}\right]\right]$$

还有

$$r-\mu\lambda-\tfrac{1}{2}\sigma^2\lambda^2=r\left(\frac{R_1-\lambda}{R_1}\right)\left(\frac{R_2-\lambda}{R_2}\right)$$

利用式（10.10）的结论，得到

$$\begin{aligned}&\int_b^B \pi\left(\zeta;b,b,B;r\right)e^{\lambda(\zeta-b)}d\zeta\\&=\frac{e^{\lambda(B-b)}e^{R_1 b}e^{R_2 b}}{r\Delta}\left[\frac{R_2}{R_2-\lambda}\left[e^{(R_2-\lambda)(B-b)}-1\right]-\frac{R_1}{R_1-\lambda}\left[e^{(R_1-\lambda)(B-b)}-1\right]\right]\\&=\frac{e^{\lambda(B-b)}e^{R_1 b}e^{R_2 b}}{r\Delta}\int_b^B\left[R_2e^{(R_2-\lambda)(B-\zeta)}-R_1e^{(R_1-\lambda)(B-\zeta)}\right]d\zeta\\&=\frac{e^{R_1 b}e^{R_2 b}}{r\Delta}\int_b^B\left[R_2e^{R_2(B-\zeta)}-R_1e^{R_1(B-\zeta)}\right]e^{\lambda(\zeta-b)}d\zeta\end{aligned}$$

对于任意 $\lambda\neq 0$，这个方程都成立，因此得到 π（ζ; b）的表达式——式（10.12）。$z=B$ 的讨论与此类似。

证明完毕。

按照第5章 ψ，Ψ 和 J 的定义，直接得到命题10.4。

命题10.4. 给定（μ，σ^2），$r>0$ 和 $b<B$。则对于任意 $z\in$［b，B］，有

$$\begin{aligned}\pi\left(\zeta;z,b,B;r\right)=\frac{1}{J}e^{R_i(z-\zeta)}+\psi\left(z\right)\left[\pi\left(\zeta;b\right)-\frac{1}{J}e^{R_2(b-\zeta)}\right]+\\\Psi\left(z\right)\left[\pi\left(\zeta;B\right)-\frac{1}{J}e^{R_1(B-\zeta)}\right]\end{aligned}\tag{10.13}$$

其中

当 $b\leqslant\zeta\leqslant z$ 时，$i=1$

当 $z\leqslant\zeta\leqslant$ B 时，$i=2$

证明. 给定 $Z\in$［b，B］，定义停时 $T=T$（b）$\wedge T$（B）。函数 π（.; z）为三部分和，一部分表示停时 T 之前的时间，其余两部分表示停时 T，即在阈值 b 和阈值 B 停止之后的时间。因此，对于所有 $\zeta\in$［b，B］，

π（ζ; z）$=\hat{L}$（ζ; z）$+\psi$（z）π（ζ; b）$+\Psi$（z）π（ζ; B）

其中 $\hat{L}$（ζ; z，b，B; r）为停时 T 之前的预期贴现局部时间。在5.6节曾经讨论过，

$$\hat{L}\left(\zeta;z\right)=\frac{1}{J}\left[e^{R_i(z-\zeta)}-\psi\left(z\right)e^{R_2(b-\zeta)}-\Psi\left(z\right)e^{R_1(B-\zeta)}\right]$$

其中

当 $b\leqslant\zeta\leqslant z$ 时，$i=1$

当 $z\leqslant\zeta\leqslant B$ 时，$i=2$

结论成立。

证明完毕。

根据式（10.13），函数 π（ζ; z）处处连续，但在 $\zeta=z$ 处不可微。因此，π_z（ζ; z）在 $\zeta=z$ 处存在跳跃，即对于所有 ζ，$z\in$［b，B］，有

$$\lim_{\zeta\uparrow z}\pi_z\left(\zeta;z\right)-\lim_{\zeta\downarrow z}\pi_z\left(\zeta;z\right)=\frac{R_1-R_2}{J}\tag{10.14}$$

并且当阈值无界增长，即 $b\to-\infty$ 或 $B\to\infty$ 时，命题10.2~10.4的结论继续成立。

习题10.1为函数 π 的另一种写法。

习题10.1. 证明：当 $b>-\infty$ 时，对于 $\zeta\in[b,z]$，有

$$\pi(\zeta;z)=\alpha(z)\frac{1}{J}\left[R_2e^{R_2(b-\zeta)}-R_1e^{R_1(b-\zeta)}\right]$$

当 $B<+\infty$ 时，对于 $\zeta\in[z,B]$，有

$$\pi(\zeta;z)=\beta(z)\frac{1}{J}\left[R_2e^{R_2(B-\zeta)}-R_1e^{R_1(B-\zeta)}\right]$$

当 $b\to-\infty$ 时，$\alpha(z)\to0$ 并且 $e^{R_1(b-\zeta)}\to+\infty$。因此如果没有下阈值，需要详细解释第一个表达式的含义。同样，如果没有上阈值，也需要详细解释第二个表达式的含义。

命题10.5和命题10.6的结论表明，函数 α，β 和 π 的导数具有一些性质。10.4节库存例子将表明，利用这些性质可以选择阈值 b 和 B 的值，使得目标函数最优。

命题10.5. 给定 (μ,σ^2)，$r>0$ 和 $b<B$。当 $z\in(b,B)$，$\zeta\in[b,B]$ 时，比率

$$\frac{\alpha_b(z)}{\pi(b;z)},\ \frac{\beta_b(z)}{\pi(b;z)},\ \frac{\pi_b(\zeta;z)}{\pi(b;z)}$$

$$\frac{\alpha_B(z)}{\pi(B;z)},\ \frac{\beta_B(z)}{\pi(B;z)},\ \frac{\pi_B(\zeta;z)}{\pi(B;z)}$$

与 z 无关。

证明. 习题10.1表明，

$$\pi(b;z)=\alpha(z)(R_2-R_1)/J$$

由于

$$\alpha_b(z)=-\alpha(z)\Delta_b/\Delta$$

由此得到第一个结论。由于

$$\begin{aligned}\beta_b(z)&=\frac{1}{\Delta^2}\frac{1}{R_1R_2}\left[\Delta\left(R_1^2e^{R_1b}e^{R_2z}-R_2^2e^{R_2b}e^{R_1z}\right)-\Delta_b\left(R_1e^{R_1b}e^{R_2z}-R_2e^{R_2b}e^{R_1z}\right)\right]\\&=\frac{1}{\Delta^2}\frac{1}{R_1R_2}\left[\left(e^{R_2B}e^{R_1b}-e^{R_1B}e^{R_2b}\right)\left(R_1^2e^{R_1b}e^{R_2z}-R_2^2e^{R_2b}e^{R_1z}\right)-\right.\\&\quad\left.\left(R_1e^{R_2B}e^{R_1b}-R_2e^{R_1B}e^{R_2b}\right)\left(R_1e^{R_1b}e^{R_2z}-R_2e^{R_2b}e^{R_1z}\right)\right]\\&=\frac{1}{\Delta^2}\frac{(R_2-R_1)}{R_1R_2}e^{R_1b}e^{R_2b}\left[R_1e^{R_1B}e^{R_2z}-R_2e^{R_2B}e^{R_1z}\right]\\&=\frac{1}{\Delta}(R_2-R_1)e^{R_1b}e^{R_2b}\alpha(z)\end{aligned}$$

由此得到第二个结论。根据习题10.1的结论，当 $\zeta<z$ 时，

$$\frac{\pi_b(\zeta;z)}{\pi(b;z)}=\frac{\alpha_b(z)}{\alpha(z)}+\frac{R_2^2e^{R_2(b-\zeta)}-R_1^2e^{R_1(b-\zeta)}}{R_2e^{R_2(b-\zeta)}-R_1e^{R_1(b-\zeta)}}$$

根据第一个结论，第三个结论成立。当 $\zeta>z$ 时，

$$\frac{\pi_b(\zeta;z)}{\pi(b;z)}=\frac{\beta_b(z)}{\pi(b;z)}\frac{1}{J}\left[R_2e^{R_2(B-\zeta)}-R_1e^{R_1(B-\zeta)}\right]$$

根据第二个结论，第三个结论成立。

其他三个结论的讨论与此类似。

证明完毕。

这些结论的意义都极为自然。例如，α_b（z）表示给定当前状态 z，阈值 b 的变化对阈值 b 点处执行控制的预期贴现的影响。第一个结论说明，给定当前状态 z，α_b（z）与阈值 b 点的预期贴现局部时间 π（b；z）成比例。也就是说，给定到达阈值 b，阈值 b 变化的影响都一样。改变当前状态 z 仅改变到达阈值 b 的次数。其他结论的意义与此类似。

命题 10.6. 给定（μ，σ^2），$r>0$ 和 $b<B$。对于所有的 $\zeta\in$［b，B］时，函数 α，β 和 π 满足

$$\alpha_b(z)=\alpha(z)\alpha_{zz}(b),\quad \alpha_B(z)=\beta(z)\alpha_{zz}(B)$$

$$\beta_b(z)=\alpha(z)\beta_{zz}(b),\quad \beta_B(z)=\beta(z)\beta_{zz}(B)$$

$$\pi_b(\zeta;b)=\alpha(b)\pi_{zz}(\zeta;b),\quad \pi_B(\zeta;B)=\beta(B)\pi_{zz}(\zeta;B)$$

证明.利用式（10.11）中 α 和 β 的表达式，得到

$$\alpha_b(z)=-\alpha(z)\Delta_b/\Delta=\alpha(z)\alpha_{zz}(b)$$

以及

$$\begin{aligned}\beta_b(z)&=\frac{1}{\Delta^2}\Bigg[\left(\frac{R_1e^{R_2z}e^{R_1b}}{R_2}-\frac{R_2e^{R_1z}e^{R_2b}}{R_1}\right)\left(e^{R_2B}e^{R_1b}-e^{R_2b}e^{R_1B}\right)\\&\quad-\left(\frac{e^{R_2z}e^{R_1b}}{R_2}-\frac{e^{R_1z}e^{R_2b}}{R_1}\right)\left(R_1e^{R_2B}e^{R_1b}-R_2e^{R_2b}e^{R_1B}\right)\Bigg]\\&=\frac{(R_2-R_1)}{\Delta^2}e^{R_1b}e^{R_2b}\left[\frac{e^{R_1B}e^{R_2z}}{R_2}-\frac{e^{R_2B}e^{R_1z}}{R_1}\right]\\&=\alpha(z)\beta_{zz}(b)\end{aligned}$$

得到前两个结论。利用习题 10.1 中函数 π 的表达式，当 $z<\zeta$ 时，得

$$\pi_{zz}(\zeta;b)=\beta_{zz}(b)\frac{1}{J}\left[R_2e^{R_2(B-\zeta)}-R_1e^{R_1(B-\zeta)}\right]$$

$$\pi_b(\zeta;z)=\beta_b(z)\frac{1}{J}\left[R_2e^{R_2(B-\zeta)}-R_1e^{R_1(B-\zeta)}\right]$$

再利用第二个结论，得到第三个结论。其他三个结论的讨论与此类似。

证明完毕。

这些结论的意义也非常自然。前三个结论说的是，给定当前状态 z，阈值 b 变化对在阈值 b 点处和阈值 B 点处的执行控制的预期贴现，以及任何点处预期贴现局部时间的影响，都与 α（z）成比例。因为 α（z）度量了给定当前状态，到达阈值 b 的次数，这意味着仅当过程到达阈值 b 时，阈值 b 的变化才会产生影响。令人稍感意外的是每个表达式右侧第二项。例如，第一个表达式的第二项是 α_{zz}（b），而不是 α_z（b）。

图 10–2 为函数 α，β 和 π 的图像。a 图表明，对于漂移项为正的随机过程，α（.）和 β（.）都是初始值 z 的函数。对于相同的随机过程，给定 z=−2，0，2，b 图给出了函数 π（.；z）随着 ζ 变化的图像。由于过程 z 存在正的漂移，所有这些函数都呈现非对称性。通过 b 图还发现，三条曲线下方的面积都等于 $1/r$。

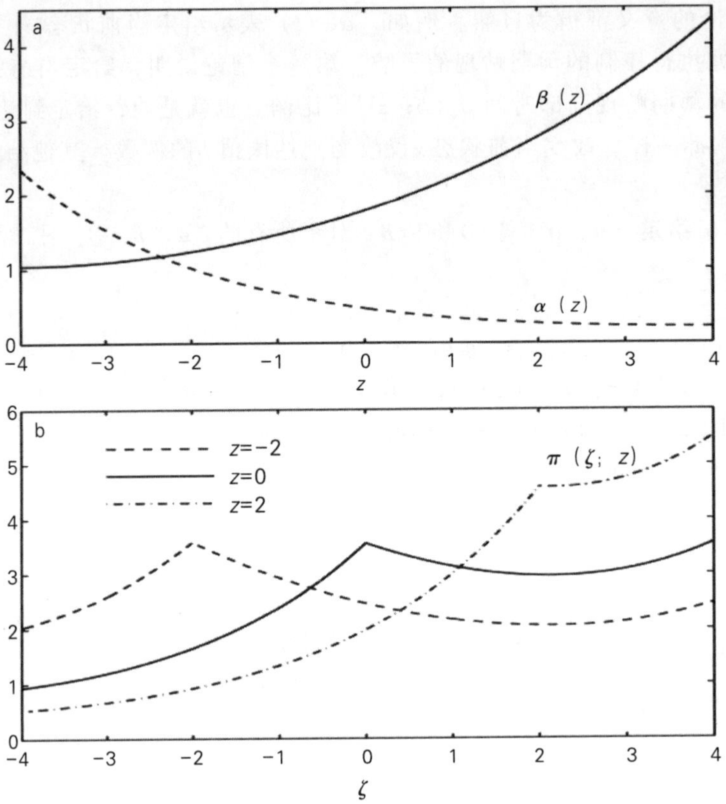

图10-2　对于在$b=-4$和$B=4$处调节的布朗运动。(a) 每个阈值处的预期贴现控制数α（z）和β（z）随着初始状态z变化的图像；(b) z=−2，0，2时，预期贴现局部时间π（ζ；z）的图像。参数$\mu=0.1$，$\sigma=1$和$r=0.05$

10.3 平稳分布

由于式（10.2）中的所有积分都发散，因此不能简单取$r\to 0$的极限来刻画过程Z的平稳分布。取而代之，当$r=0$时，需采用稍微不同的方式，定义与α，β和π类似的函数。第一步是构建过程Z的一个新时间块集合。与之前的定义类似，将这些时间块并在一起，能覆盖整个过程Z的历史。

给定初始条件$Z(0)=z\in[b, B]$，考虑停时序列$0=\tau_0<\tau_1<\tau_2<...\to\infty$，定义为

$\tau_{n+1}=\min\{t>\tau_n| Z(t)=z$，以及$Z(s)=b$，$Z(s')=B$，对于某些$\tau_n<s$，$s'\leq t\}$

因此，每个停时都要求过程$Z(t)$至少到达阈值b和B一次，之后返回初始状态z。每个停时都以概率1取有限值。并且

$Z(\tau_n(\omega))=z$，对于所有ω，所有n

如果初始值$Z(0)=b$或B，通过将第10.1节定义的时间块加总成一对，就得到所需的时间块。

给定z，令$\tau=\tau_1$，并定义

$\alpha_0(z, b, B) = E_z[L(\tau)] / E_z(\tau)$

$\beta_0(z, b, B) = E_z[U(\tau)] / E_z(\tau)$

$\Pi_0(A; z, b, B) = E_z[m(A, \tau)] / E_z(\tau)$，$A \in \mathfrak{B}_{[b, B]}$

和3.5节一样，$m(A, \tau)$ 表示从0到τ，集合A的（无贴现）占有测度。值α_0表示区间$[0, \tau]$上，单位时间内下阈值处的预期执行控制数。值β_0表示区间$[0, \tau]$上，单位时间内上阈值处预期执行控制数。函数$\Pi_0(.; z)$为标准化的占有测度，满足$\Pi_0([b, B]; z) \equiv 1$。令$\pi_0$表示$\Pi_0$的密度。

和贴现值计算方式一样，给定函数f的具体形式，利用式（10.9）计算无贴现值α_0，β_0和密度π_0。前面说过，对于任意t和任意二次可微函数f，式（10.9）都成立。具体来说，当$t=\tau$时，$Z(\tau) = Z_0 = z$。因为$r=0$，根据式（10.9），有

$$0 = \int_0^\tau f'(Z)dZ + \frac{1}{2}\int_0^\tau f''(Z)(dZ)^2$$

将dZ和$(dZ)^2$表达式代入上式，之后取期望，整理得

$$0 = E_z\left[\int_0^\tau \left\{\mu f'(Z) + \frac{1}{2}\sigma^2 f''(Z)\right\}ds\right] + f'(b)E_z\left[\int_0^\tau dL\right] - f'(B)E_z\left[\int_0^\tau dU\right]$$

因为仅当$Z=b$时，dL为正，仅当$Z=B$时，dU为正。由此得到最后一项。将第一个积分写成π_0的表达式，第二个和第三个积分写成α_0，β_0的形式，得到

$$0 = \int_b^B \left[\mu f'(\zeta) + \frac{1}{2}\sigma^2 f''(\zeta)\right]\pi_0(\zeta)d\zeta + f'(b)\alpha_0 - f'(B)\beta_0 \quad (10.15)$$

这里的α_0，β_0和π_0与z无关。

命题10.7给出了α_0，β_0和π_0的一个重要特征：它们刻画了长期平稳分布。

命题10.7. 令$Z(t)$为区间$[b, B]$上的调节布朗运动，初始值$z \in [b, B]$。则当$t \to \infty$时，

$E_z[L(t)] / t \to \alpha_0$

$E_z[U(t)] / t \to \beta_0$

$Pr_z\{Z(t) \in A\} \to \Pi_0(A)$，所有$A \in \mathfrak{B}_{[b, B]}$

证明参见Harrison（1985，第87~89页）。

对于任意函数f，方程（10.15）都成立。和之前一样，精心挑选函数f的具体形式，能推导出α_0，β_0和π_0的显性解。

命题10.8. 如果$\mu \neq 0$，则

$\alpha_0 = \mu e^{\delta b} / (e^{\delta B} - e^{\delta b})$

$\beta_0 = \mu e^{\delta B} / (e^{\delta B} - e^{\delta b})$

$\pi_0(\zeta) = \delta e^{\delta\zeta} / (e^{\delta B} - e^{\delta b})$，所有$\zeta \in [b, B]$ （10.16）

其中$\delta = 2\mu/\sigma^2$。如果$\mu=0$，则

$\alpha_0 = \beta_0 = \sigma^2/2(B-b)$，

$\pi_0(\zeta) = 1/(B-b)$，　所有$\zeta \in [b, B]$ （10.17）

评论. 如果$\mu \neq 0$，则π_0为截断指数分布的密度函数，参数为δ。如果$\mu=0$，则π_0为均匀分布的密度函数。

证明. 当$f(\zeta) = \zeta$时，π_0的积分等于1，所以根据式（10.15），有

$0 = \mu + \alpha_0 - \beta_0$ （10.18）

并且当 $f(\zeta)=e^{\lambda\zeta}$，$\lambda\neq 0$时，再次根据式（10.15），有

$$0=\left[\mu+\tfrac{1}{2}\sigma^2\lambda\right]\int_b^B e^{\lambda\zeta}\pi_0(\zeta)d\zeta+\alpha_0 e^{\lambda b}-\beta_0 e^{\lambda B} \tag{10.19}$$

假设$\mu\neq 0$。当$\lambda=-\delta=-2\mu/\sigma^2$时，式（10.19）的第一项为0，所以

$$\alpha_0 e^{-\delta b}-\beta_0 e^{-\delta B}=0$$

将其与式（10.18）联立求解，得到α_0，β_0的表达式——式（10.16）。利用式（10.19）的表达式，计算得到

$$\int_b^B e^{\lambda\zeta}\pi_0(\zeta)d\zeta=\frac{\delta}{\lambda+\delta}\frac{e^{(\lambda+\delta)B}-e^{(\lambda+\delta)b}}{e^{\delta B}-e^{\delta b}}\text{，所有 }\lambda\neq-\delta$$

进而得到π_0的表达式。

如果$\mu=0$。根据式（10.18），有$\alpha_0=\beta_0$。当$f(z)=z^2/2$时，根据式（10.15），有

$$\tfrac{1}{2}\sigma^2=\alpha_0(B-b)$$

由此得到α_0，β_0的表达式——式（10.17）。将其代入式（10.19），得到

$$\int_b^B e^{\lambda\zeta}\pi_0(\zeta)d\zeta=\frac{1}{\lambda}\frac{e^{\lambda B}-e^{\lambda b}}{B-b}\text{，所有 }\lambda\neq 0$$

进而得到π_0的表达式。

证明完毕。

图10-3为给定σ，b和B时，α_0，β_0和π_0的图像。a图为参数值大于0时，α_0，β_0随着漂移参数的变化而变化的图像。因为b=$-B$，因此这些函数关于$\mu=0$对称。当出现较强的向上漂移时，β_0增加，α_0降低。b图为平稳密度函数$\pi_0(\zeta)$的图像，$\zeta\in[b, B]$。漂移参数取$\mu=0$，0.125和0.25三个值。当出现较强的向上漂移时，取值较大区域的密度增加。

漂移项不等于0时，如果仅在漂移方向上存在阈值，这些表达式依然成立。具体来说，假设$\mu<0$。此时$\delta<0$，则对于任意有限值b，$B\to\infty$时的极限为

$\alpha_0=-\mu$，$\beta_0=0$，$\pi_0(\zeta)=-\delta e^{\delta(\zeta-b)}$，$\zeta\geq b$

同样，$\mu>0$时，此时$\delta>0$，则对于任意有限值B，$b\to-\infty$时的极限为

$\alpha_0=0$，$\beta_0=\mu$，$\pi_0(\zeta)=\delta e^{\delta(\zeta-b)}$，$\zeta\leq B$

习题10.2. 假设有许多仓库存储特定产品。每个仓库的净流入（供给减需求）为布朗运动，均值为μ，方差为$\sigma^2>0$。每个仓库的最大库容$B>0$。库存不能为负，所以每个仓库必须通过买卖额外的产品，确保库存保持在$b=0$和$B>0$之间。因为每个仓库都可以连续调整库存，所以每个仓库的库存都是调节布朗运动，在$b=0$和$B>0$点处进行调节。

（a）刻画仓库存货的平稳分布。

（b）为了使得库存不为负值，仓库购买产品（流）的平稳水平是什么；为了使存量不超过最大库容，仓库卖出产品（流）的平稳水平是什么。

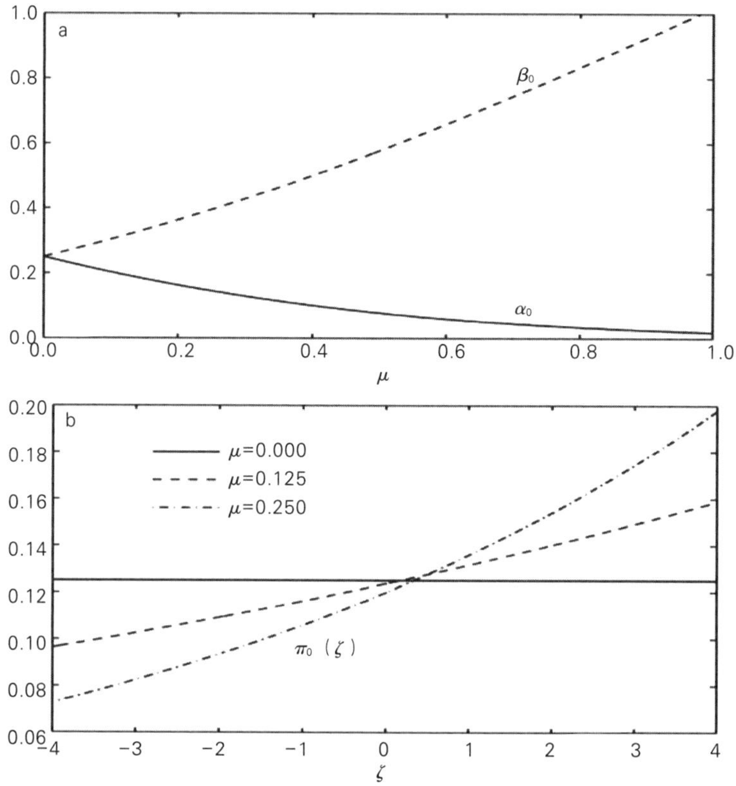

图10-3　扩散参数 $\sigma=2$ 时，$b=-4$ 和 $B=4$ 的调节布朗运动。(a) 单位时间的预期控制数 α_0，β_0，随漂移参数变化的图像；(b) 漂移参数取不同值时，平稳密度函数 $\pi_0(\zeta)$ 的图像

10.4　存货例子

利用Harrison and Taskar（1983）的库存模型，能够说明如何使用这些结论。考虑一个经理掌管存货，目标是使得存储成本加上调整成本的预期贴现值最小。存储成本 $h(z)$ 是个连续流，取决于库存规模 z。假设 h 连续可微，并且（弱）凸，在有限值 z_m 处取得最小值。

此外，无论是向上调整库存还是向下调整库存，都会产生与调整幅度成比例的变动成本。具体来说，向上控制的成本为 P，向下控制的成本为 p，且

$$P>0 \text{ 并且 } P>p$$

如果 $p>0$，则 p 可以看作经理卖出超额存货时的单位收益。如果 $p\leq 0$，则 $-p$ 表示处理超额库存的单位成本。尽管 p 的符号可正可负，但必须满足 $p<P$，问题才有经济意义。如果 $p>P$，只要以价格 P 买入库存，之后以价格 p 卖出，就可以获得无限利润。如果 $p=P$，由于没有固定成本，只要采取（简单）策略，保持库存恒等于 z_m，存储成本最小，对应的总成本也最小。

最后，假设有 $z_1<z_m<z_2$，使得

$$h'(z_1)+rP<0 \text{ 以及 } h'(z_2)-rp>0$$

其中 $r>0$ 为利率。这个假设能确保当库存足够高或足够低时，需要执行控制。第一个不

等式表明，如果库存z低于z_1时，库存的小幅度增加能降低扣除年化购买价格的净存储成本。第二个不等式表明，如果库存z高于z_2时，库存的小幅度降低能降低扣除年化处理价格的净存储成本。

如果不施加任何控制，无调节存货$X(t)$为布朗运动，参数为(μ, σ^2)。假设经理选择在固定的上阈值和下阈值处调节存货，则调节的库存为$Z(t)=X(t)+L(t)-U(t)$，其中$L(t)$和$U(t)$为时刻t在两个阈值处执行的总控制。

对于任意阈值b，B，令$F(z, b, B)$表示给定初始库存$Z(0)=z$，在阈值调节存货时总成本的预期贴现值。则

$$F(z,b,B) = \mathrm{E}_z\left[\int_0^\infty e^{-rt}\left[h(Z)dt + PdL - pdU\right]\right]$$
$$= \int_b^B \pi(\zeta;z)h(\zeta)d\zeta + \alpha(z)P - \beta(z)p,\ z \in [b, B] \tag{10.20}$$

其中函数π，α和β取决于阈值b，B。如果初始库存z小于b，需立即支付成本$P(b-z)$，将库存恢复到水平b。如果初始库存z大于B，则需立即支付成本$p(B-z)$，将库存降到水平B。因此

当$z<b$时，$F(z, b, B)=P(b-z)+F(b, b, B)$

当$z>B$时，$F(z, b, B)=p(B-z)+F(B, b, B)$ (10.21)

对于任意b，B，函数F表示决策者采取（任意）策略的价值。

给定z，最优阈值b^*，B^*使得总成本最小。因此，给定z，最优策略的必要条件为

$$0=F_b(z, b^*, B^*)$$
$$= \int_{b^*}^{B^*} \pi_b(\zeta;z)h(\zeta)d\zeta - \pi(b^*;z)h(b^*) + \alpha_b(z)P - \beta_b(z)p \tag{10.22}$$

以及

$$0=F_B(z, b^*, B^*)$$
$$= \int_{b^*}^{B^*} \pi_B(\zeta;z)h(\zeta)d\zeta - \pi(B^*;z)h(B^*) + \alpha_B(z)P - \beta_B(z)p \tag{10.23}$$

因为式（10.22）和（10.23）中的所有函数都是已知的，利用这对方程能够求出最优策略。

命题10.9给出了这些条件的重要性质。

命题 10.9. 如果对任意$z \in [b^*, B^*]$，一阶条件式（10.22）成立。则对于所有$z \in [b^*, B^*]$，式（10.22）成立。同样，如果对任意$z \in [b^*, B^*]$，式（10.23）成立。则对于所有$z \in [b^*, B^*]$，式（10.23）成立。

证明. 因为$\pi(b^*; z)>0$，式（10.22）可以写为

$$h(b^*) = \int_{b^*}^{B^*} \frac{\pi_b(\zeta;z)}{\pi(b^*;z)}h(\zeta)d\zeta + \frac{\alpha_b(z)}{\pi(b^*;z)}P - \frac{\beta_b(z)}{\pi(b^*;z)}p$$

根据命题10.5，右侧与z无关，因此得到第一个结论。第二个结论的讨论与此类似。

证明完毕。

这个结论并不奇怪，同样很容易证实优化原理成立。也就是说，假设当前存货为z，最优阈值为b^*，B^*。如果库存演化到$z'=z$，再次求解优化问题，阈值的选择不应该

变化：阈值b^*，B^*依然最优。

也可以利用汉密尔顿-雅克比-贝尔曼（HJB）方程刻画最优策略特征。根据通常所用的扰动方法，表明对于$z\in(b,B)$和任意b，B，函数$F(.,b,B)$满足HJB方程。根据命题10.10，可以直接得到这个结论。此外，根据式（10.21），对于任意选择阈值b，B，函数F显然在阈值b和B连续。根据命题10.10，导数F_z也在阈值b和B连续，但F_{zz}仅在最优阈值b^*，B^*连续。证明过程需要计算导数F_z和F_{zz}。计算导数，必须牢记一点，那就是$\pi(\zeta;z)$在$\zeta=z$不可微，所以π_z存在跳跃。因此，对于任意b，B，求式（10.20）的二阶导数，则对于所有$z\in(b,B)$，有

$$F_z(z,b,B)=\int_b^z \pi_z(\zeta;z)h(\zeta)d\zeta+\int_z^B \pi_z(\zeta;z)h(\zeta)d\zeta+\alpha_z(z)P-\beta_z(z)p \tag{10.24}$$

$$F_{zz}(z,b,B)=\int_b^B \pi_{zz}(\zeta;z)h(\zeta)d\zeta-\frac{R_2-R_1}{J}h(z)+\alpha_{zz}(z)P-\beta_{zz}(z)p \tag{10.25}$$

二阶导数用到了式（10.14）的结论。

命题10.10. 对于任意b，B，在开区间(b,B)上，式（10.20）和式（10.21）定义的函数$F(.,b,B)$满足HJB方程

$$rf(z)=h(z)+\mu f'(z)+\tfrac{1}{2}\sigma^2 f''(z) \tag{10.26}$$

另外，

i. 对于任意b，B，F_z在阈值b和B点连续；

ii. 当且仅当式（10.22）成立时，F_{zz}在阈值b点连续；

iii. 当且仅当式（10.23）成立时，F_{zz}在阈值B点连续。

证明.方程（10.26）的齐次解为

$$H(z)=a_1e^{R_1z}+a_2e^{R_2z}$$

其中a_1和a_2为任意常数，$R_1<0<R_2$为二次方程$\tfrac{1}{2}R^2\sigma^2+R\mu-r=0$的根。因此，对于所有$\zeta\in(b,B)$，$\alpha(z)$，$\beta(z)$和$\pi(\zeta;z)$为齐次解。因此，式（10.20），式（10.24）以及式（10.25）一起表明，对于函数$f=F(.,b,B)$，式（10.26）的非齐次项仅为右侧的$h(z)$和包含$h(z)$的F_{zz}（见式（10.25））。因为

$$\frac{\sigma^2}{2}\frac{R_2-R_1}{J}=1$$

这些项能够消掉，由此得到第一个结论。

对于（i），对于任意b，B，利用式（10.11）和式（10.12），计算得到

$$\alpha_z(b,b,B)=-1,\quad \beta_z(b,b,B)=0$$

$$\alpha_z(B,b,B)=0,\quad \beta_z(B,b,B)=1$$

并且

$$\pi_z(\zeta;b,b,B)=0,\ \pi_z(\zeta;B,b,B)=0,\ \text{对于所有}\ \zeta\in(b,B)$$

计算式（10.24），并根据上述结论，得

$$\lim_{z\downarrow b}F_z(z,b,B)=-P,\quad \lim_{z\uparrow B}F_z(z,b,B)=-p$$

这恰好为式（10.21）对b和对B的导数。

对于（ii），根据习题10.1的结果，如果$b>-\infty$，对于所有z，

$$\pi(b;z)=\alpha(z)(R_2-R_1)/J$$

计算式（10.25）在$z=b$处的取值，进而发现，当且仅当

$$\int_b^B \pi_{zz}(\zeta;b)h(\zeta)d\zeta - \frac{\pi(b,z)}{\alpha(z)}h(b)+\alpha_{zz}(b)P-\beta_{zz}(b)p=0$$

时，F_{zz}（b，b，B）=0。根据命题10.6，当且仅当式（10.22）成立时，这个条件才成立。

对于（iii），在B点采取类似讨论即可。

证明完毕。

命题10.10表明，阈值b^*，B^*，以及价值函数$v(.)\equiv F(.,b^*,B^*)$具有如下特征：

i.函数v在（b^*，B^*）上满足HJB方程

$$rv(z)=h(z)+\mu v'(z)+\tfrac{1}{2}\sigma^2 v''(z)$$

在区间（b^*，B^*）之外，

当$z<b^*$时，$v(z)=P(b^*-z)+v(b^*)$

当$z>B^*$时，$v(z)=P(B^*-z)+v(B^*)$

ii.平滑黏贴条件成立，

$$\lim_{z\downarrow b^*}v'(z)=P,\ \lim_{z\uparrow B^*}v'(z)=p$$

iii.超接触条件成立，

$$\lim_{z\downarrow b^*}v''(z)=0,\ \lim_{z\uparrow B^*}v''(z)=0$$

图10–4以指数储存成本函数

当$z\geqslant0$时，$h(z)=h_0e^{\eta z}$

当$z<0$时，$h(z)=h_0e^{\delta z}$

为例，给出了最优解的图像。参数取值

$r=0.05$，$\mu=-0.2$，$\sigma=0.5$，$h_0=1.0$

$\eta=0.6$，$\delta=-0.4$，$P=1.0$，$p=-0.2$

因此，持有正的存货成本要比持有拖欠订单的成本高，$\eta>|\delta|$；在不进行控制的条件下，库存常常下移，$\mu<0$；处置存货的成本适中，$p<0$。a图为年化成本函数$h(z)/r$的图像；b图为价值函数和最优阈值b^*，B^*的图像。本例中，如果不执行任何控制，预期贴现存储成本无穷大。

参数取值$r=0.05$，$\mu=-0.2$，$\sigma=0.5$，$h_0=1.0$，$\eta=0.6$，$\delta=-0.4$，$P=1.0$，$p=-0.2$；

最优阈值$b^*=0.454$，$B^*=0.58$

习题10.3~10.5考察存货问题的几个例子，包括二次储存成本函数，给定下阈值$b=0$等情况。

习题10.3. 考虑一个经理负责调节库存。如果不进行控制，存货为布朗运动，参数为（μ，σ^2）。存货不允许出现负数，储存成本为$h(z)=h_0z^2$。此外，通过购买商品来增加存货，购买价格$P>0$。超额存货需要卖出，售价为p。其中$0<p<P$。利率$r>0$为常数，不随时间变化。经理的问题是使得总成本的预期贴现值最小。

（a）写出HJB方程。

（b）这个方程的特解和齐次解是什么？

（c）HJB方程的边界条件是什么？在不行动区域外，价值函数是什么？

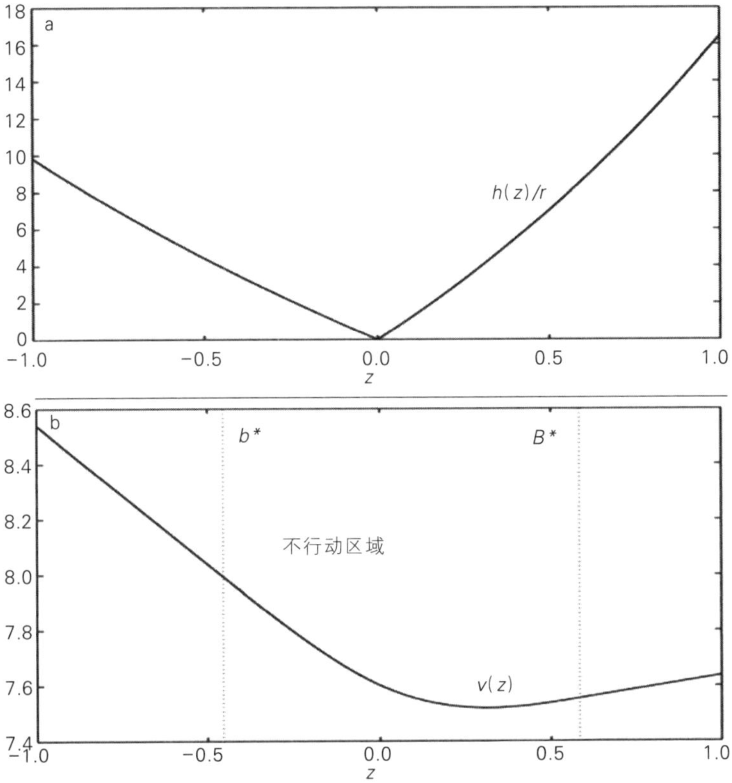

图 10-4　(a) 年化成本函数; (b) 存货模型的价值函数

(d) 描述最优策略下，单位时间内的预期购买量和销售量。

习题 10.4. 假设经理管理习题 10.3 中的两类存货。这两类存货的参数相同，均为 $(\mu,\ \sigma^2)$，受到的冲击相互独立。如果两个库存合并在一起，合并存货 Y 的储存成本为 $H(Y)=2h(Y/2)$，合并存货的流入和流出为单个存货流动之和。

(a) 详细描述单个存货 HJB 方程和合并存货 HJB 方程之间的关系。特解和齐次解是否相同？边界条件是否相同？

(b) 单位时间内，合并存货的预期购买量和销售量是否为单个存货预期购买量和销售量的二倍？给出简要解释。

习题 10.5. 考虑一个经理掌管着习题 10.3 中大量（连续统）的存货。每类存货的冲击都相互独立。假设这些存货的单位质量相同。假设不存在二级市场，经理可以在不同存货之间转移商品。不过，航运转移存货的成本较为高昂。假设成本为"冰山"型，即离开一个存货的每单位商品，仅有 $0<\lambda<1$ 单位商品到达目的地。

(a) 扣除"冰山"成本后，保证存货总流入等于存货总流出的条件是什么？

(b) 证明如果 $\lambda<1$，当 $\mu\leq 0$ 时，这个条件不成立。证明只有 $\mu>0$ 时，这个条件才成立，并解释经理如何操作，才能使存货的总流入等于总流出。

(c) 给定 λ 的值，储存成本的预期贴现值如何随着 μ 的变化而变化？

注释

10.1节~10.3节中的调节布朗运动的内容，取自于Harrison（1985，第2章和第5章）。10.4节的存货模型，取自于Harrison and Taskar （1983）。这里的行文也依照Harrison方式进行。正如Harrison在引言中所述，调节布朗运动一词，虽然有数学标准，但如何描述则缺乏共识。Dumas （1991）提出了超接触条件（super contact condition）一词，并详细讨论了脉冲控制问题和瞬时控制问题之间的关系。

第11章

投资：线性和凸调整成本

利用与10.4节库存模型类似的模型，可以分析各种投资问题。下面研究一些例子，说明投资问题所具有的一些特点，以及相应解的类型。在所有例子中，收益函数结构基本相同，但投资成本假设存在差别。

考虑扣除工资、原材料以及其他变动成本后，企业在任意时点的收益流取决于资本存量和描述需求特征的随机变量。假设需求是几何布朗运动或更一般的扩散过程。企业问题是选择投资策略，使得扣除投资成本的净收益的预期贴现值最大。

如果投资是完全可逆的，这意味着资本的买卖价格相等。假设不存在非价格调整成本，模型得到Jorgensen（1963）的结论：在每个时点，调整资本存量，使得（不断变化）资本的边际收益产品等于资本的（恒定）使用成本。

不过，这个模型框架可以纳入两种类型的摩擦。第一种摩擦是资本购买价格和销售价格之间存在楔子，这与10.4节的存货模型一样。记得在存货模型中，最优策略包含两个阈值，b和B。开区间（b，B）为不行动区域。在区间（b，B）之外，最优策略包括立即将价格调整到最近的阈值。尤其是，如果初始条件位于区间［b，B］之外，在时刻t=0就要调整价格的一个离散值。经过初始的离散值调整之后，如果还需要控制，最优策略包括在每个阈值处对过程进行调节，使得状态保留在区间［b，B］之内。

如果资本价格是唯一的成本，并且买卖价格不同，则投资模型中的最优策略具有相似结构。唯一差别是阈值b（X）和B（X）是需求的函数。如果初始资本存量K_0位于区间［b（X_0），B（X_0）］之外，最优策略依然涉及一开始就调整一个离散值。此后，在两个阈值处对资本存量进行调节。两个阈值之间的开区间为不行动区域。在不行动区域内，企业既不会投资也不会撤资。

除了买卖价格存在楔子外，模型中可以考虑的第二种摩擦是严格凸的调整成本。调整成本可以看作管理者的时间，或者现有工厂的生产中断。记得在固定总成本的模型框架中，为了便于数学处理，曾经假设变动成本为线性。在8.7节对此进行了讨论。这里由于没有固定成本，8.7节的讨论没有用处。

如果资本的买卖价格不同，给定需求，仍然可以用阈值函数b（X）和B（X）定义不行动区域。但一旦存在严格凸的调整成本，投资就不再取离散值。一旦资本存量位于区间［$b(X)$，$B(X)$］之外，投资必须是一个连续流，调整连续进行。如果资本存量小于$b(X)$，企业投资率取决于距离阈值的远近：距离阈值越远，投资率越大。同样，如果资本存量大于$B(X)$，企业撤资率也取决于距离阈值的远近。

因此，如果模型中包含凸调整成本，得到的结论与Tobin（1969）的q理论，以及Hayashi（1982）和Abel（1985）修正的Tobin q理论一致：投资是安置资本边际价值q的增函数。尤其是，如果q取值非常大，投资率大于0；如果q取值在中间位置，投资率等于0；如果q取值非常小，投资率小于0；当然，仅在某些初始时期，状态才可能落在区间［$b(X)$，$B(X)$］之外。一旦状态进入区间［$b(X)$，$B(X)$］，通过在边界处进行投资或撤资，状态不太可能退出区间［$b(X)$，$B(X)$］。

如果随着投资率的变化，投资成本变化比较平滑，则中间区域就会收缩成一个点。资本的买卖价格相等，并且调整成本函数在0点平滑，就会发生这种情况。Jorgensen（1963）是无调整成本模型的一个例子。如果资本出售价格等于0，或者调整成本超过资本出售价格，第三个区域，即撤资区域就会消失。换句话说，如果撤资的调整成本非常大，或者资本的出售价格非常小，投资本质上是不可逆的，撤资就永远不会出现。

因为使用劳动力也受到此类调整成本约束，因此这些模型可以用来描述劳动力雇用和解雇的决策问题。实际上，由于劳动力占总成本的比重较大，因此调整成本对劳动力的重要性甚至高于对资本的重要性。

本章余下部分的结构如下。11.1节将介绍一类模型。在这类模型中，资本商品的买卖价格不同，但没有其他成本。在11.2节，加入严格凸的调整成本。在11.3节，考察两种特殊情况。第一种情况是假设利润是资本的线性函数，资本买卖价格相同并且存在二次成本函数，此时能得到封闭解。这就是Abel and Eberly（1997）模型。第二种情况是假设利润函数和调整成本函数都是一次齐次函数。此时问题可以写为单一状态变量，即一个比率的表达式。在11.4节，假设没有调整成本，且资本没有转售价值。此时，在投资不可逆条件下，详细研究齐次模型。11.5节在模型中加入第二个冲击，即投资商品价格是一个随机过程。这就是Bertola and Caballero（1994）模型。11.6节介绍两部门经济投资模型。

11.1 线性成本的投资问题

在本节和下一节，将介绍几个基本投资模型。在这些模型中，需求具有相同结构，但投资成本具有不同形式。这里不对模型做详细分析。之所以介绍这些模型，唯一目的是让大家了解投资成本的各个组成部分如何影响最优策略的定性性质。

考虑一个企业选择总投资路径，使得扣除投资成本后的净经营利润的预期贴现最大。令$K(t)$表示企业的资本存量，$X(t)$表示需求。收益函数$\Pi(K, X)$不随时间变化，并考虑了劳动和其他投入的变动成本。假设11.1贯穿本章始终。

假设11.1. 函数Π二次连续可微，并且为严格增函数。此外，函数Π是需求X的弱凹函数，并有$\Pi(0, X)=0$和$\Pi_{XK}>0$。

因此利润函数为增函数，并且是资本存量的严格凹函数。总利润和边际利润随着需求的增加而增加。

需求 X 是一个扩散过程，

$$dX=\mu(X)\,dt+\sigma(X)\,dW \tag{11.1}$$

其中 W 为维纳过程。例如，X 可以是几何布朗运动，也可以是O-U过程。利率 $r>0$ 为常数，并且需要对利率 r 和需求增长率施加联合约束条件，以确保对于任何初始条件，未来利润的预期贴现为有限值。这个约束条件的具体形式取决于函数 Π 和随机过程 X。在需要施加这个约束条件时，再对此进行详细讨论。

假设购买新投资商品的价格 $P>0$，出售旧资本商品的价格 $p\geqslant 0$。假设销售价格小于购买价格，即 $p<P$。出于一般性考虑，假设 $p\geqslant 0$。因为资本永远具有正的边际产品，企业永远不用花钱来处理资产品。因此，对于所有 $p\leqslant 0$，投资行为都相同。

现在假设没有其他成本，所以和第10章一样，调整成本呈线性形式。虽然这里不再是一个状态变量，而是有两个状态变量，但依然可以采用第10章的讨论方法。

令 $L(t)$ 表示从0到时刻 t 的累积总投资，$U(t)$ 表示累积总撤资。$\{L(t),\ t\geqslant 0\}$ 和 $\{U(t),\ t\geqslant 0\}$ 为第10章讨论的单调非降随机过程。假设资本折旧率 $\delta\geqslant 0$ 为常数，则资本存量的随机过程为

$$dK(t)=dL(t)-dU(t)-\delta K(t)\,dt \tag{11.2}$$

企业目标是使扣除投资成本后的净收益的预期贴现最大。因此，问题为

$$V(K_0,X_0)=\max_{\{L(t),U(t),t\geqslant 0\}}\mathrm{E}_0\left[\int_0^{\infty}e^{-rt}\left\{\Pi\left[K(t),X(t)\right]dt-PdL(t)+pdU(t)\right\}\right] \tag{11.3}$$

这里对非减函数取最大值。

因为收益函数 Π 是增函数，而且对于每个 X，Π 是 K 的凹函数，并且收益函数 Π 是 X 的增函数。利用这些条件，直接得到最优投资策略的形式。它由两个连续增函数 $b(X)$ 和 $B(X)$ 来定义，且 $b\leqslant B$。给定需求 X 的任意值，如果资本存量低于下阈值，即 $K<b(X)$，企业会立即购买足够多的资本，使得存量上升到 $b(X)$。如果资本存量高于上阈值，即 $K>B(X)$，企业会立即卖出足够的资本，使得存量下降到 $B(X)$。如果资本存量位于区间 $(b(X),\ B(X))$ 内，企业既不投资也不撤资。因此，集合

$$S\equiv\{(K,\ X):\ b(X)<K<B(X)\} \tag{11.4}$$

为不行动区域。在初始状态，如果有必要，调整资本存量一个离散值。此后，当状态到达下阈值 $b(X)$ 时，企业进行投资；当状态到达上阈值 $B(X)$ 时，企业进行撤资。无论哪种情况下，执行的控制要恰到好处，只要状态不离开集合 $\bar{S}$——集合 S 的闭包就好。

本节目标是刻画最优阈值 b 和 B，以及相应价值函数 V 的特征。应用第10章的方法进行讨论。

任意给定连续的阈值 b 和 B，定义式（11.4）的集合 S，并令 V 为相关价值函数。如果状态在集合 S 内，不进行投资或者撤资，可以按照通常的讨论方式，将式（11.3）的右侧近似写为小区间 Δt 上的收益加上延续值的预期贴现。延续值采用二阶泰勒级数近似，有

$$\frac{1}{1+r\Delta t}\mathrm{E}\left[V\left(K_0+\Delta K,X_0+\Delta X\right)\right]$$

利用式（11.1）和式（11.2）近似ΔX和ΔK，取期望后，应用伊藤引理（定理3.3）。由于近似过程中，V_{KX}和V_{KK}是Δt的高阶无穷小，可以去掉。由此得到汉密尔顿-雅克比-贝尔曼（HJB）方程

$$rV(K,X)=\Pi(K,X)-\delta KV_K+\mu V_X+½\sigma^2V_{XX} \tag{11.5}$$

如果状态位于集合$\bar{S}$之外，企业立即调整资本存量到集合S的边界，所以在此区域内，价值函数为

当$K<b(X)$时，$V(K,X)=V[b(X),X]-P[b(X)-K]$

当$K>B(X)$时，$V(K,X)=V[B(X),X]+p[K-B(X)]$

因此，价值函数在两个阈值处满足价值匹配条件。

最后，根据命题10.10的讨论，在任意阈值处，平滑黏贴条件也成立，即

$$\lim_{K\uparrow b(X)}V_K(K,X)=P$$

$$\lim_{K\downarrow B(X)}V_K(K,X)=p \tag{11.6}$$

并且对于最优阈值b^*，B^*，超接触条件也成立，即

$$\lim_{K\uparrow b^*(X)}V_{KK}(K,X)=0$$

$$\lim_{K\downarrow B^*(X)}V_{KK}(K,X)=0 \tag{11.7}$$

通过求解HJB方程式（11.5），得到最优解。之后利用式（11.6）和式（11.7），确定待定常数和最优阈值。

根据式（11.6），集合S可以记作

$$S=\{(K,X)\mid V_K(K,X)\in(p,P)\} \tag{11.8}$$

因此，如果资本的边际价值V_K位于开区间（p，P）之内，投资为0。此时，对于投资决策而言，因资本的边际价值过低而不能投资。对于撤资决策而言，因资本的边际价值又过高而不能撤资。

函数$b^*(X)$和$B^*(X)$将K-X空间分为三个区域。图11-1是一个例子。图中V是一次齐次函数，所以阈值b^*，B^*是射线，不行动集合S是锥形。在集合S上面的区域，资本的边际价值小于p，企业撤资。在集合S下面的区域，资本的边际价值大于P，企业投资。

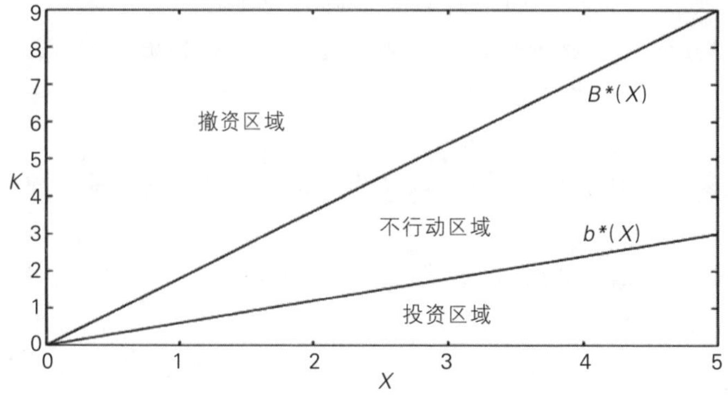

图11-1　$V(X,K)$为一次齐次函数时，投资模型的不行动区域

利用图形 11-1，可以帮助我们了解销售价格 p 变化对投资决策的影响。当 p 增加时，撤资变得越来越有吸引力。此时上阈值 B^* 顺时针旋转，撤资区域扩大，不行动区域缩小。撤资的前景看好，也使投资变得更有吸引力，所以阈值 b^* 逆时针旋转，投资区域扩大，这进一步压缩不行动区域。当 $p\uparrow P$ 时，上阈值收敛到下阈值。如果投资无成本可逆，即当 $p=P$ 时，两个阈值重合，不行动区域为射线。下面将详细考察这种情况。

当 p 下降时，所有的影响恰好相反：上阈值 B^* 逆时针旋转，下阈值 b^* 顺时针旋转，不行动区域向两侧扩张。当 $p\downarrow 0$ 时，上阈值收敛到纵轴。当 $p=0$ 时，撤资区域消失。在 11.4 节和 11.5 节，将详细考察这种情况。

记得在经典投资模型中，资本的买卖价格相等，即 $p=P$。此时，最优策略要求资本的边际产出 Π_K 等于使用成本（$r+\delta$）P。将其与条件式（11.6）和式（11.7）联立，发现对于任意投资路径$\{L(t)\}$和撤资路径$\{U(t)\}$，根据式（11.2），得到

$$P[dL(t)-dU(t)]=P[\delta K\,dt+dK(t)]$$

将此表达式带入式（11.3），仅利用$\{K(t)\}$将企业问题写为

$$\begin{aligned}V(K_0,X_0)&=\max_{\{K(t)\}}\mathrm{E}_0\left[\int_0^\infty e^{-rt}\left\{\Pi[K(t),X(t)]-\delta PK(t)\right\}dt-P\int_0^\infty e^{-rt}dK(t)\right]\\&=\mathrm{E}_0\left[\int_0^\infty e^{-rt}\max_{\{K(t)\}}\left\{\Pi[K(t),X(t)]-(r+\delta)PK(t)\right\}dt\right]+PK_0\end{aligned}$$

利用分部积分公式，得到最后一行。此时，此问题的一阶条件

$$\Pi_K[K(t),X(t)]=(r+\delta)P,\ \text{对所有}\ t$$

和 Jorgensen（1963）的结论一样，资本的边际产出等于资本的使用成本。

注意到，此时价值函数为 $V(K_0,X_0)=v(X_0)+PK_0$。$v(X_0)$ 仅与当前市场条件有关，代表初创企业，即没有任何初始资本企业的价值。PK_0 表示在位企业初始资本存量的市场价值。

11.2 凸调整成本的投资问题

除了资本价格外，进一步假设投资和撤资会导致严格凸的调整成本。调整成本可以看作经理的时间或者当前生产的中断。令 $\gamma(I,K)\geq 0$ 表示调整成本，与资本存量 K 和投资流 I 有关。投资率为 I 时的总成本为

当 $I>0$ 时，$C(I,K)=\gamma(I,K)+PI$

当 $I=0$ 时，$C(I,K)=0$

当 $I<0$ 时，$C(I,K)=\gamma(I,K)+pI$

本节需要对 γ 施加如下约束。

假设 11.2. i.对于任意 $K>0$，$\gamma(.,K)$ 连续可微，并且是严格凸函数，最小值为 $\gamma(0,K)=0$。并且

$$\lim_{I\to-\infty}\gamma_I(I,K)+p<0 \tag{11.9}$$

ii.对于任意 I，$\gamma(I,.)\geq 0$ 为连续、弱单调递减函数。并且 $\gamma(I,.)$ 是 K 的弱凸函数。

因此，对于任意K，函数γ（.，K）为U-型曲线，最小值为γ（0，K）=0。不失一般性，假设函数γ在I=0处可微。如果γ在I=0处不可微，可以重新定义p和P，将该不可微点吸收掉，并且重新定义调整成本函数，令其在I=0处平滑。有两种γ函数满足假设11.2，分别为γ（I，K）=g（I）和γ（I，K）=Kg（I/K）。其中g（.）为U-型平滑曲线，并且严格凸，最小值为g（0）=0。

如果存在凸的调整成本，则不可能采用脉冲形式进行投资。投资一定是连续流，所以资本存量的运动规则为

$$dK(t) = [I(t) - \delta K(t)]\,dt \tag{11.10}$$

其中I（t）可正可负。企业目标是给定初始条件（K_0，X_0），选择随机过程{I（t）}。因此，问题为

$$V(K_0,X_0) = \max_{\{I(t),t\geqslant 0\}} \mathrm{E}_0\left[\int_0^\infty e^{-rt}\left\{\Pi[K(t),X(t)] - C[I(t),K(t)]\right\}dt\right] \tag{11.11}$$

和之前一样，X遵循式（11.1）的运动规则。

和之前一样，利用式（11.10）代换dK，式（11.11）右侧可以写成小区间Δt上的近似表示。与之前不同的是，这里的投资成本是连续流，是当前收益的一部分。因此，式（11.11）的HJB方程为

$$rV(K,X) = \Pi(K,X) - \delta K V_K + \mu V_X + \tfrac{1}{2}\sigma^2 V_{XX} + \max_I [IV_K - C(I,K)] \tag{11.12}$$

并且它不仅在不行动区域内成立，而且是处处成立。

求解式（11.12）最后一项的最大化问题，得到最优投资策略I^*（K，X）。因此，即使不知道价值函数V的详细信息，也能确定最优策略的定性特征。事实上，下面用到的特征无非是资本的边际价值V_K为正，函数V是K的严格减函数，且是X的严格增函数。换一种说法就是，$V_K>0$，$V_{KK}<0$以及$V_{KX}>0$。假设函数V具备了上述特性，也就具有了函数Π的特征，并且由于函数V是K的严格凹函数，这比假设11.1的条件更强。

为了简化符号，K值给定，进而将其从函数C的表达式中剔除。考虑式（11.12）的最大化问题

$$\max_I [IV_K - C(I)] \tag{11.13}$$

函数C连续，并且是凸函数。除了在原点可能不平滑外，处处平滑。根据优化条件，资本的边际价值等于投资的边际成本。如果可能，选择I使得$V_K=C'$（I），立即得到最优策略的几个结论。

因为$V_K>0$，最优策略涉及仅当投资率为正时，投资率才会等于边际成本C'。任何正的投资率都满足这个条件。但根据式（11.9），当$I<0$并且$|I|$足够大时，有C'（I）< 0。因此，这就要求负投资率的区间必须有限。具体来说，要考虑两种可能性。

当p=0时，函数C在I=0取最小值。此时，撤资成本高昂：销售资本商品没有收益，但调整成本大于零。因此，永远不会出现撤资行为。投资的可行区间为$I\in$［0，+∞），对应的边际成本区间为［P，+∞）。式（11.13）的解为

当$V_K\leqslant P$时，$I^*=0$

当$V_K>P$时，$I^*>0$满足$V_K=C$（I^*）

另外一种可能性是，当p>0时，函数C在$\underline{I}<0$的点取最小值。这里的$\underline{I}$定义为

$C'(\underline{I}) = \gamma'(\underline{I}) + p = 0$

在该点，边际调整成本$|\gamma'(\underline{I})|$恰好抵消销售额外一单位资本的收益p。只要撤资速率大于$\underline{I}$，随着撤资的增加，无论是撤资的净收益还是剩余资本存量都会以较慢速度单调增加。因此，撤资率不会低于$\underline{I}$。投资的可行区间为$(\underline{I},\infty)$，对应的边际成本区间为（0，∞）。

不过，没有必要设定边际成本的取值区间为（0，∞）。具体来说，当$p<P$时，边际成本C'在I=0处存在跳跃。与之前一样，这个缺口就是不行动区域。因此，当$0<p\leq P$时，式（11.13）的解为

当$0<V_K<p$时，$I^*\in(\underline{I},0)$满足$V_K=C'(I^*)$

当$p\leq V_K\leq P$时，$I^*=0$

当$V_K>P$时，$I^*>0$满足$V_K=C'(I^*)$

因为函数C是严格凸函数，最优投资率$I^*(K, X)$唯一。区间［p，P］为不行动区域，此时投资为0。在区间［p，P］之外，投资率是V_K的严格增函数。当$p=P$时，不行动区域为一个点。

仍然定义不行动区域S为式（11.8）。尽管存在凸的调整成本，但不行动区域S的形状并没有发生改变。因此，依然如图11-1所示，空间X-K分为三个区间。

在不行动区域外，调整成本改变是投资行为。如果没有调整成本，当$V_K\notin[p, P]$时，采用脉冲投资方式调整资本存量。如果存在调整成本，投资是连续流，投资率或撤资率取决于V_K与P或p的距离。因此，如果模型中包含调整成本，得到的投资行为与现代q理论的结论一致：投资是安置资本边际价值的增函数。

图11-2是一个例子。在此例中，投资商品的买卖价格不同，$1=p<P=4$，并且存在二次调整成本$\gamma(I)=I^2/2$。a图为成本函数C的图像。它是连续凸函数，在$\underline{I}=-1$处取得最小值，在I=0处不可微。b图为边际成本C'的图像。随着I从$\underline{I}$增加到∞，边际成本C'从0增加到∞。除了I=0外，边际成本C'处处连续。在I=0点，边际成本C'从p跳到P，产生V_K的不行动区域。图中标出了撤资区域和投资区域。

利用图11-2，有助于了解p变化对最优策略的影响。当p增加时，对于小于I=0部分，成本函数C下移，最小值点$\underline{I}$左移。小于I=0部分，边际成本函数C'上移。成本函数C的不可微点和边际成本函数C'的跳跃值不断减小，当$p=P$时二者都消失。

当p下降时，所有影响恰好相反。最小值点$\underline{I}$右移，逐渐靠近I=0。边际成本函数$C'>0$的值域缩小，p=0时消失。

注意到，由于本例中的调整成本是二次函数，因此边际成本为线性形式。通常，边际成本函数可以采用单调递增，除了I=0外处处连续的任意函数。

利用这个模型，可以解决各种具体问题。习题11.1就是一个例子，考察增加的不确定性是否会增加或降低投资。

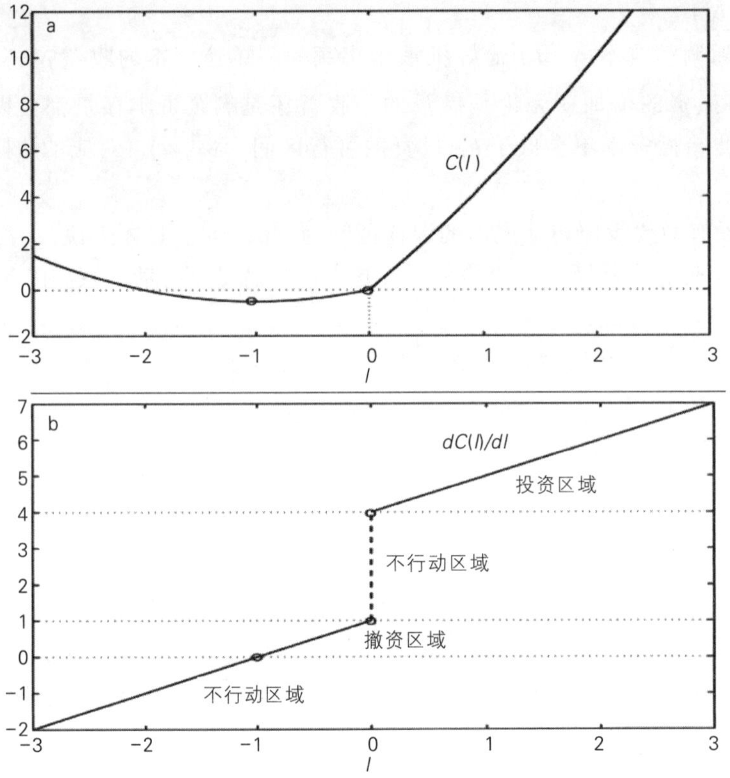

图 11-2 (a) 投资模型的总调整成本；(b) 投资模型的边际调整成本

买卖价格为 p=1 和 P=4，调整成本为 $\gamma(I)=I^2/2$

习题 11.1. (a) 令 $\Pi(K, X)=XK^{\beta}$，其中 $0<\beta<1$，并且令 $\ln(X)=Z$，其中 Z 为 O-U 过程，参数 $\alpha>0$。假设不存在调整成本，并且资本的买卖价格相等，所以对于所有 I，$C(I, K)=IP$。证明：随着 α 的增加，平均资本存量也增加。

(b) 如果调整成本为二次函数，即 $\gamma(I, K)=\gamma_0 I^2$，(a) 的答案如何变化？

11.3 一些特殊情况

对于前一节提出的模型，具体问题要具体分析。下面介绍两个具体问题。第一个是施加线性约束，保证价值函数是可加分离的。再具体点就是，通过假设调整成本是二次函数，且假设资本的买卖价格相等，此时能得到确切解。第二个是施加齐次性约束，降低问题的维度。11.4 节将更具体地介绍这个模型——消除调整成本，设定 p=0，并采用等弹性收益函数——进而得到另一个确切解。

假设资本的单位收益与企业规模无关，所以利润是资本的线性函数。对于小型企业模型，企业的投入要素价格和产品价格都是外生随机过程，企业总是满负荷运转，此时这个假设就有实际意义。

具体来说，令

$\Pi(K, X) = XK$

注意到，即使假设资本的单位收益是 X，也没有失去一般性。如果代之以 $\pi(X) = X$，则定义一个新的随机过程 $\hat{X} \equiv \pi(X)$，收益函数将是 $\hat{X}K$。习题11.2表明，如果利润是资本的线性函数，价值函数也是资本的线性函数。

习题 11.2. 令 $\hat{K}(t) = K(t) - K_0 e^{-\delta t}$ 表示时刻 t 企业总资本存量与时刻0持有的折旧资本之差。

（a）证明

$$d\hat{K}(t) = \left[I(t) - \delta\hat{K}(t)\right]dt$$

其中 $\hat{K}_0 = 0$。

（b）利用 $\hat{K}$，证明价值函数为

$$V(K, X) = w(X)K + V(0, X)$$

（c）求出函数 w 的显性表达式。其经济意义是什么？

（d）证明，如果 X 为几何布朗运动，参数为 (μ, σ^2)，则 $w(X) = \eta X$，其中 $\eta \equiv 1/(r+\delta-\mu)$。

如果模型再具体一些，就可以得到封闭解。假设投资商品的买卖价格相同，为 $P>0$。令调整成本为二次函数，则对于所有 I，投资成本

$$C(I) = PI + \tfrac{1}{2}\gamma I^2$$

其中 $\gamma>0$。如习题11.2结果所示，价格函数为

$$V(K, X) = \eta XK + G(X) \tag{11.14}$$

在此假设下，HJB方程（11.12）的具体形式为

$$rV = XK - \delta KV_k + \mu XV_X + \tfrac{1}{2}\sigma^2X^2V_{XX} + \max_I\left[V_K I - PI - \tfrac{1}{2}\gamma I^2\right] \tag{11.15}$$

习题 11.3. （a）求出最优投资率 I^* 关于 K 和 X 的表达式，并解释原因。进一步求出 $I^*=0$ 时的函数表达式。

（b）利用式（11.14），写出 V_K，V_X 和 V_{XX} 关于 G 和 G 的导数的表达式，并将其代入式（11.15），得到

$$\tfrac{1}{2}\sigma^2X^2G'' + \mu XG' - rG + (\eta X - P)^2/2\gamma = 0，对于所有 X$$

这个常微分方程的解为

$$G(X) = G_p(X) + c_1X^{R_1} + c_2X^{R_2}$$

其中 G_p 为特解，$R_1<0<R_2$ 为二次方程 $r - \mu R - \tfrac{1}{2}\sigma^2R(R-1) = 0$ 的根，c_1，c_2 为常数。

（c）证明有一个特解为二次函数，即

$$G_p(X) = g_0 + g_1X + \tfrac{1}{2}g_2X^2$$

求解系数，并表示成关于参数 P，γ，r，μ，σ^2，η 的表达式。对参数施加哪些约束条件，才能确保 $g_1>0$？要确保 $g_2>0$，又将施加什么条件？$g_2<0$ 呢？依据是什么？

（d）利用 G 的 $X\to0$ 和 $X\to\infty$ 时的极限，证明 $c_1=c_2=0$。

在某些点，企业资本存量不可能为负，这对撤资产生限制。但要得到封闭解，就需要忽略资本的非负约束。如果 $\mu>0$，需求持续增加。如果此时初始需求 X_0 超过投资为0的临界值，非负约束极少会遭到破坏。利用这里的价值函数和策略函数可以解释这类企业的行为。

另一个具体情况是采用齐次函数。假设利润函数和调整成本函数为一次齐次函数，

$\Pi(K, X) = X\pi(K/X)$

$\gamma(I, K) = Kg(I/K)$

并且需求冲击为几何布朗运动，

$dX/X = \mu dt + \sigma dW$

此外，定义分段线性函数

$$\rho(I) = \begin{cases} PI, & I \geq 0, \\ pI, & I < 0. \end{cases}$$

企业问题可以写为

$$V(K_0, X_0) = \max_{\{I(t)\}} \mathrm{E}_0\left[\int_0^{\infty} e^{-rt}\left\{X\pi(K/X) - K\left[\rho(I/K) + g(I/K)\right]\right\} dt\right] \tag{11.16}$$

$dK/K = (I/K - \delta) dt$

$dX/X = \mu dt + \sigma dW$

相关HJB方程为

$$rV = X\pi(K/X) - \delta KV_k + \mu XV_X + \tfrac{1}{2}\sigma^2 X^2 V_{XX} + \max_I\left\{V_K I - K\left[\rho(I/K) + g(I/K)\right]\right\} \tag{11.17}$$

其中V和它的导数取点（K/X，1）的值。采用齐次函数，可以将二阶偏微分方程写为常微分方程形式。

收益函数和约束式（11.16）都是（K，X，I）的一次齐次函数。因此，函数V是（K，X）的一次齐次函数。如果给定初始条件（K_0，X_0），随机过程I^*是最优解。则对于任意$\lambda>0$，给定初始条件（λK_0，λX_0），随机过程λI^*也是最优解。从这层意义上看，最优策略也是齐次函数。

定义比率$k \equiv K/X$和$i \equiv I/K$，以及集约型价值函数$v(k) \equiv V(k, 1)$，$k \geq 0$。则对于所有K，X，有

$V(K, X) = Xv(K/X)$

所以

$V_K = v'$，$V_X = v - kv'$，$V_{XX} = k^2 v''/X$

将函数V及其导数代入式（11.17），得到集约型HJB方程

$$(r-\mu)v = \pi(k) - (\delta+\mu)kv' + \tfrac{1}{2}\sigma^2 k^2 v'' + k\max_{i \geq 0}\left[v'i - \rho(i) - g(i)\right]$$

在标准化HJB方程中，v的系数为（$r-\mu$）。假设$r>\mu$，v的系数为正。对于这个齐次模型，它在K-X空间上的不行动区域为图11-1所示的锥体。

这个齐次模型还可以再具体些。11.4节将考察一个具体情况，有等弹性利润函数，$\pi(k) = \pi_0 k^{\alpha}$；没有调整成本，$g=0$；资本的销售价格为0，$p=0$。

11.4 投资不可逆情况

本节考察$p=0$的情况，即投资不可逆。此时资本没有转售价值，所以永远没有撤资价值。Ramey and Shapiro （2001）对数据进行分析，结果表明这个假设符合现实，至少某些行业是如此。

此外还假设没有调整成本，即 $\gamma(I, K)=0$。所以，唯一的投资成本是新资本商品的购买价格 $P>0$。

在11.3节关于齐次性的讨论中，要求 X 为几何布朗运动，并要求利润函数 Π 为一次齐次函数。此外，假设利润函数为 $\pi(K, X)=K^{\alpha}X^{1-\alpha}$，其中 $0<\alpha<1$。

因为没有调整成本，因此是11.1节模型的特例。由于 $p=0$，企业永远不会撤资。因此，决策问题是选择一个非降随机过程 $\{L(t), t\geq 0\}$ 来描述累积总投资行为。也就是说，给定初始条件 (K_0, X_0)，企业问题为

$$V(K_0,X_0)=\max_{\{L(t)\}}\mathrm{E}_0\left\{\int_0^{\infty}e^{-rt}\left[K^{\alpha}(t)X^{1-\alpha}(t)dt-PdL(t)\right]\right\} \tag{11.18}$$

$$dK=dL-\delta Kdt$$

$$dX=\mu Xdt+\sigma XdW$$

如11.1节所示，最优策略取决于阈值函数 $b(X)$。如果 $K<b(X)$，企业投资离散值 $b(X)-K$，所以当资本存量低于阈值，即 $K<b(X)$ 时，价值函数

$$V(K, X)=V[b(X), X]+P[b(X)-K]$$

投资规模只要保持资本存量刚好不降到 $b(X)$ 以下就可以。因此，如果在时刻 $t=0$，初始资本存量 K_0 低于初始需求 X_0，需要投资一个离散值。此时，$L(0)>0$ 表示初始投资，使得资本存量立即提高到 $b(X_0)$。不过，此后投资不再是离散值。

在空间 X–K 中，超过 $b(X)$ 的区域为不行动区域。在 $K>b(X)$ 区域内，价值函数满足式（11.18）的HJB方程，

$$rV=K^{\alpha}X^{1-\alpha}-\delta KV_K+\mu XV_X+\tfrac{1}{2}\sigma^2X^2V_{XX}$$

用这个常微分方程代替偏微分方程，采用11.3节的讨论方法。

注意到，最优阈值为 $b(X)=b^*X$，其中 b^* 为待定常数。定义比率 $k(t)\equiv K(t)/X(t)$ 和函数 $v(k)\equiv V(k, 1)$，对于 $k>b^*$，将HJB方程写成集约型

$$(r-\mu)v=k^{\alpha}-(\delta+\mu)kv'+\tfrac{1}{2}\sigma^2k^2v'' \tag{11.19}$$

假设 $r>\mu$，所以 v 的系数为正。只有利率超过需求的漂移项，才能确保企业价值为有限值。当 $k<b^*$ 时，企业投资一个离散值，此时

$$v(k)=v(b^*)+P(b^*-k)$$

显然，$k=b^*$ 时，价值匹配条件成立。

当 $k>b^*$ 时，式（11.19）的所有解为

$$v(k)=v_P(k)+a_1h_1(k)+a_2h_2(k)$$

其中 v_P 为任意特解，$h_i(k)$ 为齐次解，$i=1, 2$。习题11.4要求计算出解的显性表达式。

习题11.4. (a) 证明特解为

$$v_P(k)=k^{\alpha}/\eta$$

其中

$$\eta\equiv(r-\mu)+\alpha(\delta+\mu)-\alpha(\alpha-1)\tfrac{1}{2}\sigma^2$$

由于 $r>\mu$，有 $\eta>0$。

(b) 给定初始条件 $K_0=k_0$ 和 $X_0=1$，证明 $v_P(k_0)$ 为企业永远不投资时的价值。

(c) 证明齐次解为 $h_i(k)=k^{R_i}$，$i=1, 2$，其中 R_1，R_2 为二次方程

$$0=(r-\mu)+(\delta+\mu)R-\tfrac{1}{2}\sigma^2R(R-1)$$

的根。证明只有假设$r>\mu$，才能确保这两个根为符号相反的实根，并用$R_1<0<R_2$表示。

因此，当$k>b^*$时，式（11.19）的所有解为

$$v(k)=\frac{k^\alpha}{\eta}+a_1k^{R_1}+a_2k^{R_2}$$

其中a_1和a_2为待定常数。

由于不存在上阈值，所以

$$\lim_{k\to\infty}\left(v(k)-\frac{k^\alpha}{\eta}\right)=0$$

这说明当$k\to\infty$时，投资变为大于0所需的时间要多长有多长，其概率无限接近于1。因为$R_1<0<R_2$，当且仅当$a_2=0$时，这个条件成立。令R（无下标）表示负根，所以价值函数为

$$v(k)=\begin{cases}k^\alpha/\eta+a_1k^R, & k\geqslant b^*\\ v(b^*)-P(b^*-k), & 0\leqslant k<b^*\end{cases}$$

a_1和b^*仍为待定数值。

习题11.5.（a）利用平滑黏贴条件，$\lim_{k\downarrow b^*}v'(k)=P$，求出

$$a_1=\frac{1}{R}\left[P(b^*)^{1-R}-\frac{\alpha}{\eta}(b^*)^{\alpha-R}\right]$$

（b）利用超接触条件，$\lim_{k\downarrow b^*}v''(k)=0$，求出

$$b^*=(AP)^{1/(\alpha-1)} \tag{11.20}$$

其中

$$A\equiv\frac{\eta}{\alpha}\frac{1-R}{\alpha-R} \tag{11.21}$$

通过考察μ，σ^2以及其他参数变化对A和b^*的影响，可以确定这些参数变化对投资的影响。下面考虑需求变异程度增加对投资的影响。根据式（11.20），当且仅当方差σ^2增加了A时，才能降低阈值b^*。记得前面曾经讨论过

$$\eta=r+\alpha\delta-(1-\alpha)\mu+\alpha(1-\alpha)\tfrac{1}{2}\sigma^2$$

并定义

$$R\equiv(m-D)/\sigma^2$$

$$D\equiv\left[m^2+2\sigma^2(r-\mu)\right]^{1/2}$$

$$m\equiv\delta+\mu+\tfrac{1}{2}\sigma^2$$

将A，η，m，D和R写为σ^2的函数，并利用式（11.21），计算得到

$$\frac{A'}{A}=\frac{\eta'}{\eta}+\frac{(1-\alpha)R'}{(1-R)(\alpha-R)}$$

显然$\eta'>0$，所以第一项大于零。当$R'>0$时，第二项也大于零。

习题11.6. 证明

$$R'=\frac{(D-m)}{2D\sigma^2}\left(\frac{D-m}{\sigma^2}+1\right)>0$$

因此，当投资不可逆时，较高方差σ^2会降低投资阈值b^*。也就是说，最优策略允许资本存量对需求的比率进一步下降，直到投资为正。当投资不可逆时，不确定性增加会降低投资。

如果价格完全灵活，有$p=P$，此时需求变异程度增加不会产生任何影响。为什么会如此？记得在11.1节曾经讨论过，如果价格完全灵活，最优策略要求无论何时，资本的边际产出都等于资本的使用成本。如果收益是齐次函数，则要求资本对需求的比率$k=K/X$为常数。灵活价格条件下的最优比率为k^f。对于本节的利润函数，k^f满足

$$\pi'(k^f)=\alpha(k^f)^{\alpha-1}=(r+\delta)P$$

注意到k^f表达式中不包含σ^2。因此，如果价格完全灵活，不确定性再大也不会对k^f的选择产生影响。

最后要说明的是，价格完全灵活时的阈值，与投资不可逆并且$\sigma^2=0$时的阈值相同。原因如下。当$\sigma^2\to 0$时，

$$R\to-\frac{r-\mu}{\delta+\mu},\ A\to\frac{r+\delta}{\alpha}$$

所以$b^*\to k^f$。因此，当投资不可逆且$\sigma^2=0$时，$b^*=k^f$。如果不存在需求冲击，投资不可逆对阈值没有任何影响。结果是，当且仅当初始比率非常高，即$K_0/X_0>k^f$时，投资不可逆才会影响投资的实现路径。在时刻0，当$p=P$时，如果初始比率非常高，企业卖出资本。如果$p=0$，企业只要坐等折旧和需求增长，就可以提高资本的边际产出。在此之后，企业投资决策与投资可逆情况下相同。

因此，$\sigma^2=0$时，经过一段初始时期，无论投资是否可逆，投资策略都相同。初始时期的长短取决于初始资本存量K_0的大小。投资不可逆时，方差增加会降低投资。如果价格灵活，方差增加不会对投资产生影响。因此，给定方差$\sigma^2>0$，投资不可逆时的投资阈值较低。从这层意义上说，投资不可逆会降低投资动机。

习题11.7. 漂移参数μ增加对最优阈值b^*产生什么样的影响？

11.5 存在两冲击的不可逆投资问题

前一节的模型可以进行调整，不仅可以允许需求是随机过程，也可以允许资本商品价格是随机过程。具体来说，假设P也是几何布朗运动。现在假设随机过程X和P相互独立。

和以前一样，假设价值函数V为（K，X）的一次齐次函数，最优策略包括当比率K/X低于阈值时，进行投资。阈值κ（P）是新事物，它取决于投资商品的当前价格。因此，最优策略具有如下形式。当$K/X<\kappa$（P）时，利用脉冲投资策略，将比率K/X提高到κ（P）。此后，在（随机）阈值κ（P）处对比率K/X进行调节。本节目标是刻画函数κ（P）和价值函数的特征。

现在，价值函数为

$$V(K_0,X_0,P_0)=\max_{\{L(t)\}}\mathrm{E}_0\left[\int_0^\infty e^{-rt}\left[K^\alpha(t)X^{1-\alpha}(t)dt-P(t)dL(t)\right]\right]$$

$$dK=-\delta Kdt+dL$$

$$dX=\mu_xXdt+\sigma_xXdW_x$$

$$dP=\mu_pPdt+\sigma_pPdW_p$$

其中，W_x和W_p为相互独立的维纳过程。企业价值在非减函数L（t）$\geqslant 0$上取得最大值。

当 $K/X>\kappa(P)$ 时，HJB方程为

$$rV=K^{\alpha}X^{1-\alpha}-\delta KV_K+\mu_x XV_X+\frac{1}{2}\sigma_x^2X^2V_{XX}+\mu_P PV_P+\frac{1}{2}\sigma_P^2P^2V_{PP}$$

由于冲击相互独立，涉及 V_{XP} 的各项期望等于0。由于函数 V 为 (K, X) 的一次齐次函数，所以

$$V(K, X, P)=Xv(K/X, P)$$

其中 $v(k, P)\equiv V(k, 1, P)$。

习题11.8.（a）证明集约型HJB方程为

$$(r-\mu_x)v=k^{\alpha}-(\delta+\mu_x)kv_k+\frac{1}{2}\sigma_x^2k^2v_{kk}+\mu_P Pv_P+\frac{1}{2}\sigma_P^2P^2v_{PP}$$

（b）证明函数 $v_P(k)=k^{\alpha}/\eta$ 为此HJB方程的特解。其经济意义与之前相同。

（c）证明齐次解为

$$h(k, P)=c_0P^{\omega}k^{\lambda}$$

其中 (ω, λ) 满足

$$0=-(r-\mu_x)-(\delta+\mu_x)\lambda+\frac{1}{2}\sigma_x^2\lambda(\lambda-1)+\mu_P\omega+\frac{1}{2}\sigma_P^2\omega(\omega-1) \tag{11.22}$$

当 $k\to\infty$ 时，如果时间足够长，最优投资以较大概率等于0。对于任意 P，这个结论都成立，因此

$$\lim_{k\to\infty}\left(v(k,P)-\frac{k^{\alpha}}{\eta}\right)=0,\qquad \text{对于所有 } P$$

这意味着齐次解必须满足 $\lambda<0$。将 P 和 k 位置互换，再次进行讨论，有

$$\lim_{P\to\infty}\left(v(k,P)-\frac{k^{\alpha}}{\eta}\right)=0,\qquad \text{对于所有 } k$$

同样，齐次解必须满足 $\omega<0$。

推测所有解中仅包含一个齐次项。则价值函数为

$$v(k,P)=\begin{cases}k^{\alpha}/\eta+c_0P^{\omega}k^{\lambda}, & k\geqslant\kappa(P)\\ v(\kappa(P),P)-P[\kappa(P)-k], & k<\kappa(P)\end{cases} \tag{11.23}$$

利用平滑黏贴条件和超接触条件，确定函数 $\kappa(P)$ 以及常数 ω，$\lambda<0$ 和 $c_0>0$ 的值。

根据平滑黏贴条件，要求对于所有 P，$v_k(\kappa(P), P)=P$，所以

$$\alpha[\kappa(P)]^{\alpha-1}/\eta+\lambda c_0P^{\omega}[\kappa(P)]^{\lambda-1}=P,\ \text{对于所有 } P \tag{11.24}$$

当 $\lambda c_0\neq 0$ 时，当且仅当每项中的关于 P 的函数一致，并且左侧两项系数和等于1时，上述条件才成立。

习题11.9.（a）证明，根据式（11.24），有

$$\kappa(P)=\kappa_0P^{1/(\alpha-1)}$$

$$\omega=(\lambda-\alpha)/(1-\alpha) \tag{11.25}$$

其中 κ_0 为待定常数。

（b）根据式（11.22），证明 $\lambda<0$ 必须满足二次方程

$$0=\tfrac{1}{2}s^2\lambda^2-(\delta+h+\tfrac{1}{2}s^2)\lambda-(r-\mu p-h) \tag{11.26}$$

其中 ω 为式（11.25），

$$S^2=\sigma_x^2+\frac{\sigma_P^2}{(1-\alpha)^2}$$

$$h=\mu_x-\frac{\mu_P}{1-\alpha}+\frac{\sigma_P^2}{2}\frac{\alpha}{(1-\alpha)^2}$$

证明，如果 $r>\mu_p+h$，二次方程（11.26）的两个根为符号互异的实根。

（c）证明 $r\leqslant\mu_p+h$时，贴现利润无穷大。

不过，还需计算式（11.23）和式（11.25）中的待定常数 c_0和 κ_0。式（11.24）中三项系数必须满足

$$\frac{\alpha}{\eta}\kappa_0^{\alpha-1}+\lambda c_0\kappa_0^{\lambda-1}=1$$

这是对（c_0，κ_0）施加的约束条件。此外，根据超接触条件 $v_{kk}=0$，有

$$(\alpha-1)\frac{\alpha}{\eta}\kappa_0^{\alpha-1}+(\lambda-1)\lambda c_0\kappa_0^{\lambda-1}=0$$

这两个方程联立求解，得

$$\kappa_0=\left(\frac{\eta}{\alpha}\frac{1-\lambda}{\alpha-\lambda}\right)^{1/(\alpha-1)}$$

$$c_0=-\frac{1}{\lambda}\frac{1-\alpha}{\alpha-\lambda}\left(\frac{\eta}{\alpha}\frac{1-\lambda}{\alpha-\lambda}\right)^{(1-\lambda)/(\alpha-1)}$$

式（11.25）的函数 $\kappa(P)$ 与式（11.20）的 b^*形式相同，只不过用 λ 代替了 R 而已。

如果资本商品的价格随时间变化，这种变化既可以取确定形式也可以取随机形式。资本可以按购买价格 P 出售，则必须根据预期资本收益调整资本的使用成本。因为 E［dP］/$dt=\mu_pP$，资本使用成本为

$$\pi'(k^f)=\alpha(k^f)^{\alpha-1}=(r+\delta-\mu_P)P$$

求解要求 $r+\delta>\mu_p$。可以预料，资本商品的价格不能快速上涨，否则只需囤积资本商品以待日后出售，就可获得可观利润。

当影响 X和 P的冲击相关时，依然可以使用此模型。假设 X和 P都是几何布朗运动，增量为

$$\frac{dX}{X}=\mu_x dt+\sigma'_x dW,\quad \frac{dP}{P}=\mu_P dt+\sigma'_P dW$$

其中 W_1 和 W_2为相互独立维纳过程。$W'=(W_1,\ W_2)$，以及 $\sigma'_i=(\sigma_{i1},\sigma_{i2})$为向量，$i=x$，$p$。因此，存在两个相互独立的冲击，且存在需求和价格两个影响渠道。两个冲击都通过两个影响渠道，影响企业的投资决策。

习题 11.10. 证明

$$\frac{1}{dt}\mathrm{E}[dW'\sigma_i\sigma'_j dW]=\sigma'_i\sigma_j\equiv\sigma_{ij},\ i,\ j=x,\ p$$

如果考虑这种冲击的具体形式，需要对 HJB 方程作何调整?

11.6 两生产部门经济

考虑经济中包括两个生产部门，“小部件”企业和其他商品企业。令 C_1表示小部件的消费，C_2表示其他商品消费。代表性消费者的偏好为

$$\mathrm{E}_0\left[\int_0^\infty e^{-\rho t}\frac{1}{1-\sigma}\{U[C_1(t),C_2(t)]\}^{1-\sigma}dt\right]$$

其中函数 U 严格单调递增，是严格准凹函数以及一次齐次函数，并且 $\sigma>0$，$\sigma\neq 1$。

每个生产部门利用部门特定资本作为唯一要素进行商品生产，并且生产技术呈线性形式。假设小部件部门的生产技术是确定的，不失一般性，可以设其生产率参数为1。小部件部门的产出只能用于消费，所以

$$C_1(t)=K_1(t)$$

第二个生产部门的技术是随机的。具体来说，这个部门的生产率参数 X 为扩散过程，

$$dX=\mu(X)\,dt+\sigma(X)\,dW$$

其中 W 为维纳过程。此部门的产出可以直接用于消费，也可以作为另外一个部门的投资。因此

$$C_2dt+dL_1-dU_1+dL_2-dU_2=XK_2dt$$

其中 L_i 和 U_i 表示部门 i 的累积总投资和总撤资。两个生产部门资本存量的折旧率均为 $\delta>0$，所以

$$dK_i=dL_i-dU_i-\delta K_idt,\quad i=1,\ 2$$

考虑一个中央计划者，他制定经济体的所有消费和投资决策。具体来说，考虑以下两种经济。

在第一种经济中，投资不需要支付任何成本，并且瞬时可逆。也就是说，在任何时点，现存的资本存量可以在两个生产部门间自由分配，或者转换成消费品。

习题 11.11.（a）构建中央计划者问题。证明此问题的价值函数 $v(K_1, K_2, X)$ 取决于两个部门资本存量之和 $K=K_1+K_2$。

（b）证明价值函数是 K 的 $1-\sigma$ 阶齐次函数。

（c）详细刻画最优消费和投资策略特征。

在第二种经济中，第一个生产部门的投资不可逆。也就是 $U_1\equiv 0$。

（d）构建中央计划者问题。在状态空间的哪个区域，价值函数 $v(K_1, K_2, X)$ 仅取决于资本存量 K_1 和 K_2 的和？

（e）证明价值函数是 (K_1, K_2) 的 $1-\sigma$ 阶齐次函数。

（f）详细刻画最优消费和投资策略特征。

注释

第11.1节的内容取自于Abel and Eberly（1994），第11.2节的内容取自于Abel and Eberly（1997），第11.3节和第11.4节的内容取自于Bertola and Caballero（1994）。

有关不确定条件下投资问题的文献浩如烟海。Abel（1983，1985）是一篇较早的文献。它在 q 理论框架下，将不确定性和投资成本结构结合起来。Caballero（1999）是一篇优秀的文献综述文章，提供了许多参考文献。

自Arrow（1968）之后，研究投资不可逆性对单个企业投资决策影响的文献非常多。早期文献包括MacDonald and Siegel（1985，1986），Pindyck（1988），Dixit（1992，1995）以及Abel and Eberly（1999）。Pindyck（1991）对此进行了详尽的概述和回顾，并提供了许多参考文献。

Caplin and Leahy（1993）利用不可逆投资模型，考察学习和延迟投资的激励问题。Leahy（1993）建立模型，考察投资不可逆时的竞争问题，并讨论企业的哪些行为会发生改变。Abel and Eberly（1996）以及Abel等（1996）在投资可逆，但成本高昂的条件下，讨论如何建立模型。

Kogan（2001，2004）利用一般均衡模型，考虑多部门，异质性冲击和投资不可逆性，研究总投资、总产出和资产价格。Veracierto（2002）分析了投资不可逆的总量模型，评价投资不可逆对经济周期的影响。

许多文献采用与本章类似的方法，研究存在雇用和解雇成本的劳动力市场问题。例如，Bentolila and Bertola（1990）；Caballero，Engel，and Haltiwanger（1997）；以及Campbell and Fisher（2000*a*，*b*）。Moscarini（2005）采用相关方法，研究工作匹配模型。Alvarez and Shimer（2008）利用Moscarini（2005）的工作匹配模型，分析Lucas and Prescott（1974）的“岛屿”模型。

第IV部分

总量模型

第12章

有固定成本的总量模型

当每个经济主体面对固定调整成本时，总量模型可以分为两大类。在第一类总量模型中，经济主体受异质性冲击影响，并利用经济主体间独立同分布建立冲击模型。根据大数定律，一旦到达冲击和内生状态的平稳截面分布，经济总量不再随时间变化。如果初始分布就是平稳分布，则经济总量从一开始就保持不变。因此当经济中存在大量经济主体和异质性冲击时，总量模型不仅容易处理，而且构建方法也直截了当。

在第二类总量模型中，假设部分或所有冲击都是总量冲击。此时大数定律不再有用，并且很难求出模型的解析解。然而给定某些具体情况，可以求出解析解。诀窍是找到一个能获得平稳分布的具体假设，这样就不需要将整个截面分布看作一个状态变量（另外补充一句，描述整个分布演化过程的计算方法已经存在了）。

本章研究第7章菜单成本模型的两个总量形式，并用实例说明存在第二类总量模型的可能性。记得在菜单成本模型中，单个企业遭受的外生冲击为经济价格指数冲击。因此总量的菜单成本模型可以分为两类。不过可以确定，某些具体情况可以得到解析解。

在进一步研究之前，有必要回顾一下用这些模型旨在解决的问题。第一个也是最重要的问题是货币政策的真实效果。具体来说，目标就是研究假设由于名义价格短期具有黏性，货币政策短期内有实际影响是否正确。由于价格在长期是完全灵活的，因此货币长期是中性的，仅影响通货膨胀率，进而企业可以根据货币政策调整价格。

菜单成本文献中得到的最为重要的教训是不要先计算无摩擦经济的均衡，之后加入摩擦来考察固定成本的影响，进而回答外生冲击或政策测度对经济均衡的影响。这样做的后果极其危险。这种做法的结论与有摩擦模型的结论截然不同。理性经济主体的行为——以及经济总量行为——对任何特定外生冲击序列的响应，取决于生成此冲击的随机过程，而不是仅取决于冲击的实现。家常便饭般大冲击的影响与黑天鹅般大冲击的影响，二者有天壤之别。理性经济主体采取与环境变化相适应的行为，总量中反映了这种适应性。

此外，菜单成本文献的大量实例说明对如何调整进行建模的重要性。对于这个问题，有必要将总量对货币供给变化的响应分为两个成分：一是集约型边际，即改变价格企业的平均调整幅度；二是广延型边际，即改变价格企业所占比例。

某些黏性价格模型利用时间依赖规则描述企业何时改变价格。这些规则有两种形式。第一种规则仅允许企业在外生给定的固定时点改变价格。通常假设对于任何单个企业，这些时点是均匀分布的；并且假设在这些时点，所有企业也是均匀分布的。因此，任何一个时点，调整价格企业占比都相同。第二种规则是假设企业改变价格的机会服从泊松到达过程。因此，机会到达与企业自身价格、总量价格水平以及其他环境因素无关。企业间的机会到达相互独立。因此和之前一样，在任何一个时点，调整价格企业占比都相同。

无论哪一种时间依赖规则，企业设定择时作为调节器，通过改变价格调整幅度来适应货币政策变化——例如，货币平均增长率的增加。因此，在任意时段内，货币供给快速增长引起响应那部分企业与货币供给缓慢增长引起响应的企业相同。在任意时段内，当货币供给增长较快时，调整企业做出较大变化，不作响应企业依然如故。因此，总量响应的改变仅表现在集约型边际的变化。在时间依赖规则条件下，广延型边际没有调整。

在第7章分析的菜单成本模型中，当货币增长规则发生改变时，理性决策制定者通过选择价格调整幅度和调整时机，从集约型边际和广延型边际两方面做出响应。当货币的平均增长率增加时，企业提高价格调整频率。此外，当企业进行价格调整时，还会加大调整幅度。因此，当货币政策发生改变时，总价格水平的响应是在集约型边际和广延型边际两方面发生变化。

这种推断方式令人心生疑虑，即菜单成本模型中的货币非中性程度是否从根本上小于时间依赖价格规则模型的货币非中性程度。这也突出表明，在时间依赖模型中，由于关闭了一个重要的响应渠道，精确评价政策变化的效果将会非常困难。

本章余下部分将考察第7章菜单成本模型的总量形式。具体说，考察两类经济，二者除货币政策规则不同之外，其他条件都相同。在第一类经济中，货币供给过程保持一成不变，此时冲击对货币供给基本无影响。这个模型主要取自于Caplin and Spulber (1987)。在第二类经济中，(对数）货币供给是零漂移的布朗运动，因此货币供给增量的效果取决于冲击达到时的经济状态。具体来说，货币扩张会导致产出增加。如果初始产出水平较低，产出增加的效果更强。货币扩张可能会导致价格上涨。如果初始产出水平较高，价格上涨幅度会更大。货币紧缩的效果恰好相反。因此，模型表明货币供给和产出之间正相关。这个结论与菲利普斯曲线一致。这个模型取自Caplin and Leahy (1997)。

利用第二类模型，同样能说明其他经济条件下可能会出现的结果，内生总量指标的行为与调节布朗运动类似。单个经济主体行为允许总量（这里指实际货币余额）沿着外生过程（这里指名义货币余额）的运动轨迹，到达一个指定阈值。到达阈值后，单个企业采取行动（这里指价格调整），防止总量过程越过阈值。

能够证明，应用本章介绍的一些方法可以研究其他总量行为，例如投资需求、劳动力市场、住房需求等。部分研究开始利用此类模型分析微观层次的黏性或块状价格调整行为，但大部分领域还是有待开发。

本章余下部分的结构如下。12.1节介绍基本模型。12.2节在货币供给过程一成不变的假设条件下展开研究。研究结果表明，即使在短期，货币政策也是中性的。12.3节在对数货币供给为零漂移的布朗运动假设条件下开展研究。研究结果表明，尽管货币长期依然是中性的，但经济短期呈现出菲利普斯曲线特征。本节中，假设企业按照第7章的规则进行价格调整，但阈值外生设定。12.4节详细研究单个企业行为。首先假设企业有目标价格，目标价格按某个确定方式取决于实际货币余额。其次假设损失函数是价格与目标价格之差的二次函数。在这些假设下，模型存在唯一均衡。从这个意义上说，企业利润最大化行为与价格水平和实际货币余额的总量行为一致。12.5节利用标准的消费者需求模型，证明12.4节推测的价格目标具有合理性。二次损失函数可以看作真实（凸）函数的近似。

12.1 经济环境

假设垄断竞争市场中的价格设定企业是一个连续统，由 $i\in[0,1]$ 表示。这些企业面临相同需求和成本条件。本章通篇采用货币和价格的对数形式。令

$M(t)$ =（对数）货币供给

$P_i(t)$ =企业 i 的（对数）名义价格

$P(t)=H(\{P_i\})$ =（对数）总价格指数

$p_i(t)=P_i(t)-P(t)$ =企业 i 的（对数）相对价格

$m(t)=M(t)-P(t)$ =（对数）实际货币余额

贯穿本章始终都假设用于计算总价格指数的函数 $H(.)$ 仅取决于单个企业价格的累积分布函数，并假设函数 $H(.)$ 为对数线性齐次函数，这意味着

$$H(\{P_i+a\})=H(\{P_i\})+a \tag{12.1}$$

也就是说，如果对数价格分布移动常数 a，则总价格指数也移动常数 a。大多数价格指数都具有这类性质。根据式（12.1），对数相对价格的平均值等于0。

$$H(\{p_i\})=H(\{P_i-P\})\equiv 0$$

在任何时刻 t，用总量状态变量 $[M(t),\{P_i(t)\}]$ 可以完整描述整个经济。其中 $M(t)$ 表示货币供给，$\{P_i(t)\}$ 表示企业间的价格分布。不过，为了便于数学处理，本章分析的所有模型都假设相对价格的分布固定不变——尽管略显牵强附会。此时，利用数组 $[M(t),P(t)]$ 或 $[m(t),P(t)]$ 就足以刻画总量状态。

在本章中，企业采用与第7章类似的价格调整策略。区别在于这里的企业目标价格不仅取决于总价格指数 P，还取决于实际货币余额 m。目标价格通过利润最大化确定。由于实际货币余额影响总支出，因此会影响利润最大化结果。12.5节将对目标价格展开详细讨论。为了刻画存在固定成本时的价格调整行为，假设损失函数为价格与目标价格之差的二次函数。这个损失函数可以看作真实损失（凸）函数的二阶近似。

作为12.5节模型的主要组成部分，对于可微产品的整个连续统，假设消费者具有Dixit-Stiglitz型偏好，$\int x_i^{1-\theta}di$，$0<\theta<1$；假设企业具有等弹性生产成本 $c(x)=c_0x^{\xi}/\xi$，$\xi>1$，其中 x 为企业的产出水平，$c(x)$ 为总成本；假设在任意时点，总消费支出与货币

余额成比例。在12.5节将会证明，在这些假设下，使得每个企业利润最大的相对价格为

$$p_i^*(t)=b+\eta m(t) \tag{12.2}$$

其中b和$\eta\in(0,1)$为常数，取值取决于参数θ，ξ，c_0的取值。对应的名义价格为

$$\begin{aligned}P_i^*(t)&=P(t)+b+\eta[M(t)-P(t)]\\&=b+(1-\eta)P(t)+\eta M(t)\end{aligned}$$

所以在无摩擦经济中，总价格水平变化1单位，企业价格调整$(1-\eta)$单位；名义货币余额变化1单位，企业价格调整η单位。由于$0<\eta<1$，因此定价博弈展现出策略互补性：当总价格水平$P(t)$上升时，企业i提高名义价格。

在展开分析之前，简要考虑没有菜单成本时的经济行为。如上所述，根据式（12.1）的齐次特性，相对价格的平均值为0。在无摩擦经济中，为了保持利润最大，企业需要连续调整价格。因此，所有企业设定的价格都相同，相对价格分布聚集在0点处，即

$$p_i(t)=0,\ \text{对于所有}\ i,\ \text{所有}\ t$$

根据式（12.2），无摩擦时，均衡的（恒定）实际货币余额为

$$m(t)=m^*\equiv-b/\eta,\ \text{对于所有}\ t$$

如果没有调整成本，货币供给变化1单位，所有企业都调整价格1单位。因此总价格水平也相应变化1单位，实际货币余额保持不变。因此，所有企业的产出和利润都相同，并且不随时间变化，并有

$$x_i(t)=\bar{x},\ \pi_i(t)=\bar{\pi},\ \text{对于所有}\ i,\ \text{所有}\ t$$

其中$\bar{x}$和$\bar{\pi}$亦为总量指标。

如果经济中存在菜单成本，为了便于数学处理，定义$\varepsilon(t)$为实际货币余额与m^*的差

$$\varepsilon(t)\equiv m(t)-m^* \tag{12.3}$$

利用式（12.3）以及m^*定义，利润最大的相对价格式（12.2）为

$$p_i^*(t)=\eta\varepsilon(t) \tag{12.4}$$

如果实际货币余额超过m^*，目标价格大于0：这表示每个企业都优先选择超过平均值的相对价格。

在存在菜单成本的经济中，价格调整行为的动机是什么呢？首先，企业相对价格与目标水平的差为

$$\begin{aligned}\alpha_i(t)&\equiv p_i(t)-p^*(t)\\&=p_i(t)-\eta\varepsilon(t)\end{aligned}$$

假设企业遭受损失，减少的利润是企业相对价格与目标水平之差的二次函数

$$L(\alpha_i)=\gamma\alpha_i^2=\gamma(p_i-\eta\varepsilon)^2,\ \gamma>0 \tag{12.5}$$

二次函数可以看作是真实（凸）函数的近似。此外式（12.5）还隐含另外一个假设，即无论实际货币余额ε是多少，使用的损失函数都一样。

现在看平均价格水平和实际余额之间的关系。企业设定$P_i=P$，商品价格等于总价格水平，此时相对价格$p_i=0$。如果$\varepsilon(t)>0$，实际货币余额$m(t)$超过m^*，则“平均”企业的相对价格低于式（12.4）的利润最大价格。也就是说，相对价格与目标价格之差为负值，

$\alpha_i = 0 - \eta\varepsilon(t) = -\eta[m(t) - m^*] < 0$

换个角度看，平均价格较低恰好是实际货币余额变高的原因。

最后，完成模型设定。假设总（实际）支出 $\tilde{e}$ 与实际货币余额 $\tilde{m}$ 成比例，

$$\tilde{e} = v_0\tilde{m} = v_0\exp(m) = v_0\exp(m^* + \varepsilon) \tag{12.6}$$

一般来说，企业 i 的产出取决于相对价格 p_i，总实际货币余额 $m^*+\varepsilon$，以及其他企业间的相对价格分布 $\{p_j\}$。如果相对价格分布为常数，则企业 i 的产出仅取决于相对价格 p_i 和 ε，即

$x_i = \xi(p_i, \varepsilon)$，对于所有 i

正如12.5节所得结论，根据需求和成本结构，有

$$\begin{aligned}\ln(x_i) &= \ln(\tilde{e}) - \frac{1}{\theta}p_i \\ &= \ln(v_0) + m^* + \varepsilon - p_i/\theta\text{，对于所有 } i \end{aligned} \tag{12.7}$$

其中 $\theta \in (0, 1)$ 为偏好的弹性参数。根据核算恒等式，总产出等于总实际支出。

12.2 货币中性经济

正如前一节所述，在没有菜单成本的经济中，所有名义值都会立即变化，以消除货币供给变化的影响。因此，所有相对值和实际变量都不随时间变化，并且所有企业都一样。本节将考察一类模型，其中假设所有企业都采用（S，s）价格调整规则，并假设货币供给量单调增加。在这种条件下，货币注入的影响依然立即被价格上涨所抵消，因此货币注入对实际货币余额或总产出没有影响。不过，与无摩擦经济截然不同，企业的价格和产出分布不再退化为一个值，每个企业的价格和产出都会发生波动。这就是Caplin and Spulber（1987）模型。

这里的论述过程不需要构建均衡策略。习题中将证明存在假设类型的均衡策略。当货币的平均增长速度加快时，均衡策略（S，s）变宽，（恒定）的总产出水平降低，同样在习题中给出证明。在本模型中，货币增长确实对经济总量产生影响，但货币增长的波动却不会造成产出的波动。

假定企业改变价格时，要支付固定成本。并假设所有企业采取相同的定价规则（S，s）。进一步假设货币供给单调增加，因此价格都是向上调整。最后，假设价格的初始分布为（S，s）上的均匀分布。命题12.1刻画了此经济行为的特征。

命题12.1. 对于某些 $S > 0$，假设

i. 企业间相对价格的初始分布 $\{p_i(0)\}$ 为 $[-S, +S]$ 上的均匀分布；

ii. 每个企业 i 都使用单边价格调整策略，当 $p_i(t) = -S$ 时，将相对价格 $p_i(t)$ 从 $-S$ 调整到 $+S$。

iii.（对数）货币供给 $M(t)$ 为连续单调非减函数。

此时，实际货币余额不随时间变化，即

$M(t) - P(t) = M(0) - P(0)$，对于所有 t

并且对于所有 t，相对价格分布 $\{p_i(t)\}$ 依然是 $[-S, +S]$ 上的均匀分布。

证明. 假设在一个小的时段 Δt 上，货币供给增加

$M(t+\Delta t)-M(t)=\Delta M$

推测价格指数应该增加相同数量，即

$P(t+\Delta t)-P(t)=\Delta P=\Delta M$

当相对价格接近$-S$时，这个变化将促使企业提高价格。调整价格的企业数量为$\Delta M/2S$，每个企业价格调整幅度为$2S$。所以总价格指数增加ΔM，这与推测毫无二致。价格调整企业连续进行价格调整，所以相对价格分布$\{p_i(t)\}$依然是$[-S, +S]$上的均匀分布。并且由于$\Delta P=\Delta M$，因此实际货币余额不变。

证明完毕。

图12-1说明了此证明背后的主要思想。调整企业为$-S$附近的小区间ΔM，并且每个企业提高价格$2S$单位。因此，总价格指数的增加量为$\Delta M\times(1/2S)\times(2S)=\Delta M$，这和推测结果一样。由于价格进行连续调整，相对价格的分布$\{p_i(t)\}$依然是$[-S, +S]$上的均匀分布。

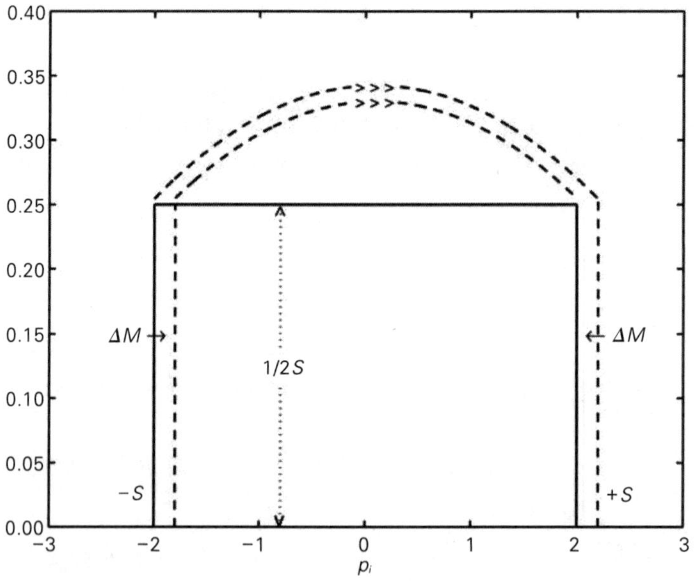

图12-1　Caplin-Spulber模型的价格调整

在此经济中，实际货币余额与无摩擦经济的货币余额之差不随时间变化，即$\varepsilon(t)=m(t)-m^*=\bar{\varepsilon}$。因此，企业价格与目标价格之差仅随自身相对价格的变化而变化，即$\alpha_i(t)=p_i(t)-\eta\varepsilon(t)=p_i(t)-\eta\bar{\varepsilon}$。如果其他经济条件保持不变，一旦货币增长率提高，企业不会改变价格调整规则，只会相应提高价格，实际值不发生任何变化。尽管随着相对价格在分布中的周期变化，单个企业的需求和利润不断波动，但总产出为常数。在此经济中，货币增长的短期波动不会导致实际货币余额或总产出的波动。

但货币增长率的均值（也可能是方差）确实会影响价格调整规则和实际货币余额。因此，货币增长率的均值会影响相对价格的截面离差、总产出水平以及引起价格调整的所有因素。

12.3 有菲利普斯曲线特征的经济

命题12.1表明，如果货币增长永远非负，则即使货币增长率波动，总产出也不会波动。本节将进一步表明，如果货币供给有升有降，则总产出就会波动。

解决这个问题的关键诀窍是找到使得相对价格的截面分布为平稳分布的条件。12.2节的结论表明，均匀分布是炙手可热的候选者。但如果企业采取（S，s）价格调整策略，当且仅当价格调整策略具备特定性质时，得到的分布才是均匀分布。本节假设企业采用（S，s）型价格调整策略。12.4节的结论表明，只要给定合适的初始条件，就会达到均衡，此时这些价格调整策略使得利润最大。

在本节和下一节，假设（对数）货币供给为布朗运动。根据命题12.2，如果企业正确使用双边价格调整策略，企业间相对价格的均匀分布就是平稳分布，超额实际货币余额为［$-B$，$+B$］上的调节布朗运动，其中［$-B$，$+B$］关于0点对称。当超额实际货币余额介于（$-B$，$+B$）之间时，货币供给增加导致实际货币余额发生变化，但价格不变；如果超额实际货币余额为$+B$或$-B$时，将触发通货膨胀或通货紧缩，但实际货币余额不变。因为总支出等于实际货币余额，这个经济体现出短期菲利普斯曲线特征：货币增长加快，至少在某些时间，导致总产出增加。

和之前一样，令$\varepsilon(t)=m(t)-m^*$为超额实际货币余额，并假设每个企业采用如下的价格调整策略，状态变量为$\alpha_i(t)=p_i(t)-\eta\varepsilon(t)$。如果企业$i$的相对价格取最小值，即$p_i=-S$，且超额实际货币余额取最大值，即$\varepsilon=+B$，则状态变量取下界$\alpha_i=-S-\eta B$。企业提高相对价格到$p_i'=+S$。这种价格调整，将状态变量提高到$\alpha_i'=S-\eta B$。与此对称，如果企业相对价格位于最大值，即$p_i=+S$，且超额实际货币余额取最小值，即$\varepsilon=-B$，则$\alpha_i=S+\eta B$。企业降低相对价格到$p_i'=-S$。

命题12.2表明，如果货币供给服从布朗运动，并且企业采用这种价格调整规则，则实际货币余额服从调节的布朗运动，分界线为$\pm B$。

命题12.2. 令$M(t)$为布朗运动，参数为(μ, σ^2)。$\{P_i\}$，P，m，ε，$\{p_i\}$和$\{\alpha_i\}$的定义见上文。假设对于某些S，$B>0$以及$\eta\in(0,1)$，

i. 超额实际货币余额的初始水平满足$\varepsilon(0)\in[-B,+B]$；

ii. 企业间相对价格的初始分布$\{p_i(0)\}$为$[-S,+S]$上的均匀分布；

iii. 每个企业i都采用对称的双边价格调整策略：当$\alpha_i\leqslant -S-\eta B$时，将相对价格$p_i$调整到$+S$；当$\alpha_i\geqslant S+\eta B$时，将相对价格$p_i$调整到$-S$。

则

a. 对于所有t，相对价格的分布$\{p_i(t)\}$依然是$[-S,+S]$上的均匀分布；

b. 超额实际货币余额$\varepsilon(t)$为调节布朗运动，在$\pm B$处进行调节。

证明. 假设$\varepsilon(0)\in(-B,+B)$。只要$\varepsilon(t)$保留在开区间$(-B,+B)$内，没有企业进行价格调整。因此，价格指数$P(t)$不会发生变化，相对价格分布依然是$[-S,+S]$上的均匀分布。在开区间$(-B,+B)$内，货币供给增加1单位，实际货币余额也将增加1单位，所以$m(t)$和$\varepsilon(t)$与$M(t)$的轨迹一致。

令 $T=T(B)\wedge T(-B)$ 为 $\varepsilon(t)$ 首次到达 $+B$ 或 $-B$ 的时间。首先考虑 $\varepsilon(t)$ 首次到达 $+B$ 的样本路径。如果货币继续增加，将促使相对价格最低的企业对价格进行调整。此时，考虑时刻 T 之后的样本路径。对于任意样本路径，选择任意时段 ΔT，满足

$$M(T+s)-P(T)-m^{*}>-B,\ 所有\ s\in[0,\ \Delta T]$$

这样在 $T+\Delta T$ 之前，货币供给下降不会太大。则对于所有 $s\in[0,\ \Delta T]$，$\varepsilon(T+s)>-B$，所以在这个时段内，没有任何一个企业会向下调整价格。令

$$\Delta_{\max}=\max_{0\leqslant s\leqslant \Delta T} M(T+s)-M(T)$$

为这个时段内货币供给最大增加量。经过净增长 Δ_{max} 后，所有初始相对价格 $p_i(0)\in[-S,\ -S+\Delta_{\max}]$ 的企业共提高价格 $2S$ 个单位。因为货币供给连续进行，价格调整也必然连续进行。因此价格的（均匀）分布 $\{P_i(t)\}$ 向右移动 Δ_{max} 个单位。因此总价格指数 P 上升 Δ_{max} 个单位，相对价格分布 $\{p_i(t)\}$ 依然是 $[-S,\ +S]$ 上的均匀分布。在每个时段的末尾，超额实际货币余额

$$\begin{aligned}\varepsilon(T+\Delta T)&=M(T+\Delta T)-P(T+\Delta T)-m^{*}\\&=M(T+\Delta T)-M(T)+M(T)-[P(T)+\Delta_{max}]-m^{*}\\&=B+\Delta M-\Delta_{max}\\&\leqslant B\end{aligned}$$

所以超额实际货币余额不会超过 $+B$。对于在 $-B$ 之前到达 $+B$ 的样本路径，这里的讨论依然成立。并且对于任意 ΔT，$\varepsilon(T+\Delta T)$ 依然大于 $-B$。

当实际货币余额首次到达 $-B$ 时，采用类似的论证方法，对于接下的时段，可得结论 a 和 b 成立。

证明完毕。

图 12-2 为名义货币余额 $M(t)$ 和超额实际货币余额 $\varepsilon(t)$ 的样本路径图像，其中初始值为 0。名义货币余额 $M(t)$ 可以是任何连续函数。只要 $\varepsilon(t)$ 位于区间 $(-B,\ +B)$ 之内，名义货币余额 $M(t)$ 变化 1 单位，超额实际货币余额也会变化 1 单位。一旦 $\varepsilon(t)$ 到达边界，就会在边界停留一段时间，直到 $M(t)$ 发生变化，将其推回到区间 $(-B,\ +B)$ 之内。由于总产出等于总实际支出，因此 $\varepsilon(t)$ 也刻画了总产出与其均值之差对数的变化特征。

图 12-3 为状态变量 ε 和 p_i 的变化图像。p_i 的分布总是 $[-S,\ +S]$ 上的均匀分布，且超额实际货币余额 ε 位于区间 $[-B,\ +B]$ 上。

当 ε 位于区间 $[-B,\ +B]$ 内部时，没有企业会调整价格。也就是说，当 $\varepsilon\in(-B,\ +B)$ 时，所有的名义价格和相对价格保持不变。在区间 $[-B,\ +B]$ 内，货币变化 1 单位，实际货币余额也变化 1 单位，这样实际货币余额 ε 在区间 $(-B,\ +B)$ 内来回移动。

当 $\varepsilon=+B$ 时，如果货币供给继续增加，相对价格最低的企业将向上调整价格。具体来说，相对价格在 $-S$ 的企业将价格调整到 $+S$，将相对价格从均匀分布的一端移动到另一端。在图 12-3 中，破折线上的箭头表示这类（离散）的价格调整。这些变化与命题 12.1 的证明结论相同。如命题 12.1 所述，总价格水平 P 的提高幅度恰好等于货币供给 M

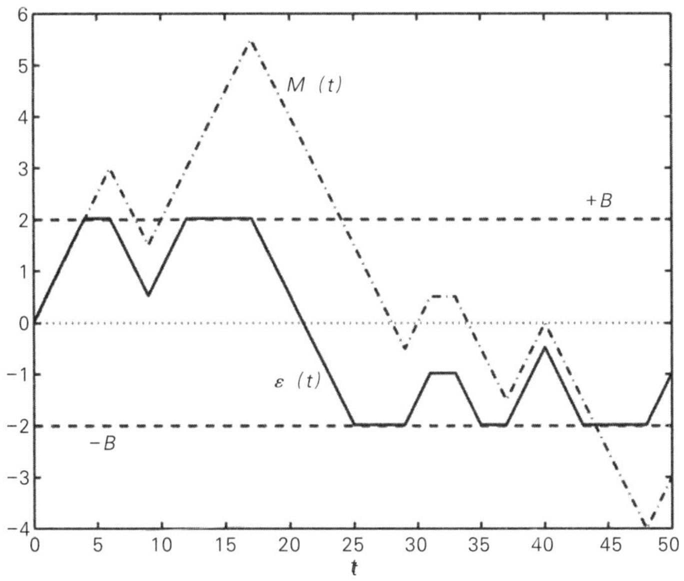

图 12-2　Caplin-Leahy模型中名义货币余额 M（t）和超额实际货币余额 ε（t）的样本路径

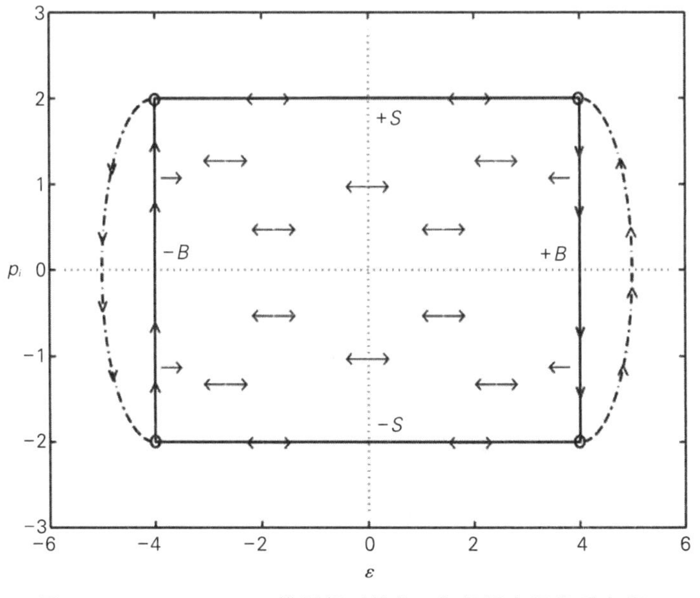

图 12-3　Caplin-Leahy模型相对价格 p_i 和超额实际货币余额 ε

增加的幅度。当总价格水平 P 增加时，没有调整价格企业的相对价格下降，进而 ε 在 $+B$ 处保持不动。在图 12-3 中，$\varepsilon=+B$ 处垂直于横轴的实线上的箭头表示此类（连续）相对价格变化。

当 $\varepsilon=+B$ 时，货币供给下降 1 单位，ε 下降 1 单位，价格没有变化。$\varepsilon=+B$ 处边界线左侧箭头表示这些 ε 变化。因此，当 $\varepsilon=+B$ 时，货币增加，价格提高，实际货币余额不变。

货币减少，实际货币余额下降，价格没有变化。

$\varepsilon=-B$的讨论与此对称。

12.4节的结论表明，如果货币供给的漂移为0，即$\mu=0$，则只要S和B的选择恰当，命题12.2假定的双边价格调整策略就是使得企业利润最大化的最优策略。

12.4 最优行为和菲利普斯曲线

在命题12.2中，假设企业机械地采取行动。本节假设企业按照利润最大化原则采取行动，因此必须详细描述经济环境。令$C>0$为价格调整的实际（固定）成本；$r>0$为利率；参数η，γ见12.1节定义，$\mu=0$和$\sigma^2>0$为货币供给过程的参数。本节的结论表明，对于任意r，η，γ，σ^2，C，存在唯一数组（S，B）。对于数组（S，B），如果除企业i之外的其他企业都采取命题12.2条件（iii）的价格调整规则，则企业i的最优策略是采取同样的价格。

假设除企业i外，其他企业都采用规则（iii）。如果$\varepsilon(t)=+B$，则$M(t)$增加，其他企业会提高价格，进而导致价格指数$P(t)$同等幅度上涨。结果是，$\varepsilon(t)$保持不变，企业i的相对价格p_i下降。同样，如果$\varepsilon(t)=-B$，则$M(t)$下降，其他企业将降低价格，价格指数$P(t)$将下降。因此，$\varepsilon(t)$保持不变，企业i的相对价格p_i上升。对于其他情况，$M(t)$变化时，其他企业不会改变价格。因此P保持不变，M增加1单位，实际货币余额增加1单位，企业i的相对价格p_i不变。

结果是，只要企业i不调整自身名义价格，相对价格的增量为

当某些企业调整价格时，$dp_i=0-dP=-dM$

当没有企业调整价格时，$dp_i=0$ （12.8）

实际货币余额的增量为

当某些企业调整价格时，$d\varepsilon=dM-dP=0$

当没有企业调整价格时，$d\varepsilon=dM-dP=+dM$ （12.9）

因此，只要企业i不调整自身名义价格，

当某些企业调整价格时，$d\alpha_i=dp_i-\eta d\varepsilon=-dM$

当没有企业调整价格时，$d\alpha_i=dp_i-\eta d\varepsilon=-\eta dM$

其中，当$\varepsilon=+B$和$dM>0$时，或者当$\varepsilon=-B$和$dM<0$时，某些企业进行价格调整。对于其他情况，没有企业进行价格调整。

因为α_i的增量不是独立同分布（*i.i.d*），因此无法使用第7章的结论。不过，利用研究企业问题所用的汉密尔顿-雅克比-贝尔曼（HJB）方程，可以得到所需结论。核心思想是，命题12.2条件（iii）中相对价格调整规则具有两种对称性。

第一种对称性比较明显：当实际货币余额为$+B$，相对价格为$-S$或更低时，企业的最优策略是将相对价格调整到$+T$；当实际货币余额为$-B$，相对价格为$+S$或更高时，企业最优策略是将相对价格调整到$-T$。根据损失函数的对称性，以及货币供给过程漂移为0，能够直接得到这个结论。企业i将B看作事先给定，对于任意B，企业最优策略体现出第一种对称性。

得到所需结论的关键是第二种对称性。调整策略有 $T=S$。要证明均衡的存在性，需要证明对于任意 B，企业 i 的最优策略是满足 $T=S$ 的价格调整策略。当且仅当 B 满足 $T=S$ 特性时，（在此类策略中）均衡存在且唯一。

论证过程有以下几个步骤。给定任意 $B>0$，引理12.3刻画了企业 i HJB方程解的特征。在这一步中，给定 B，生成价值函数。根据引理12.4和引理12.5，得到相关最优策略函数的特征。在这些结论基础上，命题12.6指出对于任意参数值 r，η，γ，σ^2，C，存在唯一的 B 值，得到具有所需特征的最优策略。

给定 r，η，γ，σ^2，C 的值，考虑经济中的企业。只要企业不采取任何行动，相对价格增量就为式（12.8），实际货币余额增量就为式（12.9）。给定初始条件（p_{i0}，ε_0），企业问题是选择停时序列 $\{T_k\}_{k=1}^{\infty}$ 和随机变量 $\{\hat{p}_k\}_{k=1}^{\infty}$，使得加上调整成本后的错误定价损失的预期贴现值最小。$\hat{p}_k$ 表示 k 次调整后的相对价格。令 v（p_i，ε）表示企业的价值函数。企业问题的状态空间 $D\equiv R\times[-B,+B]$，并且价值函数 v 满足贝尔曼方程

$$v(p_i,\varepsilon)=\min_{T,\hat{p}}\mathrm{E}\left\{\int_0^T e^{-rt}\gamma\left[p_i(t)-\eta\varepsilon(t)\right]^2dt+e^{-rT}\left[v\left(\hat{p},\varepsilon(T)\right)+C\right]\right\} \tag{12.10}$$

其中 M 为布朗运动，并且

当 $\varepsilon=+B$ 和 $dM>0$，或 $\varepsilon=-B$ 和 $dM<0$ 时，$dP=dM$

其他情况时，$dP=0$

$dp_i=-dP$

$d\varepsilon=dM-dP$，$0\leqslant t\leqslant T$

价值函数式（12.10）的HJB方程为

$$rv(p_i,\varepsilon)=\gamma(p_i-\eta\varepsilon)^2+\mathrm{E}[dv]/dt \tag{12.11}$$

其中

$$dv=v_p dp_i+\frac{1}{2}v_{pp}(dp_i)^2+v_\varepsilon d\varepsilon+\frac{1}{2}v_{\varepsilon\varepsilon}(d\varepsilon)^2+v_{p\varepsilon}dp_i d\varepsilon$$

引理12.3刻画了式（12.11）解的特征。需要注意的是，价值函数 v 仅在不行动区域内满足式（12.11）。无论如何，首先要在所有的状态空间 D 上构建满足式（12.11）的函数。之后，在式（12.11）不成立的区域上，调整这个函数。

引理12.3. 给定 r，η，γ，σ^2 和 $B>0$。则HJB方程（12.11）的解为

$$v(p_i,\varepsilon)=\left[a_0+a_1p_i+a_2e^{-\beta p_i}\right]e^{\beta\varepsilon}+\left[a_0-a_1p_i+A_2e^{\beta p_i}\right]e^{-\beta\varepsilon}+\frac{\gamma}{r}(p_i-\eta\varepsilon)^2+\gamma\left(\frac{\eta\sigma}{r}\right)^2 \tag{12.12}$$

其中

$$\beta=\sqrt{2r}/\sigma$$

$$c_0=\frac{2\gamma(\eta-1)}{r}$$

$$a_1=\frac{c_0/\beta}{e^{\beta B}+e^{-\beta B}}$$

$$a_0=-\frac{1}{\beta}\left(a_1+\frac{c_0\eta B}{e^{\beta B}-e^{-\beta B}}\right)$$

a_2，A_2 为任意常数。

证明. 明显有 $dp_i d\varepsilon=0$。并且

当 $dP\neq 0$ 时，$dv=-v_p dM+\frac{1}{2}v_{pp}(dM)^2$

当 $dP=0$ 时，$dv=+v_\varepsilon dM+\frac{1}{2}v_{\varepsilon\varepsilon}(dM)^2$ (12.13)

令 D^o 表示 D 的内点。证明过程中，首先要设定 D^o 上 dv 的具体形式，以及 D 上满足 $\varepsilon=\pm B$ 的两个边界。之后，将具体形式代入式（12.11）。

在 D^o 上，$dP=0$。因为 $\mathrm{E}[dM]=0$ 和 $\mathrm{E}[(dM)^2]=\sigma^2 dt$，根据式（12.13），在 D^o 上有

$$\mathrm{E}[dv]=\frac{1}{2}\sigma^2 v_{\varepsilon\varepsilon}dt$$

因此在 D^o 上，式（12.11）的具体形式为

$$rv(p_i,\ \varepsilon)=\gamma(p_i-\eta\varepsilon)^2+\frac{1}{2}\sigma^2 v_{\varepsilon\varepsilon} \tag{12.14}$$

对任意 p_i，这个方程为二阶常微分方程，解为

$$v(p_i,\varepsilon)=f(p_i)e^{\beta\varepsilon}+F(p_i)e^{-\beta\varepsilon}+\frac{\gamma}{r}(p_i-\eta\varepsilon)^2+\gamma\left(\frac{\eta\sigma}{r}\right)^2 \tag{12.15}$$

其中 f 和 F 为关于 p_i 的任意函数。通过考察 D 上满足 $\varepsilon=\pm B$ 的两个边界，可以刻画出这些函数的特征。

在 $\varepsilon=+B$ 边界，必须特别注意 dM 的符号。令 $z=\sigma\sqrt{dt}>0$ 表示名义货币余额增量的绝对大小。如果名义货币冲击为正，即 $dM=z$，一些企业会向上调整价格。因此，总价格水平上升，$dP=dM=z$，实际货币余额不变，$d\varepsilon=0$。此时，根据式（12.13），有

$$dv=-v_p z+\frac{1}{2}v_{pp}z^2$$

如果名义货币冲击为负，即 $dM=-z$，没有企业进行价格调整。因此，总价格水平不变，$dP=0$；实际货币余额下降，$d\varepsilon=dM=-z$。此时，根据（12.13），有

$$dv=-v_\varepsilon z+\frac{1}{2}v_{\varepsilon\varepsilon}z^2$$

这两个事件发生的可能性一般大小。将其代入式（12.11），得

$$rv(p_i,B)=\gamma(p_i-\eta B)^2+\frac{1}{dt}\frac{1}{2}\left[-v_p z+\frac{1}{2}v_{pp}z^2-v_\varepsilon z+\frac{1}{2}v_{\varepsilon\varepsilon}z^2\right]$$

之后，利用式（12.14），得

$$\frac{1}{2}(v_{\varepsilon\varepsilon}-v_{pp})z^2+(v_p+v_\varepsilon)z=0$$

取 $z\to 0$ 的极限，在边界 $\varepsilon=+B$，有

$$v_p(p_i,\ B)+v_\varepsilon(p_i,\ B)=0 \tag{12.16}$$

对于边界 $\varepsilon=-B$，将符号互换，采用相似的论证过程，可以证明式（12.16）依然成立。

要刻画 f 和 F 的特征，需要利用式（12.15）得到 v_p 和 v_ε 的表达式，并计算式（12.16）和 $\varepsilon=-B$ 的伴随方程，得到

$$(f'+\beta f)e^{\beta B}+(F'-\beta F)e^{-\beta B}=c_0(p_i-\eta B)$$

$$(f'+\beta f)e^{-\beta B}+(F'-\beta F)e^{\beta B}=c_0(p_i+\eta B) \tag{12.17}$$

式（12.17）解为

$$f(p_i)=a_0+a_1 p_i+a_2 e^{\lambda_2 p_i}+a_3 e^{\lambda_3 p_i}+\cdots,$$

$$F(p_i) = A_0 + A_1 p_i + A_2 e^{\lambda_2 p_i} + A_3 e^{\lambda_3 p_i} + \cdots,$$

其中 a_0，A_0，a_1，...和指数 λ_j 为待定常数。f 和 F 的常数项和一次项与式（12.17）的右侧匹配。指数项满足齐次方程。

根据 p_i 的一次项，得到

$$\beta(a_1 e^{\beta B} - A_1 e^{-\beta B}) = c_0$$

$$\beta(a_1 e^{-\beta B} - A_1 e^{\beta B}) = c_0$$

所以 $A_1 = -a_1$，

$$a_1 = \frac{1}{\beta}\frac{c_0}{e^{\beta B} + e^{-\beta B}}$$

命题结论成立。根据常数项，有

$$\beta(a_0 e^{\beta B} - A_0 e^{-\beta B}) = -c_0\eta B - a_1(e^{\beta B} - e^{-\beta B})$$

$$\beta(a_0 e^{-\beta B} - A_0 e^{\beta B}) = +c_0\eta B - a_1(e^{-\beta B} - e^{\beta B})$$

所以 $A_0 = a_0$，且

$$a_0 = -\frac{1}{\beta}\left(a_1 + \frac{c_0\eta B}{e^{\beta B} - e^{-\beta B}}\right)$$

命题结论成立。

最后，f 和 F 的指数项必须满足齐次方程

$$(\lambda_j + \beta) a_j e^{\beta B} + (\lambda_j - \beta) A_j e^{-\beta B} = 0$$

$$(\lambda_j + \beta) a_j e^{-\beta B} + (\lambda_j - \beta) A_j e^{\beta B} = 0$$

这两个方程分别相加和相减，得

$$(\lambda_j + \beta) a_j + (\lambda_j - \beta) A_j = 0$$

$$(\lambda_j + \beta) a_j - (\lambda_j - \beta) A_j = 0$$

因此，恰好存在两类解。一类解满足 $(\lambda_j, a_j, A_j) = (-\beta, a_2, 0)$，另一类解满足 $(\lambda_j, a_j, A_j) = (\beta, 0, A_2)$。其中 a_2，A_2 为任意常数。

证明完毕。

仅在不行动区域内，HJB 方程成立，价值函数才会具有式（12.12）的形式。对于企业问题，给定 $B > 0$，需要解决的问题还包括确定不行动区域的上边界和下边界，称为 $H(\varepsilon)$ 和 $h(\varepsilon)$；确定返回轨迹，称为 $\tau(\varepsilon)$；以及确定常数 a_2 和 A_2 的取值。

引理 12.4. 不行动区域的边界 $H(\varepsilon)$ 和 $h(\varepsilon)$ 满足价值匹配条件，即对于所有 $\varepsilon \in [-B, +B]$，

$$\lim_{p_i \uparrow H(\varepsilon)} v(p_i, \varepsilon) = v(\tau(\varepsilon), \varepsilon) + C$$

$$\lim_{p_i \downarrow h(\varepsilon)} v(p_i, \varepsilon) = v(\tau(\varepsilon), \varepsilon) + C \tag{12.18}$$

同样还满足平滑黏贴条件，即对于所有 $\varepsilon \in [-B, +B]$，

$$\lim_{p_i \uparrow H(\varepsilon)} v_p(p_i, \varepsilon) = 0$$

$$\lim_{p_i \downarrow h(\varepsilon)} v_p(p_i, \varepsilon) = 0 \tag{12.19}$$

返回轨迹 $\tau(\varepsilon)$ 满足最优返回条件，即对于所有 $\varepsilon \in [-B, +B]$，

$$v_p(\tau(\varepsilon), \varepsilon) = 0 \tag{12.20}$$

证明. 重新定价是最优策略，需要满足条件

$\tau(\varepsilon)=\arg\min_{p} v(p',\varepsilon)$，对于所有 $\varepsilon\in[-B,+B]$

这要求满足式（12.20）。

因为企业永远有选择立即进行重新定价的权利，即

$v(p_i,\varepsilon)\leqslant v(\tau(\varepsilon),\varepsilon)+C$，对于所有 p_i，ε

企业重新定价时，取等号。因此，如果 v 是 p_i 的凸函数，不行动区域为以 $\tau(\varepsilon)$ 为中心的区间，利用满足式（12.18）的函数 $h(\varepsilon)<\tau(\varepsilon)<H(\varepsilon)$ 确定不行动区域的边界。

最后，考虑 $(h(\varepsilon),\varepsilon)$ 处的企业问题。企业可以立即将价格调整到 $\tau(\varepsilon)$，也可以静待一小段时间 Δt，之后相机而动。对于这两种做法，企业难辨优劣。假设企业选择等待，则经过 Δt 时间之后，实际货币余额上升或下降 $z=\sigma\sqrt{\Delta t}$，并且上升和下降的概率相等。当实际货币余额上升时，企业的最优策略是立即进行价格调整；当实际货币余额下降时，企业的最优策略是按兵不动。因此

$$(1+r\Delta t)\,v(h(\varepsilon),\varepsilon)-\gamma(h(\varepsilon)-\eta\varepsilon)^2\Delta t$$
$$\approx 1/2\,[v(h(\varepsilon),\varepsilon+z)+v(h(\varepsilon),\varepsilon-z)]$$
$$=1/2\,[v(h(\varepsilon)-x,\varepsilon+z)+v(h(\varepsilon),\varepsilon-z)]$$

由于实际货币余额上升，企业会进行价格调整。所以相对价格设定为 $h(\varepsilon)$ 还是 $h(\varepsilon)-x$，二者没有差异。据此得到最后一行。将等式右侧展开为关于 z 的二阶和 x 的一阶的表达式，有

$$[rv(h(\varepsilon),\varepsilon)-\gamma(h(\varepsilon)-\eta\varepsilon)^2]\,\Delta t$$
$$=\frac{1}{2}\left[-v_p x+v_\varepsilon z+\frac{1}{2}v_{\varepsilon\varepsilon}z^2-v_\varepsilon z+\frac{1}{2}v_{\varepsilon\varepsilon}z^2\right]$$
$$=\frac{1}{2}\sigma^2 v_{\varepsilon\varepsilon}\Delta t-\frac{1}{2}v_p x$$

记得前面讨论过，仅当相对价格为不行动区域的内点时，式（12.14）才成立。因此，当 $p_i\downarrow h(\varepsilon)$ 时，式（12.14）才成立。据此有 $v_p(h(\varepsilon),\varepsilon)=0$，进而式（12.19）的第二行成立。对于 $H(\varepsilon)$，讨论与此类似。

证明完毕。

接下来，要介绍一个有用的结论。根据价值函数 v 的对称性，常数 a_2，A_2 相等。并且在某种意义上，τ，h，H 也对称。

引理 12.5. 当且仅当 $a_2=A_2$ 时，对于所有 p_i，ε，式（12.12）的函数 v 满足 $v(p_i,\varepsilon)=v(-p_i,-\varepsilon)$。此时，

$$h(\varepsilon)=-H(-\varepsilon),\ \tau(\varepsilon)=-\tau(-\varepsilon)，对于所有的\ \varepsilon\in[-B,+B] \quad (12.21)$$

证明. 根据函数 v 的对称性，可以直接得到结论。

证明完毕。

到目前为止介绍的所有结论，都是给定 B，描述单个企业 i 的行为。完整的讨论还需要证明，除了式（12.21）的对称性以外，对于某些 B 和某些 S，企业的不行动区域和返回阈值满足：

$$h(B)=\tau(-B)=-S\ 以及\ H(-B)=\tau(B)=S \quad (12.22)$$

要确定 B，S 以及常数 a_2 的值，需要计算式（12.22）的均衡条件，以及 $\varepsilon=B$ 时的价值匹配条件，平滑黏贴条件和最优返回条件（12.18）~（12.20）。也就是说

$v\ (-S,\ B)\ =v\ (+S,\ B)\ +C$

$v_p\ (-S,\ B)\ =v_p\ (+S,\ B)\ =0$

根据式（12.12）求出 v 和 v_p，代入方程，得到包含三方程的方程组：

$$-2Sa_1\ (e^{\beta B}-e^{-\beta B})\ +a_2\ (e^{\beta S}-e^{-\beta S})\ (e^{\beta B}-e^{-\beta B})\ +4\gamma\eta SB/r=C$$

$$a_1\ (e^{\beta B}-e^{-\beta B})\ -\beta a_2\ (e^{-\beta S}e^{\beta B}-e^{\beta S}e^{-\beta B})\ +2\gamma\ (S-\eta B)\ /r=0$$

$$a_1\ (e^{\beta B}-e^{-\beta B})\ -\beta a_2\ (e^{\beta S}e^{\beta B}-e^{-\beta S}e^{-\beta B})\ -2\gamma\ (S+\eta B)\ /r=0 \quad (12.23)$$

根据引理12.3，a_1 为 B 的函数。命题12.6介绍了主要结论。

命题12.6. 对于任意 r，η，γ，C，σ^2，满足式（12.23）的（S^e，B^e）和 a_2 的值存在且唯一。

证明. 式（12.23）最后两个方程分别相加和相减，式（12.23）的第一个方程合并同类项，得

$$[a_2\ (e^{\beta S}-e^{-\beta S})\ -2a_1S]\ (e^{\beta B}-e^{-\beta B})\ =C-4\gamma\eta SB/r$$

$$\beta a_2\ (e^{-\beta S}-e^{\beta S})\ (e^{\beta B}+e^{-\beta B})\ =4\gamma S/r$$

$$[2a_1-\beta a_2\ (e^{\beta S}+e^{-\beta S})\ ]\ (e^{\beta B}-e^{-\beta B})\ =4\gamma\eta B/r$$

之后利用第二方程，消掉

$$a_2=\frac{4\gamma}{r\beta}\frac{S}{\left(e^{-\beta S}-e^{\beta S}\right)\left(e^{\beta B}+e^{-\beta B}\right)} \quad (12.24)$$

由此得到

$$\frac{1-\eta}{\beta}+\eta B\frac{e^{\beta B}+e^{-\beta B}}{e^{\beta B}-e^{-\beta B}}=S\frac{e^{\beta S}+e^{-\beta S}}{e^{\beta S}-e^{-\beta S}}$$

$$B-\frac{1}{\beta}\frac{e^{\beta B}-e^{-\beta B}}{e^{\beta B}+e^{-\beta B}}=\frac{rC}{4\gamma\eta S}$$

定义函数

$$\Omega(z)\equiv z\frac{e^{z}+e^{-z}}{e^{z}-e^{-z}}$$

由此，上面两个方程可以写为

$$\eta\left(\Omega(\beta B)-1\right)=\Omega(\beta S)-1 \quad (12.25)$$

$$B\left[1-\frac{1}{\Omega(\beta B)}\right]=\frac{rC}{4\gamma\eta S} \quad (12.26)$$

函数 Ω 为严格增函数，水平渐进线为直线。$z=0$ 时，函数 Ω 取值为1，斜率为0。因此在空间（$S-B$）上，式（12.25）为从原点开始向上倾斜的轨迹，称为 Π_1（S）。在空间（$S-B$）上，式（12.26）为向下倾斜的轨迹，称为 Π_2（S），垂直渐近线为纵轴。如图12-4所示，这两条曲线恰有一个交点，为解（S^e，B^e）。根据式（12.24），确定常数 a_2 的值。

证明完毕。

命题12.6说明，对于任意 r，η，γ，C，σ^2，存在唯一的（S^e，B^e）。在（S^e，B^e）点，采取命题12.2条件（iii）假设的行为，企业获得的利润最大。在不行动区域内，有

$$p_i\in\ (h\ (\varepsilon),\ H\ (\varepsilon)\ ),\ \varepsilon\in\ [b,\ B]$$

此时，任意企业的价值函数都为引理12.3所述形式。在其他区域，企业会立即调整价格，企业价值为 $v\ (p_i,\ \varepsilon)\ =v\ (\tau\ (\varepsilon),\ \varepsilon)\ +C$。根据引理12.4，确定阈值函数 h，H 和调整策略 τ，并且这些函数满足式（12.22）。常数 a_2 由式（12.24）给出。

图 12-4~图 12-6 给出了均衡值。基础参数 r=0.05，σ=0.03，η=0.5，C=0.001 以及 γ=0.5。图 12-4 为函数 Π_1（S）和 Π_2（S）的图像，交点即为均衡值（S^e，B^e），取值为（0.0266，0.0378）。图 12-5 为最优策略函数 h，H，τ 的图像。这些函数的图像都单调递增，略微弯向 ε-轴。均衡时，仅在两个点处，才会对 p_i 进行离散调整。ε=$-B$ 时，相对价格从+S 调整到$-S$；ε=+B 时，相对价格从$-S$ 调整到+S。策略函数的其他部分可以看作一个“特殊”企业从任意相对价格开始首次调整价格的最优策略。

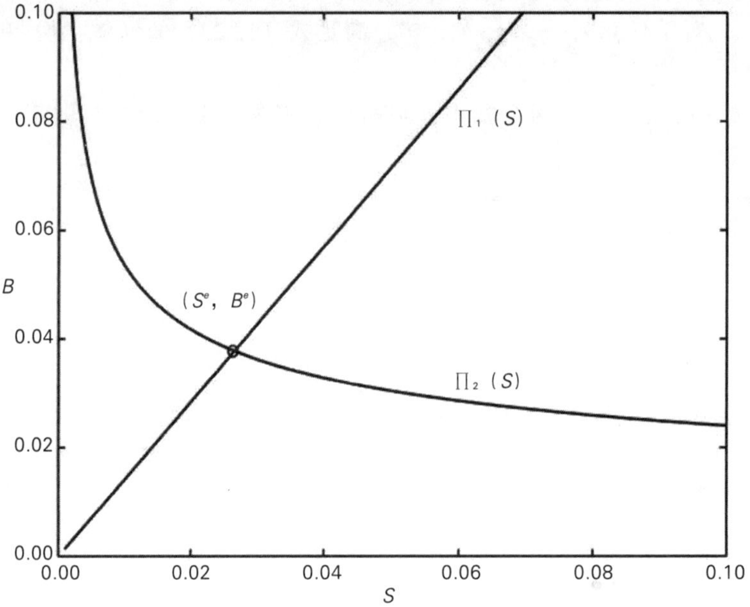

图 12-4　均衡值（S^e，B^e）的确定。基础参数 r=0.05，σ=0.03，η=0.5，C=0.001 以及 γ=0.5

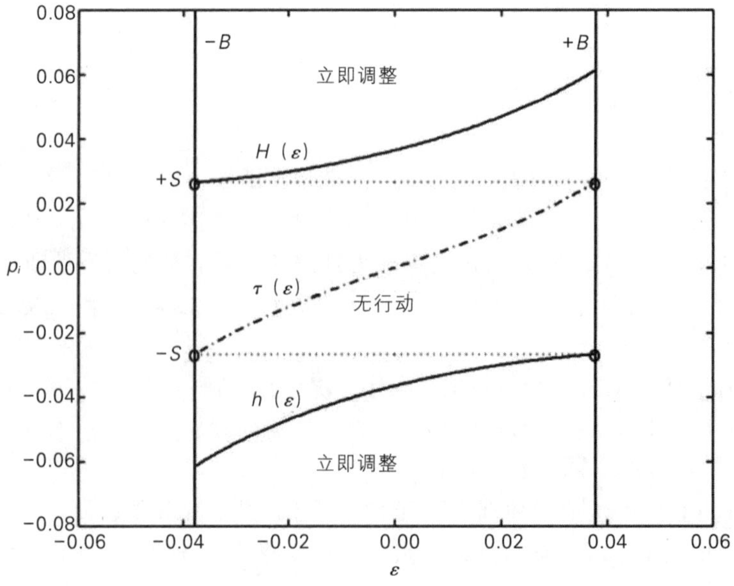

图 12-5　最优价格调整策略

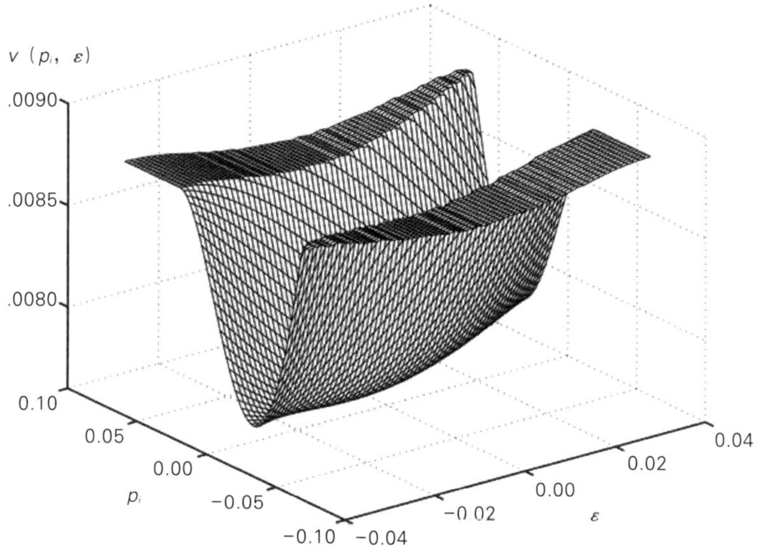

图 12-6　价值函数 v（p_i, ε）

图 12-6 为价值函数 v 的图像。根据式（12.10），价值函数度量了相对于无摩擦经济的利润损失。如果保持实际货币余额不变，截面为 V 形曲线。曲线的两个肩部平坦，对应为立即调整区域，所以当 $v(p_i, \varepsilon)=v(\tau(\varepsilon), \varepsilon)+C$ 时，价值函数为常数。

利用这个模型可以预测价格变化的频率。提高价格后，企业位于点（$+S$，$+B$）。此时，货币供给必须增加 $2S$ 或者下降 $2B$，才能触发企业提高或降低价格。

习题 12.1. 利用习题 5.3 使用的讨论方法，证明单个企业价格变化间的平均时间长度为 $E[T]=4SB/\sigma^2$

模型外生参数的变化会影响均衡值的三个特征。实际货币余额长期分布的差额 $2B$ 度量了产出的波动性；截面价格分布的差额 $2S$ 度量了价格的离散程度；价格变化的频率 $1/E[T]$ 度量了价格的变异性。增加货币增长的变异性 σ，将会提高带宽 S 和 B，进而提高价格调整频率 $1/E[T]$。比率 C/γ 度量了价格调整成本与错误定价损失的比率。据推测，比率 C/γ 增加，S 和 B 将增加，进而 $1/E[T]$ 将下降。对于弹性参数 η，记得企业最优名义价格

$$P_i^*=\eta M+(1-\eta)P$$

当弹性参数 η 较小时，企业更关心自身的相对价格，较少关注实际货币余额。如果这个推测成立，那么实际货币余额的带宽将变宽，相对价格的带宽会变窄，即 B 增加，S 下降。在这个模型中，价格变化就是投资，成本需立即支付，收益只能在未来获得。因此，利率 r 增加时，企业改变价格的意愿降低，进而导致 B，S 以及 $E[T]$ 的增加。这些结论的证明留给习题完成。

习题 12.2.（a）证明增加 σ 时，B，S 以及 $1/E[T]$ 将增加。

（b）证明增加比率 C/γ 时，B，S 以及 $E[T]$ 将增加。

（c）证明降低 η 时，B 将增加，S 将下降。$E[T]$ 如何变化？

（d）证明提高r时，B，S以及E［T］将增加。

在本节的模型中，仅当产出达到最大值时，价格才会上升。这个结论具有凯恩斯主义特点，仅有在完全就业状态下，才会出现通货膨胀。由于仅当产出达到最小值时，价格才会下降。由此可得，通货膨胀与产出正相关。此外，过去一段时间出现了通货膨胀，意味着产出接近最大值点，因此经济极有可能进一步出现通货膨胀，通货膨胀率显现正的序列相关性。

命题12.1和命题12.2的经济中，关键特征是企业的相对价格服从均匀分布。12.2节模型的经济环境和12.3节的经济环境虽然不同，但企业相对价格都服从均匀分布。在12.2节模型的经济环境中，企业采取单边价格调整策略。在12.3节的经济环境中，价格调整具有对称性。当货币增长率的均值与方差之比较高时，近似于12.2节模型的经济。此类经济环境中，货币供给大幅下降导致实际货币余额低于下限的情况极少出现。因此，价格下降也是小概率事件，相对价格依然服从均匀分布。相反，当货币增长率的方差与均值之比较高时，近似于12.3节模型的经济。

本节研究的模型中，没有考虑单个企业的需求和成本存在异质性冲击。即使总价格水平保持不变，无论企业遭受的异质性冲击是需求冲击还是成本冲击，都会激励企业调整价格。因此，如果经济处于低通货膨胀时期，当遭受此类异质性冲击时，企业可能会根据总价格水平变化，调整自身价格，而不用支付额外的调整成本。零售商品价格变化频率和方式的经验证据表明，即使在通货膨胀较低且稳定的时期，商品价格依然出现了大幅度上涨和下跌。这个经验证据表明，此类异质性冲击的重要性不可小觑。事实上，在低通货膨胀时期，异质性冲击可能是推动了大多数价格变化的主要动力。一旦模型中加入了异质性冲击因素，将很难利用解析方法分析模型，但可以利用数值方法研究模型特征。

12.5 采用损失函数的动机

本节利用一个简单模型，解释12.1节假定的损失函数和决策规则的合理性。首先假设可微商品是一个连续统，$i \in [0, 1]$。所有商品都由一个企业生产。假设对于这些商品，代表性消费者具有Dixit-Stiglitz型偏好

$$u(x) = \int_0^1 x_i^{1-\theta} di, \quad 0 < \theta < 1$$

给定价格$\left\{\tilde{P}_i\right\}$和支出水平$\left\{\tilde{E}\right\}$（取水平形式，而不是对数形式），依据预算约束

$$\int_0^1 \tilde{P}_i x_i di \leq \tilde{E}$$

消费者选择消费$\{x_i\}$使自身效用最大。定义总价格指数$\tilde{P}$

$$\tilde{P} \equiv \left[\int_0^1 \tilde{P}_i^{(\theta-1)/\theta} di\right]^{\theta/(\theta-1)}$$

其中总价格指数的对数满足式（12.1）的齐次条件。利用总价格指数，定义相对价格和实际支出

$$\tilde{p}_i \equiv \frac{\tilde{P}_i}{\tilde{P}} \text{和} \tilde{e} \equiv \frac{\tilde{E}}{\tilde{P}}$$

产品 i 的消费者需求仅取决于相对价格 $\tilde{p}_i$ 和总实际支出 $\tilde{e}$。具体来说

$$x_i\left(\tilde{p}_i, \tilde{e}\right) = \tilde{e}\tilde{p}_i^{-1/\theta}\text{，对于所有 } i$$

所以式（12.7）成立。

下面考虑典型企业的决策问题。假设（实际）生产成本仅取决于生产的产品数量。如果企业购买的生产要素组合不变，要素供应商数量众多，要素价格随总价格水平连续变化，则此假设成立。换句话说，如果生产要素仅为劳动力，并且实际工资为常数，此假设成立。按照后面的做法，假设生产 x_i 单位产出所需劳动的具体形式为

$$c\left(x_i\right) = \frac{\rho_0 x_i^{\xi}}{\xi}\text{，}\rho_0 > 0\text{，}\xi > 1$$

此成本函数为严格凸函数：规模收益严格递减。

假设实际工资 w 为常数。则（实际）利润

$$\begin{aligned}\pi_i\left(\tilde{p}_i, \tilde{e}\right) &= \tilde{p}_i x_i\left(\tilde{p}_i, \tilde{e}\right) - \frac{w\rho_0}{\xi}\left[x_i\left(\tilde{p}_i, \tilde{e}\right)\right]^{\xi} \\ &= \tilde{e}\tilde{p}_i^{1-1/\theta} - \frac{w\rho_0}{\xi}\tilde{e}^{\xi}\tilde{p}_i^{-\xi/\theta}\end{aligned}$$

因此，利润最大时的相对价格

$$\tilde{p}_i^* = \rho_1 \tilde{e}^{\eta} \tag{12.27}$$

其中

$$\rho_1 \equiv \left(\frac{w\rho_0}{1-\theta}\right)^{\theta/(\theta+\xi-1)} \text{和} \eta \equiv \frac{\theta\left(\xi-1\right)}{\theta+\xi-1}$$

由于 $0 < \theta < 1$ 和 $\xi > 1$，可知 $0 < \eta < 1$，所以价格具有战略互补特征。在规模报酬不变的情况下，$\xi=1$，意味着 $\eta=0$，所以利润最大时的价格与总实际支出 $\tilde{e}$ 无关。对于要研究的问题，此种情况可以弃之不顾。

到目前为止，消费者支出都是事先给定的。为了完成模型设定，和式（12.6）一样，假设实际支出与实际货币余额成比例，

$$\tilde{e} = v_0 \tilde{m} \tag{12.28}$$

例如，假设消费者面临预付现金约束 $\tilde{E} \leqslant v_0 \tilde{M}\left(t\right)$，其中 $v_0 > 0$ 表示（不变的）货币流通速度。如果消费者总是受预付现金条件约束，实际支出就具有式（12.28）形式。

无论如何，只要支出具有式（12.28）形式，最优相对价格式（12.27）的对数为

$$p_i^* \equiv \ln\tilde{p}_i^* = b + \eta m \tag{12.29}$$

其中

$$b \equiv \ln \rho_1 + \eta \ln v_0$$

根据式（12.29），表明式（12.2）具有合理性。最后，由于总产出与实际货币余额成比例，有

$$\begin{aligned}x &\equiv \int_0^1 \tilde{p}_i x_i\left(\tilde{p}_i, \tilde{e}\right) di \\ &= \int_0^1 \tilde{e}\tilde{p}_i^{(\theta-1)/\theta} di \\ &= \tilde{e} = v_0 \tilde{m}\end{aligned}$$

根据式（12.28），得到最后一行。

注释

12.2节的模型取自于Caplin and Spulber（1987）。12.3节和12.4节的模型均取自于Caplin and Leahy（1991，1997）。这里使用的分析方法与之不同。感谢Vladislav Damjanovic 和 Charles Nolan，他们指出原来12.4节中的边界条件分析存在错误，并提出了修改意见。关于此种方法进一步发展的结论，参见Damjanovic and Nolan（2007）。

有关总菜单成本模型的文献浩如烟海。Mankiw（1985）将菜单成本引入总量模型，考察一个未预期冲击的影响效果。结果表明，即使产生较小冲击，它的影响也会很大。继此之后，Caplin and Spulber（1987），Cabellero and Engel（1991，1993），Caplin and Leahy（1991，1997），Danziger（1999）以及 Dotsey，King and Wolman（1999）对Mankiw（1985）结论的稳健性展开了研究。结论表明，Mankiw（1985）模型的重要性体现在以下三个方面：一是货币冲击的性质，冲击是高均值还是高方差；二是是否存在异质性冲击，这是价格调整的另一个动机；三是价格调整过程的性质，价格调整是菜单成本模型的状态依赖形式，还是Calvo（1983）模型的时间依赖形式。

美国劳工统计局不断更新美国价格调整幅度和频率的统计数据，这促进了价格调整机制方面的研究。Bils and Klenow（2004），Klenow and Kryvtsov（2008）以及Nakamura and Steinsson（2007）总结了相关经验证据。这些经验证据表明，异质性冲击和其他类型的异质性对价格调整具有重要作用，后续研究应该考虑这些异质性。Midrigan（2006），Golosov and Lucas（2007），Gertler and Leahy（2008）以及Nakamura and Steinsson（2008），都提出了校准的计算模型。在这些模型中，既包含异质性冲击，又包含总冲击，但二者的引入方式有所不同。Klenow and Kryvtsov（2008）对各种模型进行了比较，分析了各种模型解释价格调整幅度和调整频率的能力差异。他们区分了集约型边际和广延型边际——价格调整幅度和调整价格的企业数量——并且讨论了纳入货币冲击后，每个模型的作用。Caballero and Engel（2007）利用两种边际效应，解释价格调整的时间依赖模型和状态依赖模型之间的差别。

A

连续随机过程

本附录包含一般连续随机过程的基础知识，具体介绍有关维纳过程的基础知识。

A.1 收敛模式

令（Ω，$\mathfrak{F}$，P）为概率空间，$\{X_n\}_{n=1}^{\infty}$为状态空间（Ω，$\mathfrak{F}$，P）上随机变量序列。对于此类随机变量序列，有几种不同的收敛概念。此外，每个概念也有几个不同的名字。

（a）以概率1收敛

如果

$$\Pr\left\{\lim_{n\to\infty} X_n = X\right\} = 1$$

则称序列$\{X_n\}$以概率1收敛到随机变量X。此类收敛也称为几乎必然收敛（*a.s.*）或几乎处处收敛（*a.e.*）。

（b）依概率收敛

对于任意$\varepsilon>0$，如果

$$\lim_{n\to\infty}\Pr\left\{|X_n - X| \leqslant \varepsilon\right\} = 1$$

则称序列$\{X_n\}$依概率收敛到随机变量X。此类收敛也称为依测度收敛。

（c）依分布收敛

令F_n为X_n的累积分布函数（c.d.f.），n=1，2，...。对于使分布函数F连续的所有a，如果

$$\lim_{n\to\infty} F_n(a) = F(a)$$

则称序列$\{X_n\}$依分布收敛到随机变量X（或者说序列$\{F_n\}$依分布收敛到累积分布函数（c.d.f）F）。此类收敛也称为依法则收敛或弱收敛。

（d）强收敛

对于n=1，2，...，令μ_n为实数R上的概率测度。对于任意Borel集A，μ_n（A）=Pr$\{X_n\in A\}$。如果对于所有A，

$$\lim_{n\to\infty}\mu_n(A) = \mu(A)$$

则称序列$\{\mu_n\}$强收敛到μ。

可以证明，（a）⇒（b）⇒（c）并且（d）⇒（c）。虽然对于定义在概率空间（Ω，$\mathfrak{F}$，P）上的随机变量序列$\{X_n\}$——或者更一般些，对于定义在任何测度空间（Ω，$\mathfrak{F}$，μ）上的测度函数序列$\{f_n\}$，μ为取有限值的总测度——（a）⇒（b）成立。但在无限测度空间，（a）⇒（b）并不一定成立。

同样，收敛概念（a）和（b）与收敛概念（c）和（d）有所差别。（a）和（b）的定义包括$\{X(\omega)\}$对每个ω收敛。（c）和（d）的定义仅包括这些随机变量的累积分布函数（c.d.f）序列（或等价的，实数R上的概率测度）收敛。因此，虽然（a）和（b）的定义涉及基础空间（Ω，F，μ），但（c）和（d）的定义并不涉及。事实上，基础空间不会随着序列的变化而变化。

还发现，如果（Ω，$\mathfrak{F}$）为任意可测空间，$\{X_n\}_{n=1}^{\infty}$为测度空间上可测实值函数序列，还存在另外两个收敛概念。

（e）逐点收敛

对于所有$\omega\in\Omega$，如果

$$\lim_{n\to\infty} X_n(\omega)=X(\omega)$$

则序列$\{X_n\}$逐点收敛到X。也就是说，对于所有$\omega\in\Omega$以及每个$\varepsilon>0$，存在$N(\omega,\varepsilon)$，使得

$$|X_n(\omega)-X(\omega)|<\varepsilon，\text{对于所有 } n>N(\omega,\varepsilon)$$

（f）一致收敛

如果对于任意$\varepsilon>0$，存在$N(\varepsilon)$，使得

$$|X_n(\omega)-X(\omega)|<\varepsilon，\text{对于所有 } \omega\in\Omega，\text{所有 } n>N(\varepsilon)$$

则称序列$\{X_n\}$一致收敛到X。明显（f）⇒（e）⇒（a）。

A.2 连续随机过程

令$C=C[0,\infty)$表示连续函数X的空间X：$[0,\infty)\to$R。如果对于$\omega\in\Omega$，几乎处处有$X(.,\omega)\in C[0,\infty)$，则称$X(.,\omega)$为$[0,\infty)$上的连续随机过程。因此，连续随机过程可以利用概率空间（Ω，$\mathfrak{F}$，P）构建；首先定义一个从（Ω，$\mathfrak{F}$）到（C，C）的可测映射，其中C为C子集的σ–代数；之后定义一个合适的非降σ–代数（filtration）。

选择σ–代数C的标准做法是利用集合C上的度量来定义。令

$$\rho(X,Y)\equiv\sum_{t=1}^{\infty}\frac{1}{2^t}\frac{\rho_t(X,Y)}{1+\rho_t(X,Y)} \tag{A.1}$$

其中

$$\rho_t(X,Y)\equiv\sup_{t-1<s\leq t}|X(s)-Y(s)|,\quad X,\ Y\in C$$

思路是将时间分成单位时段$[0,1]$，$(1,2]$，$(2,3]$，...，利用每个时段的上确界范数ρ_t度量每个分割，使得每个时段的度量取值都在$[0,1]$内，第t个成分乘以权重$(1/2)^t$，之后加总求和。这种度量方式确保了式（A.1）的和为有限值。事实上，对于所有X，Y，$\rho(X,Y)\in[0,1]$。不过需注意，ρ并不是范数。

根据定义，当且仅当

对于每个 $\varepsilon>0$，存在 $K(\varepsilon)>0$，使得对于所有 $k>K(\varepsilon)$，$\rho(X_k, X)<\varepsilon$ 都成立 (A.2)

则在此测度内，$X_k \to X$。但式（A.2）表明，

对于每个 $\varepsilon>0$ 和 $T>0$，存在 $N(\varepsilon, T)>0$，

使得对于所有 $t\leqslant T$ 和 $k>N(\varepsilon, T)$，$\rho_t(X_k, X)<\varepsilon$ 都成立 (A.3)

为什么？首先给定 $\varepsilon>0$，选择满足式（A.2）的 $K(\varepsilon)$，并选择任意 $T>0$。定义 $\hat{\varepsilon}=2^{-T}\varepsilon/(1+\varepsilon)$，并选择 $\hat{K}>0$，对于所有 $k>\hat{K}$，使得 $\rho\left(X_k,X\right)<\hat{\varepsilon}$ 成立。因此

$$\frac{1}{2^t}\frac{\rho_t\left(X_k,X\right)}{1+\rho_t\left(X_k,X\right)}\leqslant\rho\left(X_k,X\right)<\hat{\varepsilon}\text{，对于所有 }k>\hat{K}\text{，所有 }t$$

所以，

$$\rho_t(X_k, X)<\varepsilon\text{，对于所有 }k>\hat{K}\text{，所有 }t\leqslant T$$

基本思想是在序列 $\{X_n\}$ 的尾部，和

$$\sum_{t=1}^{\infty}\frac{1}{2^t}\frac{\rho_t\left(X_k,X\right)}{1+\rho_t\left(X_k,X\right)}$$

的取值可以要多小有多小，则对任意 T，有可能使得和的前 T 个组成部分同样小。

反过来说，假设式（A.3）成立。注意到，对于所有 t，$\rho_t/(1+\rho_t)<1$，所以

$$\sum_{t=T+1}^{\infty}\frac{1}{2^t}\frac{\rho_t\left(X_k,X\right)}{1+\rho_t\left(X_k,X\right)}<\frac{1}{2^T}\text{，对于所有 }X\text{，}Y$$

因此对于任意（X，Y），只要选择的 T 足够大，就能使式（A.1）中 T 之后的尾部和要多小有多小。给定 $\varepsilon>0$，选择 $T>0$，使得 $1/2^T<\varepsilon/2$ 成立。并且选择 $N>0$，使得

$$\rho_t(X_k, X)<\varepsilon/2\text{，对于所有 }k>N\text{ 和 }t\leqslant T\text{ 成立}$$

则对于所有 $k>N$，

$$\begin{aligned}
\rho\left(X_k,X\right)&=\sum_{t=1}^{T}\frac{1}{2^t}\frac{\rho_t\left(X_k,X\right)}{1+\rho_t\left(X_k,X\right)}+\sum_{t=T+1}^{\infty}\frac{1}{2^t}\frac{\rho_t\left(X_k,X\right)}{1+\rho_t\left(X_k,X\right)}\\
&\leqslant\sum_{t=1}^{T}\frac{1}{2^t}\frac{\varepsilon/2}{1+\varepsilon/2}+\frac{1}{2^T}\\
&\leqslant\frac{\varepsilon/2}{1+\varepsilon/2}+\frac{1}{2^T}\\
&\leqslant\frac{\varepsilon}{2}+\frac{\varepsilon}{2}
\end{aligned}$$

所以式（A.2）成立。依度量 ρ 收敛的定义式（A.2），等价于依空间［0，1］×（1，2］×（2，3］×...上的乘积拓扑收敛定义式（A.3）。令 C 表示利用度量 ρ，在开集上生成的 σ-代数。

因此，如果（Ω，$\mathfrak{F}$，P）为概率空间，连续随机过程可以定义为（Ω，$\mathfrak{F}$）到（C，C）的可测映射。因为映射可测，根据（Ω，$\mathfrak{F}$）上的概率测度 P，可以推导出（C，C）上的概率测度 Q。这个性质极为重要，理由如下。令 X 为按此种方式定义的随机过程，并考虑 X 的任何可测实值函数。考虑两个例子。选择任意 $T>0$ 和 $a\in\mathrm{R}$；定义 A 为 C 的子集，包含不超过 a 的 $X(T)$ 样本路径，即

$$A\equiv\{X\in\mathrm{C}\text{：}X(T)\leqslant a\}$$

定义 B 为对于任意 $t\leqslant T$，不超过 a 的 $X(T)$ 样本路径的集合，即

$B \equiv \{X \in C: X(t) \leqslant a,$ 对于所有 $0 \leqslant t \leqslant T\}$

A和B都是可测集：A，B ∈ C。因此概率

$Q(A) = P\{\omega \in \Omega: X(T, \omega) \leqslant a\} = \Pr\{X(T) \leqslant a\}$

以及

$Q(B) = P\{\omega \in \Omega: M(T, \omega) \leqslant a\} = \Pr\{M(T) \leqslant a\}$

其中

$$M(T,\omega) \equiv \max_{s \in [0,T]} X(s,\omega)$$

有定义。因为 a 为任意值，根据这个结论，利用 $X(T)$ 和 $M(T)$ 可以构建分布函数。对于 X 的任意可测函数，采用类似的讨论，可以证明结论依然成立。

A.3 维纳测度

要构建随机过程，必须定义滤过的概率空间（Ω，$\mathfrak{F}$，P）和可测函数 X。下面定义一个典型连续随机过程。令 $\Omega=C$，并令

$X(t, \omega) = \omega(t)$，对所有 $\omega \in \Omega$，所有 $t \geqslant 0$

对于每个 $t \geqslant 0$ 和所有 $0 \leqslant s \leqslant t$，令 $\mathfrak{F}_t$ 为使得 $X(t, \omega)$ 可测的最小 σ–代数。令 F={$\mathfrak{F}_t$, $t \geqslant 0$}。可以证明，包含所有 $\mathfrak{F}_t$ 的最小 σ–代数为 $\mathfrak{F}_\infty$=C。选择（C，C）上概率测度 P。则 X 为与概率空间（Ω，F，P）相适应的随机过程。下面是一个重要例子。

定理A.1（维纳定理）.令（C，C）和 X 的定义如上文所示。则（C，C）上使得 X 为维纳过程的概率测度 P 存在并且唯一。

证明参见Billingsley（1968，第62页）。基本思路是证明存在唯一一个概率测度，并具有所需的有限维分布。这个测度称为维纳测度。

习题A.1. 令 W：$R_+ \times \Omega \to R$ 为滤过的概率空间（Ω，F，P）上的维纳过程。给定 $k>0$，定义 W^*：$R_+ \times \Omega \to R$ 为

$$W^*(t,\omega) = \frac{1}{\sqrt{k}} W(kt,\omega)$$

证明存在一个非降 σ–代数 $F^*=\{F_t^*\}$，使得 W^* 为概率空间（Ω，F^*，P）上的维纳过程。描述非降 σ–代数 $F=\{F_t\}$ 和 $F^*=\{F_t^*\}$ 之间的关系。

A.4 样本路径的不可微性

布朗运动的样本路径是连续的，但不是平滑的，而是存在“转折点”。更准确地说，布朗运动的样本路径不可微。为了更好地理解其原因，需要回顾函数总变差和二次变差定义，以及二者与可微性之间的关系。

令 f: $[0, \infty) \to R$ 为实值函数。函数 f 在 $[0, T]$ 上的总变差为

$$TV = \sup\left\{\sum_{i=1}^{n}\left|f(t_i) - f(t_{i-1})\right|\right\}$$

其中sup表示有限分划 $0=t_0 < t_1 < ... < t_n = T$ 的上确界。函数 f 在 $[0, T]$ 上的二次变差为

$$QV = \lim_{n \to \infty} \sum_{j=1}^{2^n} \left[f\left(\frac{jT}{2^n}\right) - f\left(\frac{(j-1)T}{2^n}\right) \right]^2$$

根据实分析理论，存在如下结论。

定理 A.2. 当且仅当函数 f 可以写为两个单调增函数的差时，函数 f 在［a，b］上的总变差才为有限值。此时，对于几乎所有 $X \in$［a，b］，f'（X）存在（Royden 1968，第100页）。

定理 A.3. 如果函数 f 连续，并且总变差为有限值，则二次变差为0。

此外，布朗运动还有如下性质。

定理 A.4. 如果 X 为布朗运动，参数为（μ，σ^2）。则在任意有限区间［S，$S+T$］上，对于几乎每个 $\omega \in \Omega$，二次变差 QV（ω）$=\sigma^2 T$。

根据后面这两个结论，可以直接得到，在任意区间［S，$S+T$］上，沿着几乎每个样本路径，布朗运动的总变差 TV（ω）$=\infty$。这个性质表明，布朗运动的样本路径对时间不可微，并且这种论断确凿无疑。证明参见 Breiman（1968，定理12.25）。

习题 A.2. 当 $\mu=0$，$\sigma^2=1$ 且 $S=0$ 时，证明定理 A.4 成立。也就是说，证明在任意有限区间［0，T］上，对于几乎每个 $\omega \in \Omega$，维纳过程有二次变差 QV（ω）$=T$。

提示. 给定 $T>0$，对于每个 $n=1$，2，...，，定义随机变量

$$\Delta_{j,n}(\omega) = W\left(\frac{jT}{2^n}, \omega\right) - W\left(\frac{(j-1)T}{2^n}, \omega\right),\ j=1,\ \ldots,\ 2^n$$

对于每个 n，ω，$\Delta_{j,n}$ 为独立同分布（i.i.d）随机变量序列。每个序列的均值都为0，方差为 $T/2^n$。因此，它们的和

$$Q_n(\omega) \equiv \sum_{j=1}^{2^n} [\Delta_{j,n}(\omega)]^2$$

近似等于［0，T］上的二次变差 QV（ω）。

注释

关于收敛模式，空间 C 以及维纳测度的详细讨论，参见 Billingsley（1968）和 Chung（1974）。Becker and Boyd（1997）讨论了连续随机过程，并介绍一些应用。有关二次变差的详细介绍，参见 Harrison（1985，第1.1~1.3节和附录A）以及 Chung and Williams（1990，第4章）。

B

选择停时定理

本附录证明选择性停时的相关结论，即定理4.3和定理4.4。这里证明只针对离散情形，尽管对于连续时间过程，结论依然成立。这里用Z表示随机过程，既可以是连续过程也可以是离散过程（连续过程的时间标识$t \in R_+$，离散过程的时间标识t=0，1，2，...）。用Z_k表示离散随机过程，k=0，1，2，...。

不过，连续时间过程一定具有两个性质：一是在每个时点，每个样本路径一定右连续；二是在每个时点，每个样本路径一定存在左极限。因为布朗运动有连续样本路径，满足这个条件。如果按照通常惯例，跳跃过程（例如，泊松到达时间过程）在跳跃点之后的样本路径也满足这个条件。这里使用的连续时间过程，都假设具有这两个性质。

B.1 一致有界的停时问题，$T \leqslant N$

证明定理4.3需要一个预备知识。引理B.1表明，对于在Ω合适子集上的积分，（下）鞅定义中关于期望的基本（不）等式依然存在。

引理B.1. 令Z为滤过的概率空间（Ω，F，P）上的（下）鞅。则对于任意$s \leqslant t$，有

$$E[Z(s)I_A](\leqslant)=E[Z(t)I_A]，对于所有A \in \mathfrak{F}_s$$

证明. 对于任意$s \leqslant t$，

$$\begin{aligned}E[I_A Z(s)](\leqslant) &= E[I_A E[Z(t) \mid \mathfrak{F}_s]] \\ &= E\{E[I_A Z(t) \mid \mathfrak{F}_s]\} \\ &= E[I_A Z(t)]\end{aligned}$$

由于Z为（下）鞅，得到第一行；由于A为$\mathfrak{F}_s$可测，得到第二行；根据全概率公式，得到最后一行。

定理4.3的证明.（仅考虑离散情况）（i）显然，$Z_{T \wedge k}$与（Ω，F，P）相适应，所以如果Z为（下）鞅，则它必然满足定义的两个性质，即满足式（4.1）以及式（4.2）（或式（4.7））。

对于每个k=1，2，...，停止过程$Z_{T \wedge k}$满足

$$\mathrm{E}\left[|Z_{T\wedge k}|\right](\leqslant)=\mathrm{E}\left[\sum_{i=1}^{k}|Z_i|\right]<\infty$$

由于Z为（下）鞅，由此得到第二个不等式。因此停时$Z_{T\wedge k}$满足式（4.1）。

要证明$\{Z_{T\wedge k}\}$满足（式（4.7）或）式（4.2），只需证明对于任意$k<n$，

$$\int_A (Z_{T\wedge n}-Z_{T\wedge k})\,dP\ (\geqslant)=0，对于所有 A\in\mathfrak{F}_k \tag{B.1}$$

给定$k<n$以及$A\in\mathfrak{F}_k$。对于每个$i=k,\ ...,\ n-1$，定义集合$A_i\in\mathfrak{F}_i$为

$$A_i=A\cap[T>i]=A\cap[T\leqslant i]^c$$

因此A_i为A的子集，在时刻i不会发生停时T。

对于任意$k<j\leqslant n$，如果$\omega\in A$且$T(\omega)=j$，则$\omega\in A_i$，$i=k,\ ...,\ j-1$，且$\omega\notin A_i$，$i=j,\ ...,\ n-1$。因此

$$\begin{aligned}Z_{T\wedge n}(\omega)-Z_{T\wedge k}(\omega)&=Z_j(\omega)-Z_k(\omega)\\&=\sum_{i=k}^{j-1}[Z_{i+1}(\omega)-Z_i(\omega)]\\&=\sum_{i=k}^{n-1}[Z_{i+1}(\omega)-Z_i(\omega)]I_{A_i}\end{aligned}$$

如果$\omega\in A$并且$T(\omega)>n$，则$\omega\in A_i$，$i=k,\ ...,\ n-1$，所以

$$\begin{aligned}Z_{T\wedge n}(\omega)-Z_{T\wedge k}(\omega)&=Z_n(\omega)-Z_k(\omega)\\&=\sum_{i=k}^{n-1}[Z_{i+1}(\omega)-Z_i(\omega)]I_{A_i}\end{aligned}$$

最后，如果$\omega\in A$并且$T(\omega)\leqslant k$，则$\omega\notin A_i$，$i=k,\ ...,\ n-1$，并且

$$\begin{aligned}Z_{T\wedge n}(\omega)-Z_{T\wedge k}(\omega)&=0\\&=\sum_{i=k}^{n-1}[Z_{i+1}(\omega)-Z_i(\omega)]I_{A_i}\end{aligned}$$

因此

$$\int_A (Z_{T\wedge n}-Z_{T\wedge k})\,dP=\sum_{i=k}^{n-1}\int_{A_i}(Z_{i+1}-Z_i)\,dP \tag{B.2}$$

但由于对于所有i，$A_i\in\mathfrak{F}_i$，根据引理B.1，有

$$\int_{A_i}(Z_{i+1}-Z_i)\,dP\ (\geqslant)=0，\ i=k,\ ...,\ n-1$$

因此对于鞅，式（B.2）右侧的每一项都是0。对于下鞅，式（B.2）右侧的每一项都非负。由此式（B.1）成立。因为k和n是任取的，因此定理得证。

（ii）根据$T\leqslant N$，有$T\wedge N=T$。根据这个结论，设定（i）中的$n=N$，定理再次得证。

证明完毕。

B.2 $\Pr\{T<\infty\}=1$的停时问题

定理4.3的第（ii）部分说的是，如果Z是鞅，$T\leqslant N$为有界停时，则$\mathrm{E}[Z(T)]=\mathrm{E}[Z(0)]$。定理4.4将此结论进行了推广，考虑$\Pr\{T<\infty\}=1$，但停时没有上界的情况。基本思路如下。

如果Z是鞅，T为停时，根据定理4.3，停止过程满足

$$\mathrm{E}[Z(0)]=\mathrm{E}[Z(T\wedge t)]=\mathrm{E}[Z(t)]，对于所有 t \tag{B.3}$$

对式（B.3）取极限，得

$$E[Z(0)] = \lim_{t\to\infty} E[Z(T\wedge t)] = \lim_{t\to\infty} E[Z(t)] \tag{B.4}$$

因为 $T<\infty$，这意味 $\Pr\{T<\infty\}=1$。此时

$\lim_{t\to\infty} Z(T\wedge t) = Z(t)$，几乎处处成立

因此，如果 $Z(T)$ 可积，交换取极限次序，得到式（B.4）的期望存在

$$E[Z(0)] = \lim_{t\to\infty} E[Z(T\wedge t)] = E\left[\lim_{t\to\infty} E[Z(T\wedge t)]\right] = E[Z(t)] \tag{B.5}$$

本节余下部分，考察式（B.5）成立的条件。

首先看一个简单情况。如果 $Z(T\wedge t)$ 一致有界，或更一般情况，如果存在一个随机变量 $X\geqslant 0$，满足 $E[X]<\infty$，并且对所有 t，$|Z(T\wedge t)|\leqslant X$，则根据勒贝格控制收敛定理，得到所需结论。不过，定理4.4所需条件稍少一些，证明需要下面的结论，涉及定义在概率空间（Ω，$\mathfrak{F}_\infty$，P）上的随机变量 X。

引理B.2. 令 X 为随机变量，满足 $E[X]<\infty$。令 T 为停时，满足 $\Pr[T<\infty]=1$。则

$$\lim_{n\to\infty} E[XI_{\{T>n\}}] = 0$$

证明. 对于任意 n，

$$E[|X|] \geqslant E[|X| I_{\{T\leqslant n\}}] = \sum_{k=1}^{n} E[|X|| T=k] \Pr\{T=k\}$$

因为

$$\lim_{n\to\infty}\sum_{k=1}^{n} E[|X|| T=k] \Pr\{T=k\} = E[|X|]$$

有

$$\lim_{n\to\infty} E[|X| I_{\{T\leqslant n\}}] = E[|X|]$$

因此，

$$\lim_{n\to\infty} E[|X| I_{\{T>n\}}] = 0$$

同样得到所需结论。

证明完毕。

在定理4.4的证明中，随机变量 $Z(T)$ 至关重要。

定理4.4的证明. 根据假设（ii），$Z(T)$ 可积。因此，对于任意 t，

$$\begin{aligned} E[Z(T)] &= E[Z(T) I_{\{T\leqslant t\}}] + E[Z(T) I_{\{T>t\}}] \\ &= E[Z(T\wedge t)] - E[Z(t) I_{\{T>t\}}] + E[Z(T) I_{\{T>t\}}] \end{aligned}$$

取 $t\to\infty$ 的极限，根据定理4.3，有

$$\lim_{t\to\infty} E[Z(T\wedge t)] (\geqslant) = E[Z(0)]$$

根据假设（iii），消掉第二项。根据引理B.2，消掉第三项。

证明完毕。

注释

附录的讨论主要取自Karlin and Taylor（1975，章节6.3）和Billingsley（1995，第35节）。

参考文献

Abel, A. B. 1983. Optimal investment under uncertainty. *American Economic Review* 73:228–33.

———. 1985. A stochastic model of investment, marginal *q*, and the market value of the firm. *International Economic Review* 26:305–22.

Abel, A. B., and J. C. Eberly. 1994. A unified model of investment under uncertainty. *American Economic Review* 84:1369–84.

———. 1996. Optimal investment with costly reversibility. *Review of Economic Studies* 63:581–593.

———. 1997. An exact solution for the investment and value of a firm facing uncertainty, adjustment costs, and irreversibility. *Journal of Economic Dynamics and Control* 21:831–52.

———. 1999. The effects of irreversibility and uncertainty on capital accumulation. *Journal of Monetary Economics* 44:339–77.

Abel, A. B., A. K. Dixit, J. C. Eberly, and R. S. Pindyck. 1996. Options, the value of capital, and investment. *Quarterly Journal of Economics* 111:753–77.

Ahlin, C. R. 2001. Optimal pricing under stochastic inflation: State-dependent (s, S) policies. Working Paper 0127. Department of Economics, Vanderbilt University.

Alvarez, F., and F. Lippi. 2007. Financial innovation and the transactions demand for cash. NBER Working Paper 13416. National Bureau of Economic Research, Cambridge, Mass.

Alvarez, F., and R. Shimer. 2008. Search and rest unemployment. NBER Working Paper 13772. National Bureau of Economic Research, Cambridge, Mass.

Alvarez, F., and N. L. Stokey. 1998. Dynamic programming with homogeneous functions. *Journal of Economic Theory* 82:167–89.

Arrow, K. J. 1968. Optimal capital policy with irreversible investment. In J. N. Wolfe, ed., *Value, capital and growth*. Chicago: Aldine Publishing Company.

Arrow, K. J., and A. C. Fisher. 1974. Environmental preservation, uncertainty, and irreversibility. *Quarterly Journal of Economics* 88:312–19.

Bachmann, R., R. J. Caballero, and E. M. R. A. Engel. 2006. Lumpy investment in dynamic general equilibrium. Working paper, Massachusetts Institute of Technology, Cambridge.

Bartle, R. G. 1966. *The elements of integration*. New York: Wiley.

———. 1976. *Real analysis*, second edition. New York: Macmillan.

Becker, R. A., and J. H. Boyd III. 1997. *Capital theory, equilibrium analysis and recursive utility*. Malden, Mass.: Blackwell.

Bellman, R. 1957. *Dynamic programming*. Princeton, N.J.: Princeton University Press.

Bentolila, S., and G. Bertola. 1990. Firing costs and labour demand: How bad is Eurosclerosis? *Re-*

view of *Economic Studies* 57:381–402.

Bertola, G., and R. J. Caballero. 1990. Kinked adjustment costs and aggregate dynamics. In O. J. Blanchard and S. Fischer, eds., *NBER Macroeconomics Annual* 5, Cambridge, Mass.: MIT Press.

———. 1994. Irreversibility and aggregate investment. *Review of Economic Studies* 61:223–46.

Billingsley, P. 1968. *Convergence of probability measures*. New York: John Wiley & Sons.

———. 1995. *Probability and measure*, third edition. New York: John Wiley &Sons.

Bils, M., and P. J. Klenow. 2004. Some evidence on the importance of sticky prices. *Journal of Political Economy* 112(5):947–85.

Borodin, A. N., and P. Salminen. 2002. *Handbook of Brownian motion—Facts and formulae*, second edition. Boston: Birkhauser.

Breiman, L. 1968. *Probability*. Reading, Mass.: Addison-Wesley. Republished in 1992 by the Society for Industrial and Applied Mathematics, Philadelphia.

Brennan, M., and E. Schwartz. 1985. Evaluating natural resource investments. *Journal of Business* 58:135–57.

Caballero, R. J. 1990. Expenditures on durable goods: A case for slow adjustment. *Quarterly Journal of Economics* 105:727–43.

———. 1993. Durable goods: an explanation for their slow adjustment. *Journal of Political Economy* 101:351–84.

———. 1999. Aggregate investment. In *Handbook of macroeconomics*, vol. 1B. J. B. Taylor and M. Woodford, eds. Amsterdam: Elsevier Science.

Caballero, R. J., and E. M. R. A. Engel. 1991. Dynamic(S, s) economics. *Econometrica* 59:1659–86. Reprinted in Sheshinski and Weiss(1993).

———. 1993. Heterogeneity and output fluctuations in a dynamic menucost model. *Review of Economic Studies* 60:95–119.

———. 1999. Explaining investment dynamics in U.S. manufacturing: A generalized(S, s) approach. *Econometrica* 67:783–826.

———. 2007. Price stickiness in *Ss* models: New interpretations of old results. Cowles Foundation Discussion Paper 1603, Yale University, New Haven, Conn.

Caballero, R. J., E. M. R. A. Engel, and J. Haltiwanger. 1997. Aggregate employment dynamics: Building from microeconomic evidence. *American Economic Review* 87:115–37.

Calvo, G. 1983. Staggered prices in a utility-maximizing framework. *Journal of Monetary Economics* 12:383–98.

Campbell, J. R., and J. D. M. Fisher. 2000a. Aggregate employment fluctuations with microeconomic asymmetries. *American Economic Review* 90:1323–45.

———. 2000b. Idiosyncratic risk and aggregate employment dynamics. NBER Working Paper 7936. National Bureau of Economic Research, Cambridge, Mass.

Caplin, A. S., and J. Leahy. 1991. State-dependent pricing and the dynamics of money and output. *Quarterly Journal of Economics* 106:683–708. Reprinted in Sheshinski and Weiss(1993).

———. 1993. Sectoral shocks, learning, and aggregate fluctuations. *Review of Economic Studies*

60:777-94.

———. 1997. Aggregation and optimization with state-dependent pricing. *Econometrica* 65:601-25.

———. 1999. Durable goods cycles. NBER Working Paper 6987. National Bureau of Economic Research, Cambridge, Mass.

Caplin, A. S., and D. F. Spulber. 1987. Menu costs and the neutrality of money. *Quarterly Journal of Economics* 102:703-25. Reprinted in Sheshinski and Weiss(1993).

Chetty, R., and A. Szeidl. 2004. Consumption commitments: Neoclassical foundations for habit formation. NBER Working Paper 10970. National Bureau of Economic Research, Cambridge, Mass.

———. 2007. Consumption commitments and risk preferences. *Quarterly Journal of Economics* 122:831-77.

Chung, K. L. 1974. *A course in probability theory*, second edition. New York: Academic Press.

Chung, K. L., and R. J. Williams. 1990. *Introduction to stochastic integration*. Boston: Birkhauser.

Cinlar, E. 1975. *Introduction to stochastic processes*. Englewood Cliffs, N.J.: Prentice-Hall.

Cocco, J. F. 2005. Portfolio choice in the presence of housing. *Review of Financial Studies* 18: 535-67.

Constantinides, G. M., and S. F. Richard. 1978. Existence of optimal simple policies for discounted-cost inventory and cash management incontinuous time. *Operations Research* 26:620-36.

Cox, J. C., and S. A. Ross. 1976. The valuation of options for alternative stochastic processes. *Journal of Financial Economics* 3:145-66.

Cox, J. C., S. A. Ross, and M. Rubinstein. 1979. Option pricing: A simplified approach. *Journal of Financial Economics* 7:229-63.

Damjanovic, V., and C. Nolan, 2007. (S, s) pricing in a general equilibrium model with heterogeneous sectors. Working paper, University of St. Andrews, Fife, Scotland.

Danziger, L. 1999. A dynamic economy with costly price adjustments. *American Economic Review* 89:878-901.

Davis, S. J., J. C. Haltiwanger, and S. Schuh. 1996. *Job creation and destruction*. Cambridge, Mass.: MIT Press.

Dixit, A. K. 1991a. Analytical approximations in models of hysteresis. *Review of Economic Studies* 58:141-51.

———. 1991b. A simplified treatment of the theory of optimal regulation of Brownian motion. *Journal of Economic Dynamics and Control* 15:657-73. Reprinted in Sheshinski and Weiss(1993).

———. 1992. Investment and hysteresis. *Journal of Economic Perspectives* 6:107-32.

———. 1993. *The art of smooth pasting*. Oxon, U.K.: Routledge.

———. 1995. Irreversible investment with uncertainty and scale economies. *Journal of Economic Dynamics and Control* 19:327-50.

Dixit, A. K., and R. S. Pindyck. 1994. *Investment under uncertainty*. Princeton, N.J.: Princeton University Press.

Doms, M. E., and T. Dunne. 1998. Capital adjustment patterns in manufacturing plants. *Review of Economic Dynamics* 1:409-29.

Dotsey, M., R. G. King, and A. L. Wolman. 1999. State-dependent pricing and the general equilibrium dynamics of money and output. *Quarterly Journal of Economics* 114:655–90.

Duffie, D. 1988. *Security markets: Stochastic models*. New York: Academic Press.

———. 1996. *Dynamic asset pricing theory*. Princeton, N.J.: Princeton University Press.

Dumas, B. 1991. Super contact and related optimality conditions. *Journal of Economic Dynamics and Control* 15:675–85.

Eberly, J. C. 1994. Adjustment of consumers' durables stocks: Evidence from automobile purchases. *Journal of Political Economy* 102:403–36.

Feller, W. 1968. *An introduction to probability theory and its applications*, vol. I, third edition. New York: John Wiley & Sons.

———. 1971. *An introduction to probability theory and its applications*, vol. II, second edition. New York: John Wiley & Sons.

Fisher, J. D. M., and A. Hornstein. 2000. (*S*, *s*) policies in general equilibrium. *Review of Economic Studies* 67:117–46.

Flavin, M., and S. Nakagawa. 2004. A model of housing in the presence of adjustment costs: A structural interpretation of habit persistence. NBER Working Paper 10458. National Bureau of Economic Research, Cambridge, Mass.

Fleming, W. H., and R. W. Rishel. 1975. *Deterministic and stochastic optimal control*. Berlin: Springer-Verlag.

Fleming, W. H., and H. Soner. 1993. *Controlled Markov processes and viscosity solutions*. New York: Springer-Verlag.

Gertler, M., and J. Leahy. 2008. A Phillips curve with an *Ss* foundation. *Journal of Political Economy* 116:533–572.

Golosov, M., and R. E. Lucas. 2007. Menu costs and Phillips curves. *Journal of Political Economy* 115:171–99.

Gourio, F., and A. K. Kashyap. 2007. Investment spikes: New facts and a general equilibrium exploration. *Journal of Monetary Economics* 54:1–22.

Grossman, S. J., and G. Laroque. 1990. Asset pricing and optimal portfolio choice in the presence of illiquid durable consumption goods. *Econometrica* 58:25–51.

Harrison, J. M. 1985. *Brownian motion and stochastic flow systems*. Malabar, Fla.: Robert E. Krieger Publishing Company. Republished by John Wiley & Sons, 1990.

Harrison, J. M., and M. I. Taskar. 1983. Instantaneous control of Brownian motion. *Mathematics of Operations Research* 8:439–53.

Harrison, J. M., T. M. Selke, and A. J. Taylor. 1983. Impulse control of Brownian motion, *Mathematics of Operations Research* 8:454–66.

Hayashi, F. 1982. Tobin's marginal and average *q*: A neoclassical interpretation. *Econometrica* 50: 213–24.

Henry, C. 1974. Option values in the economics of irreplaceable assets. *Review of Economic Studies, Symposium Issue* 41:89–104.

Jorgensen, D. W. 1963. Capital theory and investment behavior. *American Economic Review* 53: 247–59.

Karatzas, I., and S. E. Shreve. 1991. *Brownian motion and stochastic calculus*, second edition. Berlin: Springer-Verlag.

Karlin, S., and H. M. Taylor. 1975. *A first course in stochastic processes*, second edition. New York: Academic Press.

———. 1981. *A second course in stochastic processes.* New York: Academic Press.

Kashyap, A. 1995. Sticky prices: new evidence from retail catalogs. *Quarterly Journal of Economics* 110: 245–74. Reprinted in Sheshinski and Weiss(1993).

Khan, A., and J. K. Thomas. 2003. Nonconvex factor adjustments in equilibrium business cycle models: Do nonlinearities matter? *Journal of Monetary Economics* 50: 331–60.

———. 2007. Idiosyncratic shocks and the role of nonconvexities in plant and aggregate investment dynamics. *Econometrica* forthcoming.

Klenow, P. J., and O. Kryvtsov. 2008. State-dependent or time-dependent pricing: Does it matter for recent U.S. inflation? *Quarterly Journal of Economics* 123(3): 863–904.

Kocherlakota, N. R. 1996. The equity premium: It's still a puzzle. *Journal of Economic Literature* 34: 42–71.

Kogan, L. 2001. An equilibrium model of irreversible investment. *Journal of Financial Economics* 6: 201–45.

———. 2004. Asset prices and real investment. *Journal of Financial Economics* 73: 411–32.

Krylov, N. V. 1995. *Introduction to the theory of diffusion processes.* Providence, R. I.: American Mathematical Society.

Kullman, C., and S. Siegel. 2005. Real estate and its role in household portfolio choice. Working paper, University of British Columbia, Vancouver, BC, Canada.

Lach, S., and D. Tsiddon. 1991. The behavior of prices and inflation: An empirical analysis of disaggregated price data. *Journal of Political Economy* 100: 349–89. Reprinted in Sheshinski and Weiss(1993).

Leahy, J. 1993. Investment in competitive equilibrium: The optimality of myopic behavior. *Quarterly Journal of Economics* 108: 1105–1133.

Lucas, R. E., Jr., and E. C. Prescott. 1974. Equilibrium search and unemployment. *Journal of Economic Theory* 7: 199–209.

MacDonald, R. L., and D. R. Siegel. 1985. Investment and the valuation of firms when there is an option to shut down. *International Economic Review* 26: 331–49.

———. 1986. The value of waiting to invest. *Quarterly Journal of Economics* 101: 707–27.

Mankiw, N. G. 1985. Small menu costs and large business cycles: A macroeconomic model of monopoly. *Quarterly Journal of Economics* 100: 529–37.

Marshall, David A., and Nayan G. Parekh. 1999. Can costs of consumption adjustment explain asset pricing puzzles? *Journal of Finance* 54: 623–654.

Martin, R. F. 2003. Consumption, durable goods, and transaction costs. International Finance Discussion Paper 756, Federal Reserve Board, Washington, D.C.

Midrigan, V. 2006. Menu costs, multi-product firms and aggregate fluctuations. Working paper, Federal Reserve Bank of Minneapolis, Minneapolis, Minn.

Moscarini, G. 2005. Job matching and the wage distribution. *Econometrica* 73:481–516.

Nakamura, E., and J. Steinsson. 2007. Five facts about prices: A reevaluation of menu cost models. Working paper, Columbia University, New York.

———. 2008. Monetary non-neutrality in a multi-sector menu cost model. NBER Working Paper 14001. National Bureau of Economic Research, Cambridge, Mass.

Pindyck, R. S. 1988. Irreversible investment, capacity choice, and the value of the firm. *American Economic Review* 78:969–85.

———. 1991. Irreversibility, uncertainty, and investment. *Journal of Economic Literature* 29:1110–48.

Plehn-Dujowich, J. M. 2005. The optimality of a control-band policy. *Review of Economic Dynamics* 8:877–901.

Ramey, V. A., and M. D. Shapiro. 2001. Displaced capital: A study of aerospace plant closings. *Journal of Political Economy* 109:958–92.

Ross, S. M. 1983. *Stochastic processes.* New York: Wiley.

———. 1989. *Introduction to probability models*, fourth edition. Boston: Academic Press.

Royden, H. L. 1968. *Real analysis*, second edition. New York: Macmillan.

Scarf, H. 1960. The optimality of (S, s) policies in the dynamic inventory problem. In K. J. Arrow, S. Karlin, and P. Suppes, eds., *Mathematical methods in the social sciences*, 1959, Stanford, Calif.: Stanford University Press. Reprinted in Sheshinski and Weiss (1993).

Schachter, J. P., and J. J. Kuenzi. 2002. Seasonality of moves and the duration and tenure of residence: 1996. Population Division Working Paper Series 69, U.S. Census Bureau, Washington, D.C.

Sheshinski, E., and Y. Weiss. 1977. Inflation and costs of price adjustment. *Review of Economic Studies* 44:287–303.

———. 1983. Optimum pricing policy under stochastic inflation. *Review of Economic Studies* 50:513–29.

———, eds. 1993. *Optimal pricing, inflation, and the cost of price adjustment.* Cambridge, Mass.: MIT Press.

Siegel, S. 2005. Consumption-based asset pricing: Durable goods, adjustment costs, and aggregation. Working paper, Business School, University of Washington, Seattle, Wash.

Smith, L. B., K. T. Rosen, and G. Fallis. 1988. Recent developments in economic models of housing markets. *Journal of Economic Literature* 26:29–64.

Stokey, N. L. 2008. Moving costs, nondurable consumption and portfolio choice. *Journal of Economic Theory* forthcoming.

Stokey, N. L., R. E. Lucas, with E. C. Prescott. 1989. *Recursive methods in economic dynamics.* Cambridge, Mass.: Harvard University Press.

Thomas, J. K. 2002. Is lumpy investment relevant for the business cycle? *Journal of Political Economy* 110:508–34.

Tobin, J. 1969. A general equilibrium approach to monetary theory. *Journal of Money Credit and Banking* 1:15–29.

Veracierto, M. L. 2002. Plant-level irreversible investment and equilibrium business cycles. *American Economic Review* 92:181–97.

Vissing-Jorgensen, A. 2002. Towards an explanation of household portfolio choice heterogeneity: Nonfinancial income and participation cost structures. NBER Working Paper 8884. National Bureau of Economic Research, Cambridge, Mass.

Weisbrod, B. A. 1964. Collective-consumption services of individual consumption goods. *Quarterly Journal of Economics* 78:471–77.